Relaciones peligrosas:

Mujer, trabajo, igualdad y empresa

Victoria Bazaine Gallegos

A Ángel L. Téllez quien lleva en el nombre destino: gracias por lo impagable -e innombrable- en cada minuto a tu lado reescribiendo mi historia.

A los otros nombres del prodigio:
Víctor Manuel N. Bazaine.
Mis hermanos y hermanas.
Los hermanos elegidos Óscar Grande, Gisela Gallego, Miryam Rosas e Hicella Sandoval.

Por supuesto a Ramón Luengo M.: serendipia, carne mutando en poesía y la danza del amor y los milagros que me baila.

ÍNDICE

PRESENTACIÓN

Esta es su historia y la mía… Siempre que se identifique con un cuerpo femenino. Las atribuciones y factura social vienen añadidas.

Obviando que la pobreza, la violencia física/sexual y discriminación son males eminentemente femeninos —o, más propiamente, feminizados-, las mujeres también sufren mayores afectaciones por otros tipos de exclusión como el desempleo, subempleo, brecha salarial, falta de libertad u oportunidades.

La trampa de la modernidad y la plena integración femenina a la fuerza de trabajo traen consigo profundas transformaciones que no pueden calificarse precisamente de libertarias:

Tradicionalmente asociadas al rol de cuidadoras, las mujeres se ven forzadas a compatibilizar la esfera doméstica y familiar con otras en las que, ahora, participa más intensamente como la laboral. Los efectos de esta tendencia acusan impactos tanto cuantificables como nefastos para el futuro: avances insuficientes en igualdad; descenso en tasas de natalidad; cambios en franjas etarias para contraer matrimonio y tener el primer hijo; reorganización de trayectorias laborales; menor participación femenina en la fuerza de trabajo; aumento de familias monoparentales; fracaso escolar en menores dependientes; inviabilidad de sistemas de protección social; niveles elevados de desafección y/o falta de compromiso en el trabajo, etc.

Para hombres y mujeres el reparto de tareas, oportunidades, retribuciones, la propia división sexual del trabajo y hasta el uso del tiempo revelan diferencias que excluyen. No obstante, es también en el trabajo donde ambos sexos refuerzan la conciencia de identidad poniendo en marcha y reproduciendo valores históricos, culturales y lingüísticos: de ahí su importancia como semillas potenciales de nuevas fórmulas de interacción y representaciones que inciden en la realización individual y social de los seres humanos.

El rol de la empresa es, por tanto, el de un agente social de primer orden dada su influencia como mediador: germen de desarrollo tanto como de descomposición social. Idealmente debiera perseguir la observancia y defensa de principios constitucionales, fomentar valores de igualdad y no discriminación para convertirse en instrumento de progreso tanto como de empoderamiento de las mujeres que aún no participan plenamente en/de la vida económica, pero... ¿esto es así?

Tal como sucedió en el pasado con vindicaciones orientadas a sensibilizar a los corporativos sobre su papel en el deterioro del medio ambiente y los derechos humanos, desde hace algunas décadas cobra fuerza el exhorto para que las organizaciones tomen conciencia de que este no es un "asunto de mujeres" sino imperativo moral y uno de los retos globales más trascendentes de la historia reciente para alcanzar crecimiento inclusivo.

Conscientes de este escenario, los poderes económicos y políticos han tenido que sumarse al debate sobre la conciliación de la vida laboral, familiar y personal (CVLFP). Las empresas, en concreto, han debido repensar su función como motores de cambio y, desde luego, calibrar el riesgo de no atender a normativas vinculantes o ser cómplices de un inmovilismo que perpetúa inequidades. El mejor paraguas para este movimiento es la Responsabilidad Social Corporativa: ser embajador de principios igualitarios y cuidar del "cliente interno", es decir, los intereses de sus empleados como grupo de interés, es una estrategia efectiva y moralmente necesaria.

Caben pocas dudas de que el ya famoso ideario "responsable" en la empresa moderna ubica entre sus prioridades una serie de principios como transparencia, sostenibilidad, respeto a los derechos humanos, integridad, ética o igualdad, entre otros. No obstante, para las mujeres, sólo sigue siendo un manifiesto de buenas intenciones dado que ha sido incapaz de materializar las condiciones necesarias para que aquellas ejerzan plenamente su ciudadanía. El correlato entre las palabras y los hechos habla por sí mismo.

El trabajo descriptivo que tiene en manos expone datos y una serie de argumentos para la reflexión crítica. Temas todos que son parada obligada porque se afectan, nutren y edifican mutuamente: mujer, equidad, empresa, trabajo, discriminación, capitalismo, Responsabilidad Social Corporativa, conciliación, ética, costes sociales, barreras, desafíos, explotación, salarios, reproducción o desigualdad, por citar algunos.

Con suerte, en el camino comprenderá por qué es necesario reparar en la peligrosa (léase también indeseable, injusta, etc.) relación que establece la mujer —en sus diferentes dimensiones vitales- con el trabajo y las empresas. Necesario igualmente preguntarse ¿qué valor social tiene una mujer?, ¿qué importancia tiene la empresa en la construcción de sociedades más justas?, ¿cuál su participación en el deterioro social?, ¿qué situación tiene la mujer en la empresa del siglo XXI?, ¿por qué la maternidad es un factor de riesgo y discriminación?, ¿cómo armonizan las mujeres tareas y roles históricamente atribuidos con su alta cualificación y aspiraciones?, ¿qué barreras enfrenta la equidad de género en el espacio laboral y fuera de este?, o ¿por qué la Responsabilidad Social Corporativa ha sido el soporte más efectivo para "cambiarlo todo sin cambiar nada"?, entre otras cosas.

Se abre una invitación a mirarnos de nuevo como sociedad, como ciudadanos e individuos. Invitación que, ojalá, sirva para asumir que un mundo de privilegios para algunos cuantos es el camino más corto a la decadencia y la confrontación.

I LA EMPRESA COMO MEDIADOR SOCIAL

> El mundo al revés premia al revés: desprecia la honestidad, castiga el trabajo, recompensa la falta de escrúpulos y alimenta el canibalismo.
>
> [...] ¿Supervivencia de los más aptos? La aptitud más útil para abrirse paso y sobrevivir, el instinto asesino, es virtud humana cuando sirve para que las empresas grandes hagan digestión de las empresas chicas y para que los países fuertes devoren a los países débiles, pero es prueba de bestialidad cuando cualquier pobre tipo sin trabajo sale a buscar comida con un cuchillo en la mano.
>
> **Eduardo Galeano**.
> *Patas arriba. La escuela del mundo al revés (2004).*

Mediar desde la sombra

Empresas ¿culpables o responsables?

En el Foro Económico Mundial de Davos, Suiza de enero 2012, miembros de la élite global se preguntaban si el capitalismo del Siglo XX le falla a la sociedad del Siglo XXI. Algunas voces hicieron el llamado para un capitalismo más responsable, pero se advertía que "hay una diferencia entre aquellos que aún creen que todo lo que puede hacer un gobierno es hacerse a un lado y aquellos que creen que hay un papel real de los gobiernos para revivir nuestras economías" según el reportaje del New York Times que cubría el debate.[1] ¿Conclusiones? Que no se ha aprendido nada de las crisis del pasado, políticos pasivos, medidas cortoplacistas que no se ocupan de la salud y viabilidad del modelo, ausencia de reglas y políticas innovadoras. El cambio de reglas capitalistas - aclara el autor- significará cambio de gobierno y más específicamente cambios en las expectativas y demandas de los ciudadanos a los políticos: "La cuestión no es tanto si el capitalismo del siglo XX está fallando a la sociedad del siglo XXI, sino la capacidad de los políticos para enfrentar el reto de cambiar un modelo económico imperfecto".

El mismo reto de innovar y responder a las demandas ciudadanas se extrapola al empresariado que, como la política, todo tiene que ver en el desarrollo y salud de las sociedades. La empresa es preceptora desde su actuación, mucho más allá de las esferas productivas, hasta el punto de materializar valores o exhibir su ausencia.

---

[1] MILIBAND, Ed. "At Davos, Debating Capitalism´s Future". *The New York Times* [en línea]. 26 de enero 2012 [citado abril 2019]. Sección Opinión. URL: <nyti.ms/yaf37j>

Acemoglu y Robinson (2012) hurgan en la historia para encontrar pruebas de su tesis principal en *Por qué fracasan los países*, a saber, que la concentración de poder político en élites y su uso para enriquecer a quienes lo ostentan son la causa de abismales desigualdades y pobreza en muchos países. Sus reflexiones importan dado el énfasis que ponen en el papel protagónico de la sociedad civil para cambiar trayectorias vitales: las exigencias de una sociedad concientizada, organizada y participativa definió en el pasado, como lo sigue haciendo hoy, el destino de un país. Instituciones fuertes que rindan cuentas, asuman responsabilidades y satisfagan las demandas ciudadanas son pilares del desarrollo social y, por increíble que parezca en pleno siglo XXI, sigue siendo una asignatura pendiente.

Las desigualdades a nivel mundial, como sugiere el texto, tendrían un componente común que señala directamente a las instituciones y su (dis)funcionalidad.

Se ahonda en el resultado de que una organización social sea capaz de alcanzar instituciones políticas y económicas en equilibrio de fuerzas (a lo que llaman "poder limitado y suficientemente repartido"), bajo un marco jurídico transparente y funcional, cuya consecuencia obvia es no sólo la estabilidad y desarrollo sino los incentivos permanentes para mantenerse e innovar. Esto, desde luego se relaciona directa e inevitablemente con el empresariado y la RSC: sin importar la naturaleza del proyecto que se decida poner en marcha en una sociedad, este requerirá cobijo y alimento institucional para sobrevivir y, eventualmente, prosperar. La Responsabilidad Social Corporativa será el mejor laboratorio de pruebas dada su dependencia al maridaje político-económico.

El nacimiento de la primera sociedad anónima europea se data en el año 1600 bajo el título de Compañía Inglesa de las Indias Orientales (*East Indian Company*). Años más tarde le seguirían sus homólogos en Holanda y Francia. Este hecho "supuso un antes y un después en el desarrollo de la corporación moderna"[2].

Desde el siglo XVI, quizá, se escribe parte del testamento y código de conducta de muchos grandes corporativos a lo largo de la historia; la unión simbiótica del Estado con la empresa se configura bajo un modelo más o menos simple: el monopolio comercial tolerado y protegido desde el poder (se cedían áreas geográficas y productos), a cambio de suculentos beneficios económicos. Así, lo que en un primer momento pudo interpretarse como simple mercantilismo o ambición de riquezas, mudaba en poderoso mecanismo de penetración imperialista. Los intereses se ensancharon hasta el expansionismo, explotación y esclavitud como muestra la historia de la India o el expolio americano una vez abierta la puerta del continente.

Para Acemoglu y Robinson la sinergia entre las instituciones económicas y políticas determinaría el fracaso de un país, si de esa relación deriva una complicidad que explota a muchos a favor de élites apoyadas en un poder político restrictivo e ilimitado. Nada podría prosperar bajo semejante sistema.

Se ha definido como característico del modelo neoliberal un proyecto Corporación-Nación que se opone al de Estado-Nación, perfilando así el último peldaño del capitalismo contemporáneo que promete prolongarse. G. Castro sugiere que se han dado todas las condiciones apropiadas para construir este escenario de desequilibrios: el tránsito de la economía liberal al estado de bienestar y de este a la mercantilización global, apoyada por una banca multilateral (FMI, Banco Mundial) que termina imponiendo nuevas reglas como políticas, orientadas a articular el proceso de acumulación de mega-corporaciones trasnacionales y sus bancos. Advierte que los índices macroeconómicos se utilizan "sin sentido común" y no sirven para interpretar los hechos: Inversión Extranjera Directa (IED) se amplía a la fusión

---

[2] ACEMOGLU, Daron y ROBINSON, James. *Por qué fracasan los países. Los orígenes del poder, la prosperidad y la pobreza*. 3ª edición. Barcelona: Deusto, 2012. Pág. 294

o compra de empresas tendentes al monopolio, control de mercado y menoscabo de empleos; Ingreso per cápita (IPC) es inútil si la riqueza no está repartida entre los pobres y producto interno bruto (PIB) es cada vez menos parte del Producto Nacional Bruto (PNB) cuando las cadenas productivas nacionales han colapsado.[3]

Algunas cualidades de ese modelo corporación-nación pasan por la tendencia de las grandes multinacionales a la compra y fusión entre ellas, haciéndose no sólo más grandes en tamaño sino en influencia, misma que ayuda a tejer relaciones ventajosas con la política cuya ganancia deriva en modificación de constituciones, políticas nacionales de privatización y desregulación, injerencia en acuerdos y tratados internacionales, contratación de personajes elegidos en puestos de importancia dentro de la estructura del Estado o incluso la edificación de un entorno hecho a imagen y semejanza: valores, colores, marcas, homogeneización, códigos de conducta, etc.

El influjo en diferentes ámbitos se antoja casi inexorable:

Los *estallidos sociales y su resolución cuestionan la debilidad de los gobiernos y del multilateralismo ante el modelo corporación-nación que se va imponiendo donde las empresas mandan y los gobiernos callan. […] En las últimas décadas hemos visto movilizaciones sociales impresionantes en muchos países, lo que no ha sido suficiente para virar el rumbo del país a favor de las minorías empobrecidas* -afirma el autor-.

El conflicto de intereses ha reemplazado a uno de los contendientes: ya no participan los gobiernos en una guerra por la equidad frente a las trasnacionales, ahora es la sociedad quien toma esa trinchera a fuerza de globalifóbicos, manifestaciones callejeras, inmolaciones y otras muchas expresiones del reclamo por una urgente y tangible justicia.

---

[3] CASTRO SOTO, Gustavo. "Proyecto Corporación-Nación vs Estado-Nación". Eco Portal.net [en línea]. 22 de junio 2005 [citado abril 2019]. URL: <bit.ly/1pWZnUS>

Bajo el capitalismo monopolista se ensanchan y refuerzan las fronteras de los corporativos: no sólo llegan a nuevos espacios, sino que ganan terreno incursionando en sectores diversificados y actúan también como agentes políticos en la toma de decisiones y configuración de agendas estatales y supranacionales. El poder acumulado y sus consecuencias se hacen más evidentes desde la consolidación de la ideología neoliberal de la década de los 70. Convivir con la desigualdad se ha naturalizado, pero va más allá de cifras escandalosas y el reconocimiento tácito de que hay gente privilegiada cuyo ascenso en la escala social depende directamente del descenso de la mayoría.

Francisco Cervera (Economistas sin Fronteras) asegura que

la desigualdad es una situación socioeconómica que aparece en un entorno competitivo y se traduce en una ineficiencia en la toma de decisiones: ante la existencia de desigualdad social no se elige la mejor opción entre todas las posibles, sino aquella que se da entre determinada clase social, raza, sexo, ideología política, y/o cualquier otra forma de discriminar. La consecuencia más inmediata es una falta de igualdad de oportunidades en la sociedad.[4]

Desde la crisis de 2008 muchos comprendieron mejor el significado de la palabra vulnerabilidad. Frente a las políticas de austeridad y recortes en gasto social que exigen los bancos y otras organizaciones internacionales (en parte consecuencia de los descalabros financieros de muchos gobiernos), se debilita el Estado del Bienestar, la democracia queda desfigurada y el bien social en general sufre daños quizá irreparables. Si el poder es ejercido desde las élites a través de los grandes corporativos, ya tenemos algunas pistas sobre la configuración de las sociedades: "se necesita urgentemente un mayor grado de implantación de la Responsabilidad Social Empresarial (RSE)-añade Cervera-. Pero

---

[4] CERVERA FONRÍA, Francisco. "Un futuro desigual como propuesta para salir de la crisis". *Eldiario.es* [en línea]. 01 de octubre 2013 [citado abril 2019]. Sección Zona Crítica. URL: <bit.ly/17oRr60>

no nos confundamos de RSE. La que necesitamos es la que tiene que ver con la justicia social y no con la caridad. Las empresas no pueden ser ajenas al entorno en el que se implantan".[5]

Cierto es que sin el impulso del empresariado sería mucho más complicado pensar en innovación, emprendimiento o expansión del conocimiento gracias a los recursos invertidos en capacidades humanas. Son centro de gravedad de prosperidad y estabilidad siempre que sean capaces de administrar, desde una estrategia más social, sus diferentes capitales. Sin embargo, en la reflexión no es lo más habitual determinar la responsabilidad que pesa sobre las grandes empresas en el estado actual de las sociedades.

La empresa capitalista ha configurado un perfil específico y modelos de actuación concretos que siguen reorganizando a la sociedad tanto como al concepto tradicional de empresa:

Ha socializado con éxito los riesgos y costes de su actividad obteniendo mayores beneficios; ha difundido una lógica mercantil en parcelas otrora públicas; detentan ya las facultades necesarias para decidir sobre el contenido y aplicación de los derechos a escala internacional, privatizando la producción jurídica e imponiendo una *lex mercatoria* global "que antepone los intereses de los inversores y los beneficios empresariales a las necesidades humanas y a los ideales de justicia social".[6]

Fuera del estricto cumplimiento de las normas hay más bien poco qué reconocerle a las grandes firmas:

En general lideran el desarrollo en sectores estratégicos de la economía mundial como la energía, finanzas, armamento, sanidad, agricultura, telecomunicaciones, alimentación, agricultura y agua. Dado el poder económico e influencia política

---

[5] *Ibid.*
[6] ÁLVAREZ CANTALAPIEDRA, Santiago. "El poder de las empresas sobre la vida social". *PAPELES de relaciones ecosociales y cambio global* [en línea]. FUHEM Ecosocial/Icaria Editorial. 2014 [citado abril 2019]. N° 127. URL: <bit.ly/1Enxf86> Pp. 5-8

que gozan, todo apunta a que su lógica de crecimiento es altamente rentable y hasta necesaria para mantener el ritmo de ganancias en un sentido amplio, pero no necesariamente justa y/o alineada al respeto de ecosistemas y sociedades. Grandes beneficios a costa del bienestar planetario es una estrategia suicida cuyos soportes son

[…] *la creciente explotación de trabajadores y trabajadoras, la constante devaluación salarial, la presión ilimitada sobre el entorno en busca de materias primas y recursos naturales, la especulación financiera, la mercantilización de cada vez más esferas de las actividades humanas, y la absoluta prioridad de la que gozan los mecanismos de reproducción del capital frente a los procesos que permiten el sostenimiento de la vida.*[7]

Todo como parte de un modelo socioeconómico donde las empresas son agentes centrales de un "desarrollo" cuestionable.

4 de cada 10 europeos creen que las compañías tienen una influencia negativa sobre la sociedad. La corrupción, desempleo, contaminación ambiental y violación a derechos laborales se encuentran en los primeros lugares en la escala de impactos más negativos de acuerdo a un sondeo periódico de la Unión Europea datado en 2013.[8]

El Observatorio de Responsabilidad Social Corporativa (en adelante RSC) prueba año con año, a través de un informe de seguimiento a las memorias de sostenibilidad de las empresas españolas cotizadas que más de la mitad de estas tienen domicilio en paraísos fiscales, con frecuencia ocultan información tributaria e instrumentan políticas deficientes para combatir la corrupción. Su introducción en la edición décima, hace declaraciones dignas de reparo:

---

[7] GONZÁLEZ, Érika y RAMIRO, Pedro. "De las 'malas prácticas' de las multinacionales a los mecanismos de control". *Observatorio de Multinacionales en América Latina (OMAL)* [en línea]. 12 de enero 2015 [citado abril 2019]. URL: <bit.ly/1yI4UnP>

[8] COMISIÓN EUROPEA. How companies influence our society: citizen´s view (Flash Eurobarometer 363) [en línea]. Abril 2013 [citado abril 2019]. URL: <bit.ly/11vg7GY> Pp. 5, 6 y 14.

[...] La relación actual entre Estado y empresa ha cambiado. Teniendo en cuenta el nuevo papel de la empresa en la configuración socioeconómica del mundo, especialmente las multinacionales, es precisa la exigencia de una mayor responsabilidad con las sociedades donde estén realizando su actividad. Problemas como la corrupción y el soborno, los conflictos de intereses o la llamada "puerta giratoria" deben ser abordados de una manera eficaz. Por ello, los criterios de rentabilidad no deben prevalecer a costa de la generación de impactos negativos y el estricto cumplimiento de la ley pierde fuerza como única vía de justificación de dichos impactos, dado que se está demostrando la lentitud que los cuerpos normativos experimentan a la hora de responder ante violaciones

[...]la palabra estancamiento define las insuficientes variaciones registradas globalmente respecto a los resultados del año pasado. Este resultado confirma que las empresas no han considerado como área estratégica y prioritaria el avance en la definición y despliegue de sistemas de gestión de su RSC.[9]

Cálculos conservadores estiman que aproximadamente 14 billones de euros se ocultan en paraísos fiscales, casi todos en jurisdicciones de la Unión Europea. Las pérdidas en impuestos para las arcas de los gobiernos de todo el mundo ascienden a más de 120 mil millones. Si ese número por sí mismo no dice nada, todo cambia sabiendo que, de recaudarse, sería un monto suficiente para terminar dos veces con la pobreza extrema: uno de los ya obsoletos Objetivos del Milenio -fijado para el fin de 2015- y, compromiso renovado de los Objetivos de Desarrollo Sostenible en la agenda hacia el 2030. Dar a cada persona en el planeta un sustento mínimo de 1.25 dólares -conforme a datos del *Brookings Institute* de Estados Unidos- representa 66 mil millones de dólares, es decir, menos de la mitad del monumental desfalco solapado entre naciones e instituciones supranacionales.[10]

---

[9] OBSERVATORIO DE RESPONSABILIDAD SOCIAL CORPORATIVA. *La Responsabilidad Social Corporativa en las Memorias Anuales de las Empresas del IBEX 35. Análisis del Ejercicio 2012* [en línea]. Madrid: 29 de mayo 2014 [citado abril 2019]. URL: <bit.ly/1jRhIMz> Pp. 6, 7, 10 y 18

[10] OXFAM INTERMÓN. "Miles de millones de dinero 'privado' escondidos en paraísos fiscales podrían acabar dos veces con la pobreza extrema". *Oxfam Intermón.org* [en línea]. 22 de mayo 2013 [citado mayo 2019]. Nota en Sala de

No se puede sostener el argumento de que las empresas son causa principal de desigualdad, pero su influencia ha sido decisiva para que gane terreno. Los expertos discurren sobre dos razones principales para ello:

1) La gestión ha ensanchado en los últimos años la brecha de desigualdades al interior de las propias organizaciones mediante la política de retribución variable que ha beneficiado a altos directivos y consejeros con salarios estratosféricos y las consecuencias siniestras de esas prestaciones.

En España, en 2011, la diferencia salarial de consejeros ejecutivos era en proporción 83.6 veces el salario medio de una empresa.[11]

2) El poder de grandes grupos financieros y económicos para intervenir en el curso de la economía vía políticas favorables a sus intereses: privatizaciones, relajación de normativas, reducción impositiva. Se evidencia la relación interdependiente entre políticas públicas y objetivos empresariales, donde estos últimos inclinan la balanza.

La ONU reconoce como desafío clave

Reasegurar el control social sobre los mercados y las grandes corporaciones a través de diversas formas de regulación y la reconfiguración de las relaciones de poder". Reto para el que "un elemento crucial es la necesidad de fortalecer las medidas compensatorias en los arreglos institucionales, incluyendo la capacidad reguladora y de inspección del Estado.[12]

Prensa. URL: <bit.ly/1gQQWWe>

[11] MORENO IZQUIERDO, José Ángel. "Desigualdad y grandes empresas". *Economistas Sin Fronteras* [en línea]. 15 de mayo 2013 [citado julio 2019]. URL: <bit.ly/2Bwc170>

[12] Instituto de Investigación de las Naciones Unidas para el Desarrollo Social (2011) *apud* MORENO IZQUIERDO, José A. "Desigualdad y grandes empresas". *Op Cit.*

Los ricos indignos

317 billones de dólares fue un nuevo máximo histórico de riqueza global agregada registrado en el margen entre 2017 y 2018. El ritmo de crecimiento más alto (4.6%) al promedio desde la crisis en 2008 que, también, estrena como nuevos millonarios a 42.200.000 individuos: algo menos de la mitad residen en los Estados Unidos; 800 mil en la Eurozona (Alemania, Francia, Italia y Reino Unido) y suman 280 mil China y Japón juntos. Asimismo, el porcentaje de riqueza por adulto aumentó en 3.2%

No todo son buenas noticias porque la distribución de la riqueza persiste en la tendencia involutiva dado que 3,200 millones de personas (64% de la población adulta en el mundo) poseen -y viven con- menos de 10,000 dólares. En este grupo los más vulnerables son los jóvenes y aquellos en zonas desfavorecidas con oportunidades limitadas de crecimiento como el continente africano.[13]

Sobre los primeros, en su reporte del 2017, Credit Suisse advertía que, objetivamente, los llamados *millennials* "lo están pasando mucho peor que sus padres a la misma edad, en especial en términos de ingresos, propiedades y otras dimensiones de bienestar […]".

Norteamérica y Europa retienen el 60 % de la riqueza doméstica mundial aunque sólo cuentan con 17 % de población adulta en el globo. Es de esperar que en el resto de regiones la inequidad sea abrumadora y así se aprecia gráficamente:

---

[13] CREDIT SUISSE AG. *Global Wealth Report 2018* [en línea]. Zurich: Research Institute, octubre 2018 [citado julio 2019]. URL: <bit.ly/2NVdnDQ> Pág. 4 y ss.

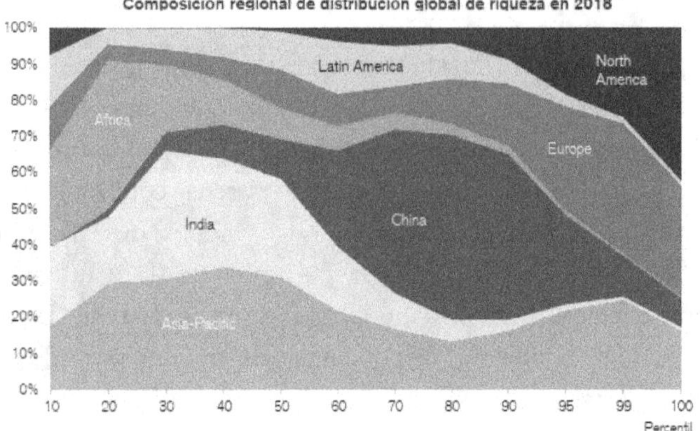

Fuente: Credit Suisse AG. *Global Wealth Report 2018*

En el supuesto de un reparto de riqueza igualitario, a cada adulto le corresponderían poco más de 63 mil dólares pero la realidad es que eso sólo ocurre -rebasando expectativas- en las regiones más prósperas concentradas en América del Norte, Europa Occidental, Asia-Pacífico y Oriente Medio. Países donde la misma riqueza medida por individuo alcanza sumas que multiplican esa cifra:

Suiza (530,240 dólares), Australia (411,060 dólares), Estados Unidos (403,970 dólares), seguidas de cerca por Bélgica, Noruega, Nueva Zelanda, Canadá, Dinamarca, Singapur y Francia con sumas entre los 280,580 y 313,050 dólares. Sus puestos en las tablas se mantienen y mejoran con los años. En cualquier caso tanto "ganadores" como "perdedores" se mantienen escandalosamente estables al paso de los años.

El planeta, dividido por niveles de riqueza, luce como sigue:

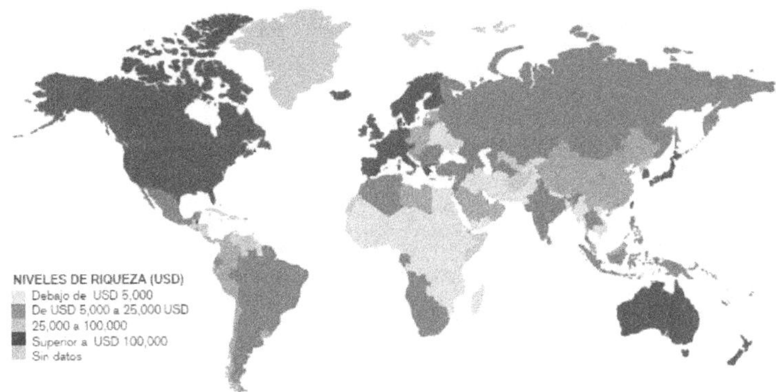

Fuente: Credit Suisse AG. *Global Wealth Report 2018*

Es evidente que el grupo de países más desfavorecidos, en la esfera de la *frontier wealth* (riqueza limítrofe o de frontera), abarca la zona más amplia del globo y se centraliza con más intensidad en el centro de África y Asia meridional. No lo es tanto el que la cifra hipotética que pertenece a cada adulto en esa región roce los 5 mil dólares o se halle incluso por debajo.

El rápido ascenso de la riqueza individual sigue causando estupor a los propios analistas. Para ser miembro del decil poblacional más encumbrado es requisito disponer de algo más que 93 mil dólares y 871,320 en la cuenta catapultan hasta el *top* 1 % de los ricos mundiales. Dicho así suena trivial, no obstante los primeros, en efecto, se han apropiado del 85 % de la riqueza global mientras el percentil más rico disfruta de casi la mitad del total de riqueza doméstica (47%). Los más pobres del orbe, tomando ese agregado como unidad, poseen menos del 1% de riqueza global[14]

Pese a indicadores concretos que reflejan avances sostenidos (*Cfr.* Índice de Desarrollo Humano de la ONU) en rubros como salud, educación o nivel medio de renta de un país, la polarización social es sinónimo de un progreso frágil y cuestionable, comunidades más desiguales y peligro latente de

---

[14] *Ibíd.* Pp. 8-11

acrecentar la ya alarmante cifra de pobres o vulnerables a la exclusión social[15].

El informe *Corporate Clout 2013: Time for responsable capitalism*[16] exponía los siguientes hechos para una mirada crítica:

- Ya no son sólo Estados: el PIB compite con volumen de ganancias de una organización. De las 100 economías más potentes del mundo, 40 son empresas (una proporción de 40 %) y si se expande ese número a las 150 entidades económicas más poderosas, los corporativos suben a 87 (58 %) durante el año 2012.

- De ser un país, esas 40 firmas podrían figurar en tercer lugar de la serie, luego de los Estados Unidos y China.

- Las tres primeras posiciones (entre empresas) son para: Royal Dutch Shell la anglo-neerlandesa de hidrocarburos; ExxonMobil Corporation, petrolera estadounidense y Wal-Mart, corporación también estadounidense de minoristas.

- Las ganancias de Shell superaron el PIB de 171 países (entre 196). Si fuese un país se ordenaría en el número 26, por delante de Argentina y Taiwán a pesar de que su planta de trabajadores es de apenas 90 mil personas.

- En suma, los ingresos de las cinco energéticas mundiales con más poder (Shell, Exxon, BP,

---

[15] El Indice de Desarrollo Humano de la ONU en 2014 alerta sobre el 12 % de la población mundial en situación de hambruna; 80 % de ella sin protección social y casi la mitad de la fuerza activa de trabajo en empleos precarios o informales.

[16] KEYS, Tracey; MALNIGHT, Thomas y STOCKLUND, Christel. *Corporate Clout 2013: Time for responsible capitalism* [en línea]. Strategy Dynamics Global, S.A., 2013 [citado julio 2019]. URL: <bit.ly/2GS1Nlz> Pág. 2

Sinopec y China National Petroleum) son equiparables al 2.9 % del PIB en el mundo.

Para comprender un entramado más complejo que revela relaciones, jerarquías y estructuras de poder poco conocidas es preciso comprender que

[…] hay otros entes económicos que se hacen cada vez más importantes. Esto incluye ciudades, negocios privados, empresas estatales, y por supuesto, los hombres de dinero quienes a menudo sospechosamente tienen los medios para crear valor económico. La influencia e impacto potencial de estos agentes se transforma y necesita ser tomado en cuenta cuando se evalúe cómo ha de cambiar el escenario económico del futuro y sus implicaciones para las organizaciones preparándose para el futuro.[17]

Esos "hombres de dinero" -dice el informe- se mantienen a la sombra en más de un sentido: escasea o es difícil acceder a información pública que los ubique y explique su capacidad de control e influencia en la economía global. Sí se sabe en cambio, que llevan las riendas de los más grandes corporativos:

En un compendio de 43 mil trasnacionales hay un clan de 1347 corporativos íntimamente conectados entre sí. Cerca del 40 por ciento del control sobre el total de la derrama económica generada por trasnacionales en el mundo está en manos de un grupo de apenas 147 empresas de ese núcleo; su composición en casi tres cuartas partes corresponde a intermediarios financieros, algunos famosos, como Barclays, J.P. Morgan y Goldman Sachs.[18]

Caben pocas dudas sobre lo que estos niveles de poder representan para la estabilidad de naciones, nuestro modo de vivir, trabajar y relacionarnos. Sociedad, economía y política se mueven en una danza que no pocas ocasiones lideran las grandes empresas.

Pese a la inestabilidad económica de la última década, las

---

[17] *Ibid* Pág. 9

[18] *Ibid* Pág. 9. Datos de la investigación *The Global Network of Corporate Control* auspiciada por el *Swiss Federal Institute of Technology* (2011).

grandes fortunas o individuos de alto patrimonio (HNWI por sus siglas en inglés) han experimentado continuados niveles de crecimiento, año con año, salvo el 2018 que rompe esta tendencia con una contracción de la economía poco significativa para este grupo. La "riqueza agregada susceptible de inversión" es más que un juego de palabras para los entendidos de la economía: define a gente que "dispone de al menos USD 1 millón en activos susceptibles de inversión, sin incluir residencia principal, objetos coleccionables, bienes consumibles y bienes de consumo duradero".[19]

Asia-Pacífico ha sido el mercado más nutrido tanto en volumen de riqueza concentrada como en población de millonarios. En 2018 Estados Unidos, Japón, Alemania y China suman dos tercios (61.2%) de todos los altos patrimonios en el mundo. Asimismo, es posible dividir en tres clases a los acaudalados: en la base estarían los millonarios comunes o "de al lado"; le siguen los millonarios de nivel medio y en lo alto de la pirámide se encuentran individuos de muy alto patrimonio. Esto tiene cierta utilidad estadística porque es en los dos segmentos superiores donde la proporción de crecimiento en número y población es mayor y, vigilando la evolución de su estructura, se descubre la curiosa convivencia de acaparadores entre los acaparadores: 168 mil individuos "ultra-ricos" (*Ultra-HNWI*) tienen más de un tercio (33.7 %) de la riqueza total de altos patrimonios y representan menos del 1 % de estos.[20]

---

[19] CAPGEMINI Y RBC WEALTH MANAGEMENT. *World Wealth Report 2017* [en línea]. Capgemini/RBC [citado enero 2018]. URL: <bit.ly/2nObbhj> Pág. 3. Nota- El informe más reciente (Capgemini *World Wealth Report 2019*) advierte que, por primera vez en siete años, la riqueza de los más altos patrimonios se contrajo un 3%.
[20] CAPGEMINI Y RBC WEALTH MANAGEMENT. *World Wealth Report 2019* [en línea]. Capgemini/RBC [citado enero 2018]. URL: <bit.ly/2Ocagrh> Pág. 10

Número Global de individuos por franja de riqueza (2018) y crecimiento (2017–2018)

(Miles)	Número de individuos 2018	Población HNWI		Riqueza de HNWI		% de riqueza HNWI 2018
		2011–2017	2017–2018a	2011–2017	2017–2018a	
US$30m+ Ultra-HNWI	168.1 k (0.9% de total)	9.8%	(3.9%) (15.1PP)	8.9%	(6.3%) (18.3PP)	33.7%
US$5m–US$30m Millonarios Nivel Medio	1,614.4 k (9.0% de total)	9.3%	(2.3%) (12.7PP)	9.3%	(2.6%) (13.1PP)	22.6%
US$1m–US$5m Millonarios Comunes	16,240.7 k (90.1% de total)	8.6%	(0.1%) (9.5PP)	8.7%	(0.4%) (9.9PP)	43.8%

a.   PP en el paréntesis refiere el porcentaje de cambio 2017/2018 sobre 2016/2017

Fuente: Capgemini/RBC. *World Wealth Report 2019* (traducción libre)

Mientras la ONU y el Banco Mundial pronostican para la expansión del PIB tasas del 2.7% en 2017 y 2.9% en 2018, la perspectiva de futuro para los ricos es más que halagüeña dado que crecen sostenidamente llegando en 2016 al 7.4% en número y 8.2% en crecimiento. Se prevé que a la llegada del año 2025 el enriquecimiento de los NHWI (individuos de alto patrimonio) rebasará los 100 billones de dólares.

Algunos datos más evidencian una acumulación de poder sin precedentes, basta mirar el comercio mundial donde sólo 35 mil empresas participan en el 70 % de este y "entre 40 y 60 % de esas transacciones, según la OCDE, se producen entre multinacionales y sus propias filiales.[21]

El movimiento internacional *The Rules* que lucha por combatir las inequidades creadas por élites en el mundo, muestra desde su canal en YouTube el vídeo de 2013 *Desigualdad de la Riqueza Global. Lo que nunca supiste que no sabías.* Parte de los gráficos en el material audiovisual dejan ver, de un modo aterradoramente simple lo que cuesta trabajo comprender, por ejemplo, el crecimiento acelerado de la brecha entre pobres y ricos, en una media de 80:1, o que sólo ocho personas posean la misma riqueza que suman 3 mil millones de pobres en el planeta[22]:

---

[21] VÁZQUEZ, Orencio. *Curso La Responsabilidad Social Corporativa. Op cit.* Nota: el último comentario está basado en información de la revista Fortune (2008).
[22] La última actualización se encuentra en el blog del 13 de junio de 2017 bajo el

Distribución ideal de la riqueza en el mundo entre cinco grupos:

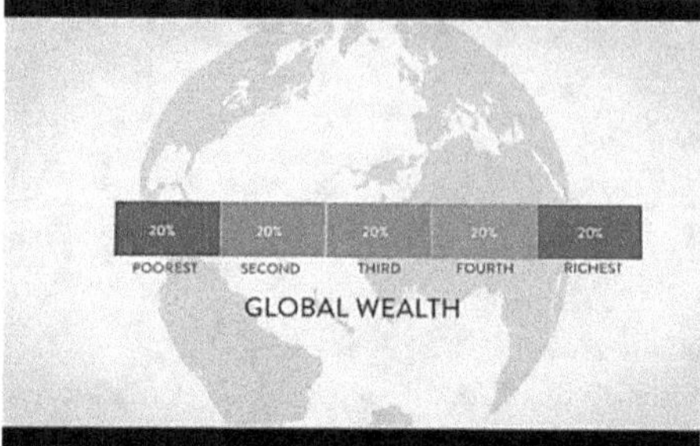

Distribución real de la riqueza, donde los más ricos aglutinan el 94 % de los recursos:

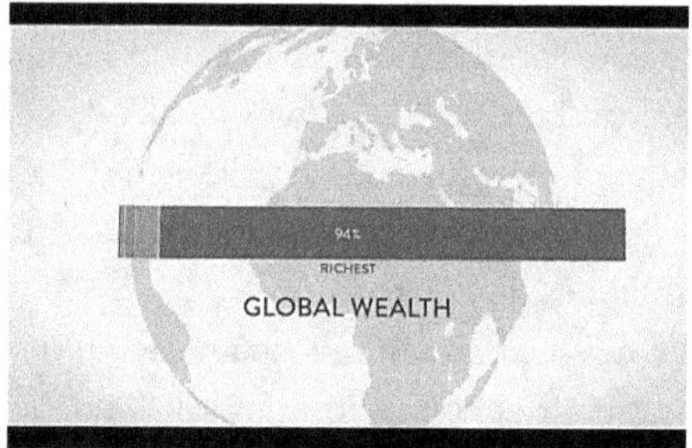

Los más ricos de entre los ricos: un 2 % que tiene más riqueza que la mitad de la población mundial:

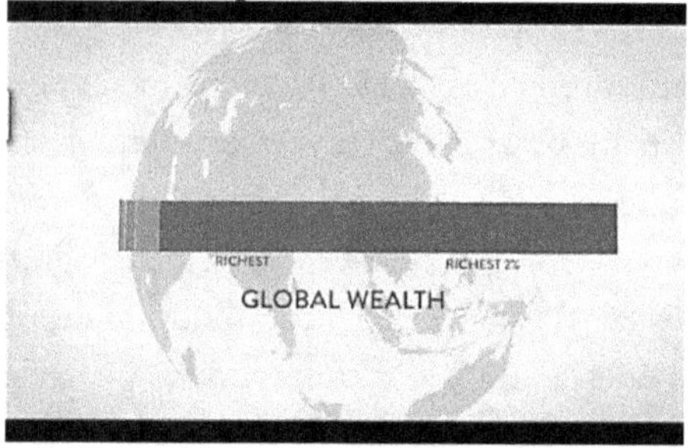

Fuente: *The Rules* (www.therules.org). *Global wealth inequality.* Febrero 2014

---

título "An update to The Rules´2013 global inequality video" en bit.ly/2WUJjYQ

Jason Hickel, profesor del *London School of Economics,* sirve como consultor a *The Rules* y explica que el ensanchamiento de esa franja de desigualdad se puede atribuir en parte a las medidas económicas impuestas a países en vías de desarrollo a lo largo de los últimos treinta años; políticas impulsadas por instituciones como el Banco Mundial, Fondo Monetario Internacional y la Organización Mundial de Comercio. Afirma que "estas políticas están diseñadas para liberalizar los mercados a la fuerza, abriéndolos a fin de dar a las multinacionales un acceso sin precedentes a tierra barata, recursos y mano de obra. Pero a un precio muy alto: que los países pobres pierdan alrededor de 500 mil millones de dólares al año de su PIB".[23]

Paul Krugman reflexiona sobre los "ricos indignos" en un artículo bajo idéntico título. En su opinión lo que implican las cifras de desigualdad parece "casi una invitación abierta a la lucha de clases", o "una demostración de que la lucha de clases ya ha empezado, y los plutócratas han tomado la ofensiva". Sostiene que la estadística puede falsificar y crear campañas de confusión ocultando inequidad y justificando, con números descontextualizados, el mítico merecimiento que ostentan pocos favorecidos:

[…] los conservadores parecen tener una fijación con la idea de que la pobreza es, en esencia, la consecuencia de los problemas de personalidad de los pobres. Puede que en su día hubiese algo de verdad en esto, pero durante las tres últimas décadas y más, el principal obstáculo al que se han enfrentado los pobres es la falta de puestos de trabajo que ofrezcan sueldos decentes. Pero el mito de los pobres indignos persiste, y también lo hace un mito equivalente: el de los ricos que merecen serlo.[24]

Las palabras de Krugman encuentran eco en el informe

---

[23] [s.d]. "Capitalismo: El 1 % más rico aumentó sus ingresos un 60 % en los últimos veinte años". *Voz Proletaria* [en línea]. Julio 2013 [citado julio 2019]. URL: <bit.ly/2Yh5PPF> Publicado originalmente en www.rebelion.org
[24] KRUGMAN, Paul. "Los ricos indignos". *El País* [en línea]. 26 de enero 2014 [citado julio 2019]. Sección Economía. URL: <bit.ly/1dFNmt2>

Gobernar para las élites. Secuestro democrático y desigualdad económica, publicado por la organización humanitaria Oxfam en enero de 2014, donde se establece que la extrema concentración de riqueza en el mundo amenaza la gobernanza democrática, igualdad de oportunidades y cohesión social. Da lugar a desequilibrios en lo que se refiere a derechos y representación política secuestrando la toma de decisiones de las funciones legislativas y regulatorias: "A menos que se adopten soluciones políticas valientes que pongan freno a la influencia de la riqueza en la política, los gobiernos trabajarán en favor de los intereses de los ricos, y las desigualdades políticas y económicas seguirán aumentando" -sentencia-.

En virtud del aumento abismal de las inequidades temen que

si la desigualdad económica extrema no se controla, sus consecuencias podrán ser irreversibles, dando lugar a un 'monopolio de oportunidades' por parte de los más ricos, cuyos hijos reclamarán los tipos impositivos más bajos, la mejor educación y la mejor atención sanitaria. El resultado sería la creación de una dinámica y un círculo vicioso de privilegios que pasarían de generación en generación[25]

El entonces director de la Organización Internacional del Trabajo (OIT) en España, Joaquín Nieto, ofreció cifras que evidenciaban el peligroso desequilibrio entre políticas económicas y bienestar: de los 3,000 millones de trabajadores en todo el mundo, tres cuartas partes no tienen un "empleo decente". Cerca de 2,000 millones no tienen contrato, es decir trabajan

sin derechos, o sufren discriminación, o reciben una remuneración miserable, o están expuestos a accidentes o enfermedades laborales, o carecen de protección social; o padecen todas esas deficiencias a la vez.

En torno a 74 millones de jóvenes buscan trabajo y no lo encuentran,

---

[25] OXFAM INTERNACIONAL. *Gobernar para las élites. Secuestro democrático y desigualdad económica* [en línea]. Oxford (UK): Oxfam GB, enero de 2014 [citado julio 2019]. URL: <bit.ly/19HLMMi>Pág. 2 y 12

mientras que 168 millones de niñas y niños se encuentran atrapados en el trabajo infantil, 85 millones de ellos en trabajos peligrosos perdiendo la salud y la vida en las minas, campos y talleres.[26]

El retrato del escenario laboral es termómetro del nivel de cooperación entre gobiernos y empresas, de los avances en compromisos asumidos internacionalmente y, sobre todo, de la evolución de las desigualdades en el mundo.

En otra parte de su artículo, Nieto denuncia las "señales de alarma" que se deben atender, por ejemplo, que el 0,5 % de la población acumule el 35 % de la riqueza mundial, mientras el 20 % más pobre sólo tenga acceso al 2 % de esta.

La crisis económica no es de todos, ni para todos: la OCDE sostiene en el informe *Panorama de la Sociedad 2014* que en 21 países, de 33 en total que ofrecen información, la media del incremento en los ingresos del decil más rico es de 9.4 veces por encima de los ingresos de los más vulnerables. Le da a España el poco honroso primer lugar de la eurozona en desigualdad y afirma que "en general, las transferencias públicas no están suficientemente bien orientadas hacia los más necesitados [...] la parte del gasto social destinada a familias relativamente acomodadas es superior a la de la mayoría de los otros países de la UE".[27]

Huellas sociales

Frente a los grandes retos, ahora globales, como el cambio climático, deforestación, sobreexplotación de recursos naturales, niveles ascendentes de consumo, creciente demanda energética y contaminación ambiental, cabe preguntar en qué medida ha sido

---

[26] NIETO, Joaquín. "La hora del trabajo decente". *El País* [en línea]. 07 de octubre 2013 [citado julio 2019]. Sección Opinión. URL: <bit.ly/1adQjRP>

[27] OCDE. *Panorama de la Sociedad 2014. La crisis y sus consecuencias* [en línea]. OCDE, marzo de 2014 [citado julio 2019]. Resultados clave: España. URL: <bit.ly/1efNbJO> Pág. 2

la evolución misma de los corporativos, su expansión y las necesidades creadas a través de mecanismos publicitarios y de marketing lo que ha determinado el escenario actual.

El concepto de sostenibilidad, tan bien acogido por todo tipo de organizaciones en la última década, no es sino síntoma de una demanda pujante a soluciones innovadoras y urgentes para acometer asuntos que de ninguna manera pueden esperar so riesgo de comprometer el bienestar de todos y hasta la supervivencia del planeta. No menos cierto es que lo sostenible, lo verde, lo "eco" ha sido un etiquetado fructífero que forma parte de una estrategia alineada con la competitividad y diferenciación para asegurar el éxito del negocio a largo plazo. Esta visión sólo puede considerar al mundo, sus habitantes y bienes como fuentes explotables.

Sostenibilidad, según define el diccionario de la RAE, refiere al proceso que puede mantenerse por sí mismo, como lo hace. Hasta ese punto es posible afirmar que las grandes trasnacionales han desarrollado mecanismos eficientes que les permiten (y probablemente les permitirán en el futuro) seguir existiendo, crecer y lucrar pese a introducir continuamente riesgos sociales y medioambientales, ambos apenas visibilizados, medidos o hechos parte de la agenda política nacional e internacional.

Las repercusiones de la actividad empresarial en una comunidad y allende sus fronteras no parecen ser tomadas con la seriedad que merece. La certeza sobre su contribución al desarrollo de personas, su economía, cultura y entorno se ve frecuentemente amenazada, sobre todo en regiones vulnerables con estados débiles. El ejemplo paradigmático sigue siendo el de los derechos humanos y su recurrente vulneración sin demasiados obstáculos pese a la efervescencia de guías, lineamientos, estándares o principios rectores como los propuestos por la ONU a través de su entonces comisionado John Ruggie (2005-2011) que aconsejaba "proteger, respetar, remediar" siempre cuidando de no pisar el pantanoso terreno de los mandatos jurídicamente vinculantes.

La huella social de una organización, en palabras de la investigadora Inma Borrella (Universidad Politécnica de Madrid), es "el conjunto de impactos que genera sobre la comunidad en la que está presente". Puede clasificarse en cinco grupos atendiendo al "medio utilizado para generar (o restar) valor social", a saber: empleo; productos y servicios; cadena de suministro; impacto en el entorno e influencia en cultura y políticas. Asimismo afecta en tres ámbitos principales:

a) Bienestar social- salud, equidad, inclusión, pobreza, educación y seguridad.

b) Economía local- empleo, impactos en el mercado local, creación y apoyo a empresas, acceso a financiación, pago de impuestos, generación de empleos indirectos, revitalización de otras actividades económicas.

c) Entorno- instalaciones, transporte, aprovechamiento sostenible de recursos y respeto al medio ambiente.[28]

Las repercusiones directas e indirectas en el entorno donde operan es indicativo de los objetivos, estrategia y modelo de negocio que elige una empresa, es decir su *ethos* o identidad; de ahí la importancia de recabar información relevante y contrastable que permita poner en valor los aciertos, planificar mejoras, minimizar riesgos y hasta formular hipótesis de comportamientos futuros. Algunas posturas defienden como imperativo la medición de esta huella social, no obstante la dificultad de clarificar qué se ha de medir (objetivos) y cómo (metodología), o el hecho de establecer con cierto rigor relaciones causales entre operaciones y resultados.

En cualquier caso la interrogante sigue siendo si las

---

[28] BORRELLA, Inma. *La Huella Social de las Empresas. Operaciones empresariales y desarrollo humano en comunidades vulnerables* [en línea]. Madrid: ONGAWA, 2013 [citado julio 2019]. Cuaderno 1 serie Huella Social y Desarrollo Humano. URL: <bit.ly/2Ss6FDS> Pág. 12

organizaciones están dispuestas a invertir recursos y pagar los costes que supone gestionar datos cruciales sobre su comportamiento social/medioambiental, no sólo desde el punto de vista económico sino especialmente el de la legitimidad.

Prácticamente imposible concebir un negocio que escape a "el conjunto de impactos" que por su sola constitución se desencadenan. Entre ellos se hallan los más peligrosos para la viabilidad y florecimiento de individuos y países: la facultad de apropiación de dinámicas políticas y democráticas. Hay ejemplos documentados que guardan relación con desregulación financiera, inequidad de sistemas fiscales, leyes permisivas para evadir impuestos, políticas económicas de austeridad, fomento a la corrupción, normativas perjudiciales para las mujeres o apropiación de ingresos derivados del petróleo y la minería donde, invariablemente, empresas y grupos acaudalados participan.[29]

Desde el fin de los 70, en los Estados Unidos, la falta de regulación en las relaciones política-dinero propició que las grandes empresas y ciudadanos pudientes moldearan políticas estatales a favor de los intereses de élites. Cuanto más terreno ganaban las medidas favorecedoras del empresariado, tanto menos poder de negociación tuvieron los sindicatos, acarreando una caída de salarios y otras prestaciones sociales. La historia suena familiar en estos días y es posible que nada haya cambiado. A partir de los 80 los esfuerzos del sector bancario y financiero se centraron en revertir disposiciones tomadas en el pasado a consecuencia del colapso bursátil y la Gran Depresión. Se estima que la desregulación es causa de la excepcional riqueza amasada por directivos de empresas y el aumento del riesgo en los mercados mundiales que llevó a la crisis económica de 2008.[30]

En defensa de los intereses empresariales -por encima del

---

[29] *Cfr.* OXFAM INTERNACIONAL. *Gobernar para las élites…Op cit.*
[30] *Ibid.* Pág. 13

desarrollo social- más de una página de la historia reciente ofrece material de reflexión. Aquí algunas de ellas elegidas arbitrariamente:

En Vietnam, la guerra con los Estados Unidos dejó, entre otras cifras, hasta 14 millones de toneladas de bombas (diez veces más que las lanzadas en la II Guerra Mundial sobre toda Europa), 2 millones de civiles muertos y 70 millones de litros de herbicida o agente naranja señalado como causante de malformaciones a la población expuesta hasta la cuarta generación, además de estragos en bosques y plantíos a una economía dependiente del agro. Luego del restablecimiento de las relaciones diplomáticas, ya en plena administración Clinton, se levanta un embargo de 19 años con objeto de abrir el mercado vietnamita a las empresas estadounidenses que veían "necesidades concretas" por cubrir en un mercado potencial de 72 millones de personas que, por si fuera poco, también ofrecería mano de obra barata. Además de Bank America, Caterpillar, IBM, General Electric y otras que comenzaron a establecer sus oficinas en la región, fueron las constructoras quienes habían previsto tomar una porción generosa del "pastel" reconstruyendo escuelas, aeropuertos, carreteras, puertos y otras piezas de la infraestructura que, paradójicamente habían ayudado a devastar en el pasado.[31]

La potencia norteamericana nunca fue obligada a reparar los daños producidos por un enfrentamiento recordado como inútil y devastador, pero desde su asiento en el Consejo de Seguridad de las Naciones Unidas impulsó, como el resto, sanciones a Irak por invadir a su vecino Kuwait en 1990. Más allá de evaluaciones sobre el enfrentamiento bélico, interesa resaltar la singularidad de este resarcimiento al territorio afectado:

Al amparo de razones como restablecer la paz, la ONU crea

---

[31] MARTIN, Justin. "Good morning, Vietnam II". *Fortune* [en línea]. 07 de marzo 1994 [citado julio 2019]. Lectura disponible bajo suscripción en URL: <bit.ly/30MzIVM>

la Comisión de Indemnizaciones en 1991, brazo ejecutor que obliga a Irak a nutrir un fondo con el 30% de sus ingresos petrolíferos. A costa de una economía ya deteriorada se levantaría otra lo cual no parecía muy razonable, pero sí lo era el beneficio aparejado a esta decisión para numerosas firmas occidentales con intereses en la pronta reconstrucción de Kuwait. De acuerdo a la jurista Chemillier-Gendrau

Este proceso, ejecutado de manera autoritaria, contribuyó en gran medida al desmoronamiento de Irak y a la violación de todos los derechos humanos, económicos y sociales de la población iraquí. [...] el proceso de indemnización fue sólo una correa de transmisión para hacer pasar un tercio de las riquezas petrolíferas de Irak a manos de los inversores occidentales que dominan la economía Kuwaití.[32]

En la década de los noventa se dieron los primeros pasos en España a la cooperación internacional (fondos públicos destinados a "ayudar" a países subdesarrollados), cuyo "componente comercial" superaba el 40 %, lo cual se traducía no en donaciones para proyectos regionales sino en esfuerzos para impulsar exportaciones de empresas españolas sin la certeza de que estas fueran necesarias o útiles para paliar las necesidades del país receptor. Los Fondos de Ayuda al Desarrollo (FAD) se convirtieron en un instrumento que ofrecería condiciones más "blandas" que las del mercado crediticio y, en ocasiones, se condicionaba a la compra de bienes o servicios en uno o varios países incluido por supuesto el prestamista. "Por su descarada finalidad para beneficiar a empresas a costa de las necesidades de los países empobrecidos, y por su capacidad de engordar la deuda externa de aquellos países para garantizar el cobro de las empresas" fueron objeto de críticas y denuncias de la comunidad internacional, organizaciones del tercer sector y naciones

---

[32] CHEMILLIER-GENDREAU, Monique. "Los daños de guerra debe pagarlos el responsable". *Le Monde Diplomatique* [en línea]. Edición Cono Sur. Octubre de 2003 [citado julio 2019]. Número 52. URL: <bit.ly/1lwbcxO>

supuestamente beneficiarias. Hasta 2010, una reforma legal por fin escinde en dos fondos distintos los desacreditados FAD: uno para internacionalizar empresas (FIEM) desde el Ministerio de Economía y, el segundo, para luchar contra la pobreza bajo el título de Fondo de Promoción al Desarrollo (FONPRODE) gestionado por el Ministerio de Asuntos Exteriores y Cooperación.[33]

En febrero de 2014 dos asociaciones (Coordinadora de ONGD y Plataforma 2015) sumadas a todos los partidos políticos de oposición, se posicionaron contra una reforma al FONPRODE llevada al Congreso español por el gobierno en funciones del conservador Partido Popular, cuya intención -aseguraban- era asestar otro golpe a la política de cooperación vinculando la ayuda con objetivos instrumentales, tal como ocurría dos décadas atrás. Una especie de desvío elegante del dinero público para estimular a empresas exportadoras e inversiones que fortalezcan la Marca España sin consentimiento de los agentes interesados o la sociedad en su conjunto que estaban fuera de la discusión.

Como pieza imprescindible de la política exterior española, la Marca España deviene en toda una orquestación publicitaria que pretende mejorar la imagen internacional sobre el país, con especial ahínco en los últimos años, periodo en que su economía estuvo al borde de la quiebra. Para Pedro Ramiro, coordinador del Observatorio de Multinacionales en América Latina (OMAL), en la marca España

tienen cabida la selección de fútbol, el flamenco, el turismo de sol y playa, las tapas y, al mismo tiempo, la competitividad, la innovación, los emprendedores, la inversión extranjera directa y las empresas trasnacionales. Estas últimas son, precisamente, las protagonistas de un relato que trata de

---

[33] MARTÍNEZ OSÉS, Pablo J. "Cuando la ayuda al desarrollo se convierte en comercio". Eldiario.es [en línea]. 23 de febrero 2014 [citado julio 2019]. Sección Desalambre. Periodismo y Derechos Humanos. URL: <bit.ly/1k2qIRj>

mezclar toda la parafernalia del "orgullo de ser español" con una doctrina económica basada en el crecimiento y en la expansión de las grandes corporaciones como ejes centrales para "salir de la crisis".

Las élites empresariales están haciendo un esfuerzo para tratar de cambiar la percepción social de esa gran parte de la población que pensamos que "no somos mercancía en manos de políticos y banqueros". Pero estas proclamas ya apenas encuentran aceptación en una mayoría ciudadana que ve cómo día tras día se suceden las noticias sobre casos de corrupción, evasión de impuestos, brecha salarial, despidos masivos y privatizaciones.[34]

El monográfico de donde se toman sus palabras está dedicado al tema y anota en su portada: "Emblemas de la 'marca España' y de una hipotética recuperación económica, las trasnacionales exportan precariedad y explotan recursos naturales a lo largo y ancho del mundo".

Internacionalizar empresas o construir una imagen-país tienen poco en cuenta las consecuencias de cada decisión tomada. Una lección no aprendida es la deslocalización empresarial:

Ceñida a procesos de globalización se entiende como deslocalización industrial al

fenómeno inherente a cualquier economía industrializada que se mueve en términos de competencia internacional, que consiste en trasladar, todo o parte de la producción a otros países, donde se intenta optimizar la rentabilidad de las inversiones realizadas, a base de conseguir, en el país de destino, menor coste de mano de obra, mayores beneficios fiscales, menor coste del suelo industrial, así como legislaciones sociolaborales menos exigentes, tanto desde el punto de vista de la protección social, como de los derechos sindicales.[35]

Los sectores con mayor incidencia son la automoción, textil (donde las violaciones a derechos humanos también son

---

[34] RAMIRO, Pedro. "La Marca España y los relatos de la crisis". *Diagonal* [en línea]. Observatorio de Multinacionales en América Latina. Noviembre de 2013 [citado julio 2019]. Monográfico Empresas Trasnacionales. N° 29. URL: <bit.ly/OoPL6H> Pág. 8

[35] UGT. *El fenómeno de la deslocalización industrial en España: pautas de actuación* [en línea]. Secretaría Confederal de Acción Sindical. Madrid: UGT, 08 de febrero 2004 [citado julio 2019]. URL: <bit.ly/2XV41wE>

especialmente acusadas), calzado y electrónica. Asimismo los destinos "favoritos" para llevar producción y servicios son China, países del este de Europa, el Magreb y por supuesto Latinoamérica. Esta selección no es en absoluto caprichosa sino que responde a la existencia de condiciones de estabilidad mínima e infraestructura en el país de destino: caminos, transporte, vías terrestres y marítimas, telecomunicaciones, etc., de ahí que, posiblemente, el África se haya escapado hasta ahora.

Las causas para deslocalizar parecen estar más o menos esclarecidas y la principal de ellas es maximizar los beneficios. Son las consecuencias un campo aún debatido y polémico que divide opiniones, siendo las más abundantemente documentadas aquellas que se decantan por señalarla como fuente de conflicto social no sólo para los países desarrollados sino también (y quizá con mayor intensidad) a ese Sur elegido.

Millones de trabajadores cualificados se quedan desprotegidos cuando su empresa decide deslocalizar: en la década de los 90, en los Estados Unidos, país pionero en estos procesos, registraba la baja de 900 mil trabajadores en el sector textil y otros 200 mil en el de la electrónica.[36] Entre 2003 y 2007 se realizaron 340 operaciones de deslocalización en la industria española que dejaron un saldo de 60 mil puestos de trabajo perdidos.[37]

Deslocalizar y relocalizar se hace una práctica más común sin demasiado reparo sobre el factor humano que paga el precio de las apetencias económicas y empresariales. A raíz de la crisis económica los costes salariales se redujeron en España (4.5 % de 2008 a 2011) mientras en países como China aumentaron (20 % desde 2008). Según cálculos de la Federación Española de Empresas de Confección (FEDECON) el 15 % del textil

---

[36] LOBERA, Pep y LLISTAR, David. *Deslocalizaciones. Ganar más, pagando menos.* Barcelona: Observatorio de la Deuda de la Globalización, 2006.

[37] MOLINA, Carlos. "La deslocalización elimina 340 empresas y 60.000 puestos de trabajo en cuatro años". *Cinco Días* [en línea]. 10 de junio 2008 [citado julio 2019]. URL: <bit.ly/1kPLaZb>

deslocalizado ha vuelto a la zona euro-mediterránea entre 2011 y 2013.[38]

Aunque hay empeños por encontrar las bondades de la deslocalización, también los hay, entre investigadores y activistas, que exhiben sus sombras: la ya mencionada destrucción de empleos, empobrecimiento para las comunidades, dilemas éticos por violaciones a derechos humanos básicos (salud laboral, salario digno, libertad de asociación, jornadas reguladas, etc.) y algunos otros menos evidentes:

a) Falta de medidas regulatorias que obliguen a los inversores a transferir tecnología y permanecer en el territorio un mínimo de años.

b) Carencia de marcos normativos internacionales:

Los reglamentos introducidos por la OMC desde 1995 liberan (a las empresas) de cualquier ley nacional que coarte su capacidad de hacer negocios como por ejemplo el principio de precaución, ciertas leyes de protección del medio ambiente o la ayuda pública a empresas del país. A la vez, la OMC limita de manera creciente a los gobiernos en sus actuaciones en política laboral y económica.

c) Altos niveles de corrupción, debilidad democrática y menguados derechos sindicales que son el ambiente perfecto para la impunidad.[39]

Rebasada la fecha que estipulaba el logro de los Objetivos de Desarrollo del Milenio (ODM) firmados en el 2000, las transformaciones de un mundo ya desigual han superado toda previsión obligando a rediseñar una agenda que parecía considerar sólo a los países emergentes y se ha mostrado insuficiente ante el avance de una profunda brecha en las condiciones de vida incluso en naciones desarrolladas. Los nuevos objetivos (ahora Objetivos de Desarrollo Sostenible hacia

---

[38] CUESTA, Maria. "La moda se vuelve a coser en España". *ABC.es* [en línea]. 01 de septiembre 2013 [citado julio 2019]. Sección Economía. URL: <bit.ly/32MnuhR>

[39] LOBERA, Pep y LLISTAR, David. *Op cit*

el 2030) debieran aprovecharse de las lecciones aprendidas en estos años y redoblar esfuerzos para combatir a la enfermedad social más persistente e indigna: la pobreza, cuya definición trascendería cualquier métrica acordada (se habló de una supervivencia con menos de un dólar y 25 céntimos al día), tocando ahora otros espacios que inciden -obstaculizando- en el desarrollo pleno de los seres humanos.

La ONU reunió a 26 expertos mundiales para deliberar sobre la ruta a seguir después de los ODM, el trabajo final fue publicado bajo el título *Una nueva alianza mundial: erradicar la pobreza y transformar las economías a través del desarrollo sostenible.*

Sin menoscabo de los indudables avances que se hayan alcanzado en la primera década del milenio, el informe siguió la línea de su antecesor caminando en el tenor de las exhortaciones (frases como "debe contar", "puede ser", "debería incluir" se hallan con frecuencia en la redacción), sin pronunciamientos contundentes para poner cortapisas a los excesos de élites o falta de voluntad política en gobiernos e instituciones, motivos ambos para dejar de cumplir con la agenda propuesta. Al respecto advierte que

Los objetivos no pueden sustituir a regulaciones detalladas o tratados multilaterales que codifican negociaciones internacionales delicadamente equilibradas. Y a diferencia de los tratados, los objetivos similares a los ODM no son vinculantes en el marco del derecho internacional; prevalecen o desaparecen como herramientas de comunicación, inspiración, formulación de políticas y movilización de recursos[40]

En sus primeras páginas puede leerse: "Nuestra visión y nuestra responsabilidad consisten en poner fin a la pobreza extrema en todas sus formas en el contexto del desarrollo

---

[40] ONU. *Una Nueva Alianza Mundial: Erradicar la pobreza y transformar las economías a través del desarrollo sostenible* [en línea]. New York, N.Y.: United Nations Publications, 2013 [citado julio 2019]. Informe del Grupo de Alto Nivel de Personas Eminentes sobre la Agenda de Desarrollo Post-2015. URL: <bit.ly/1bvWXmy> Pág. 17. El resaltado es añadido.

sostenible y establecer los pilares de una prosperidad sostenida para todos". Y, según se ha visto, es casi más urgente acabar con la riqueza extrema concentrada en pocas manos que insistir únicamente en los pobres. De igual manera está probado que "prosperidad sostenida" hay, pero no los mecanismos para repartirla y menos aún para impeler crecimiento inclusivo.

El reclamo general es que los gobiernos por fin tomen las riendas y cumplan con sus responsabilidades con políticas coherentes que miren a desafíos globales y primen el desarrollo humano.

En el contexto de los Objetivos de Desarrollo Sostenible es más concreto y esperanzador encumbrar como prioridad "la eliminación de la desigualdad económica extrema como objetivo mundial en todos los países" tal como propone Oxfam Internacional. Algunas otras recomendaciones del organismo son dignas de consideración para articular cualquier proyecto auténticamente transformador, incluyendo el de la ONU:

- No utilizar paraísos fiscales para evadir impuestos.
- No utilizar la riqueza económica para obtener favores políticos que supongan un menoscabo de la voluntad política de los ciudadanos.
- Fortalecimiento de la representación política de las clases media y baja.
- Exigir a los gobiernos que utilicen su recaudación fiscal para proporcionar a los ciudadanos asistencia sanitaria, educación y protección social universales.
- Demandar a los dueños/directivos de empresas un salario digno a sus trabajadores.
- Eliminación de las barreras de igualdad de derechos y oportunidades de las mujeres.[41]

---

[41] OXFAM INTERNACIONAL. *Gobernar para las élites….Op cit.* Pp. 29-30

Mediar desde la gestión

El relato de los números

Atender a las expectativas y, sobre todo, cuidar del bienestar de los empleados en el trabajo es un área de creciente importancia pero relativamente joven. Los departamentos de recursos humanos amplían su abanico de tareas de selección para ocuparse, cada vez más, de diseñar estrategias de gestión que permitan integrar otras esferas (la emocional por ejemplo) como parte de los activos de una organización.

Los nuevos retos se centran en alcanzar un ambiente saludable y garantizar condiciones óptimas para los trabajadores a través de fórmulas más creativas que los tradicionales incentivos salariales. Planes de formación, oportunidades de ascenso, motivación, desarrollo personal, flexibilidad, cuidado de la salud y otros factores ganan espacio en la carrera por alcanzar mayores niveles de satisfacción a cambio de fidelidad y productividad.

De nuevo empresa y bienestar entrecruzan caminos:

El primer estudio global que relaciona a las grandes empresas (marcas) con la calidad de vida o el bienestar de las personas fue lanzado en 2007: *Meaningful Brands* llega al análisis de datos provenientes de 134 mil consumidores en 23 países. En 2013 sus conclusiones generales apuntaban a una relación distante entre marca-ciudadano, lo cual se reflejaba en la indiferencia mayoritaria que producía la desaparición hipotética de 73 % de marcas conocidas. Las cifras por regiones reparten esa indolencia como sigue: 92% estadounidenses y europeos; 58% latinoamericanos y 49% asiáticos.

Únicamente el 20 % total de encuestados opinaron que las marcas tienen algún impacto positivo sobre la vida de la gente. Ese dato es especialmente significativo en España: mientras hay un 84 a 86 % de sus ciudadanos que considera que las marcas deben incidir en los retos sociales y contribuir a la mejora de condiciones de vida, escasamente el 36 % dice confiar en aquellas. Sólo 18 % cree que comunican con honestidad compromisos y promesas.

Esta investigación, del grupo *Havas Media Group* pretende medir los beneficios percibidos que reportan las marcas en doce áreas como salud, felicidad, finanzas, relaciones con la comunidad, entre otras. Los primeros puestos del 2013 los ganaba Google, Samsung, Microsoft, Nestlé y Sony probando que las grandes de la tecnología de la información y comunicación no dejan el podio. Sara de Dios, directora global de *Meaningful Brands* lo explica así: "No sólo nos hacen la vida más fácil y entretenida; además nos ayudan a desarrollar nuestras capacidades y a expresar nuestras emociones. Facilitan a la gente expresarse y relacionarse con otros, sentirse más satisfecha consigo misma y con su vida. Las marcas tecnológicas son cada vez más relevantes, porque son un instrumento catalizador de nuestra identidad y potencial humano".[42]

En el listado de prioridades en la vida de un español está, de acuerdo al 86 % de las consultas, la familia en el primerísimo sitio. Esto conecta directamente con uno de los aspectos a resaltar en el estudio: aquellas marcas que ostentan los primeros lugares en las preferencias y percepciones mundiales "tienden a adoptar una estrategia integral, contribuyendo tanto a nuestro bienestar personal como individuos como al bienestar colectivo de nuestra sociedad".

Si bien parecería obvio el correlato entre prácticas empresariales comprometidas con estados físicos y psíquicos deseables para sus integrantes y rentabilidad económica, la apreciación de dos mil trabajadores en toda España retrata otra

---

[42] [s.d] "Las marcas que contribuyen al bienestar humano crean valor financiero". CompromisoRSE [en línea]. 12 de junio 2013 [citado julio 2019]. URL: <bit.ly/11JnsyO>

realidad en sus espacios de trabajo. Así se confirma a través de una encuesta específica[43] sobre bienestar laboral:

- 51% de trabajadores/as señalan que las empresas no implementan – suficientemente- políticas orientadas al bienestar y la felicidad. 35.4% entiende que sí lo hacen aunque "tímidamente".

- 38.2% de encuestados tomaría en cuenta el hecho de que una empresa integre "políticas de felicidad profesional" a la hora de elegir trabajo. Más de la mitad de estos advierte que es un aspecto fundamental.

Contrariamente a lo que puede pensarse, el salario no es el factor de mayor relevancia al valorar todo el engranaje de bienestar laboral, de hecho 64% de consultados afirma estar dispuesto a sacrificar retribuciones a cambio de conseguir "felicidad" en el trabajo.

A la hora de objetivar esa felicidad, la puntuación más elevada (8.23 sobre 10) corresponde a "buen ambiente de trabajo", lo que se traduce en relaciones interpersonales fluidas y compañerismo; le siguen, flexibilidad horaria (8.19) y tener un buen jefe/a o líder (8.02 pts) en tercera posición.

En opinión de algunos expertos, las alteraciones en el mundo del trabajo desde la revolución industrial han configurado escenarios diferentes donde se afecta la valoración del trabajo en sí mismo y se transforman empresas y empleados. Las palabras de Antonio Argandoña esclarecen la idea:

[...]el trabajo precario no da seguridad ni permite organizar una vida satisfactoria a largo plazo; muchos empleos generan alienación; el trabajador se convierte en un factor sustituible y, por tanto, instrumental, una mercancía abstracta; la vida laboral ha llegado a ser, en muchos casos, enemiga de la vida familiar, del descanso, de la cultura y de unas relaciones sociales constructivas; las condiciones de trabajo son a veces degradantes,

---

incluso en profesiones cualificadas; el trabajador que buscan algunas empresas hoy en día se parece a un robot cognitivo y racional, calculador y maximizador, pero poco humano y nada espiritual [...] y la pérdida de empleo, que es una realidad cada día más extendida, se presenta como un gravísimo problema personal, familiar, económico y social, y como una muestra del fracaso de una sociedad.

Las viejas teorías para dirigir y organizar una empresa quedan severamente cuestionadas por su incongruencia con la dinámica social. Los hombres y mujeres de este siglo no pueden ser gestionados como antaño bajo *modelos jerárquicos, de inspiración mecanicista, con estrategias de gestión de las personas basadas en criterios de ordeno y mando, autoritarios, que someten a las personas a controles rigurosos, sin lugar para las emociones, resistentes al diálogo y la participación y orientados a los resultados, pero no los que recaen sobre el trabajador, sino la maximización del valor para los accionistas, a corto plazo.*[44]

Economía de la felicidad: emociones rentables

Una propuesta más reciente, y no frecuentemente expuesta en la literatura sobre corporativos es incluir la dimensión emocional o, más específicamente, la felicidad como una variable más en la gestión empresarial. ¿En qué medida es necesario para las organizaciones poner atención al desarrollo emocional de sus empleados?

Francisco Mochón, catedrático de la UNED y analista económico opina que este cometido no sólo es posible en situaciones complejas como la crisis mundial, sino necesario y redituable para las empresas porque "genera una percepción

---

[44] ARGANDOÑA, Antonio. "¿Hay un lugar para la espiritualidad en la empresa?". *Blog IESE Business School: Economía, ética y responsabilidad social de la empresa* [en línea]. 19 de diciembre 2013 [citado julio 2019]. URL: <bit.ly/1hTHCEF>

pública positiva, protege la marca y el buen nombre de la empresa". Cuando ésta lleva a la práctica ciertos comportamientos enmarcados en la responsabilidad social "genera un entorno feliz y, empleados felices, se ha demostrado que son elementos para atraer miembros talentosos, motivados al equipo".

El trato ético en el entorno laboral podría entonces incidir en el bienestar de los trabajadores y trabajadoras, lo cual a su vez retornaría a las organizaciones a través de manifestaciones más o menos objetivas, por ejemplo sentido de pertenencia, compromiso, reducción de conflictos, satisfacción, descenso de absentismo o rendimiento. "Los empleados sienten que su trabajo es más significativo, lo que produce en ellos un sentimiento de propósito más firme. [...] El trato que reciben las personas determina la propia percepción y el rendimiento en el trabajo".[45]

La felicidad y sus efectos pueden ser cuantificados y por tanto gestionados. Esto ocurre dada la perspectiva que mide, así mientras los psicólogos se han ocupado de la emoción (alteraciones del ánimo), para los sociólogos, economistas o psicólogos sociales importa más la percepción general que se tiene de un recorrido vital (experiencias, vivencias, preferencias, balances) y desde luego seguirá siendo en ambos casos algo totalmente subjetivo, pero las respuestas a ciertos indicadores posibilita sistematizar para, eventualmente, conocer el progreso de esas declaraciones individual o colectivamente.

No son pocos los que han tomado seriamente el estudio científico de la felicidad y su medición. Además de los ya conocidos instrumentos que ponderan la opinión pública como Eurobarómetro y la Encuesta Mundial de Valores que integran

---

[45] MOCHÓN, Francisco. *Curso La felicidad, economía y práctica empresarial* [video]. UNED COMA, 01 de marzo a 28 de abril 2013 [citado 25/03/13]. Mod 2: La empresa socialmente responsable y la felicidad. URL: <bit.ly/1iKSHs7> Canal You Tube UNEDcursoscoma.

preguntas sobre la felicidad, hay otras muestras interesantes:

- Sigue siendo un experimento local, pero ha captado el interés de mandatarios y premios Nobel. Felicidad Nacional Bruta o *Gross National Happiness* se define como "un intento de medir, por medios psicológicos y fisiológicos, la felicidad de un país, como referencia directa al Producto Nacional Bruto, acuñado desde 1972 por el rey de Bután Jigme Singye Wangchuck". Desde su página web (www.grossnationalhappiness.com) se accede a toda la información coordinada por el *Centre for Bhutan Studies* que construye un índice multidimensional orientado al diseño de políticas para la pequeña nación asiática. Se toman en cuenta nueve esferas donde reflejan una visión propia de felicidad: bienestar psicológico, salud, educación, cultura, uso del tiempo, buen gobierno, vitalidad comunitaria, diversidad ecológica/resiliencia y estándar de vida.

- La empresa privada ASEP (investigación social, económica y política) en sociedad con JDSystems (desarrolladores de software y aplicaciones informáticas para investigación social) han creado el banco de datos ASEP/JDS, que permite construir rankings y mapeo de felicidad u otros temas como confianza en el gobierno o la confianza que se tiene en los demás. (www.jdsurvey.net)

- El profesor Ruut Veenhoven de la Erasmus University Rotterdam coordina el World Database of Happiness un archivo de resultados de investigación sobre el gozo subjetivo de la vida. Hasta el 2014 se ofertaban 7886 publicaciones sobre felicidad en el apartado bibliografía; de ellos 3916 son estudios empíricos. La estructura de esta biblioteca virtual permite revisar datos por país, región o público objetivo.

(worlddatabaseofhappiness.eur.nl/)

- Gallup/Helathways dos organizaciones que unieron experiencia en consultoría y soluciones sanitarias proponen "definir los elementos que componen al bienestar y determinar cómo se mide científicamente en los niveles individual, organizacional, comunitario, nacional e internacional". Para ello tienen en el mercado la herramienta Well Being 5 que reporta sobre cinco indicadores esenciales que son propósito, social, financiero, comunidad y físico. (*Vid.*: bit.ly/2Sx8U9a)

Si bien la felicidad era hasta hace algunos siglos asunto exclusivo de la filosofía, las religiones y la psicología, se ha llegado al punto de los planteamientos teóricos formulados desde otras disciplinas como la economía que, en sus comienzos, la asoció a conceptos como utilidad y consumo.

En 1974 el profesor de la Universidad de Southern California, Richard Easterlin, presenta una investigación pionera descubriendo una relación directa pero no necesariamente proporcional entre el nivel de la renta y la felicidad de un individuo. El economista neoyorkino responde a viejas preguntas que revuelan en el imaginario social: ¿Son los miembros adinerados de la sociedad más felices que los pobres? ¿Las naciones desarrolladas son típicamente más felices? ¿El crecimiento económico mejora el destino humano?

A través de lo que se conocería luego como la "paradoja Easterlin" concluye que una renta superior no proporciona más felicidad. Su investigación compuesta esencialmente por las declaraciones de individuos a lo largo de 30 encuestas conducidas entre 1946 y 1970 en 19 países, admite que al interior de cada país existía una correlación positiva entre ingresos y felicidad (los de estatus alto eran más felices que los de estratos más bajos), pero al comparar naciones entre sí este patrón era incierto. Apuntó, en cambio, a la comparación y las normas sociales en constante movimiento como factores definitivos desde los que se mide el bienestar relativo de una persona: "En un sentido -dice- estos resultados son testimonio de la adaptabilidad de la especie humana. La renta y aspiraciones en el tiempo y espacio tienden a ir juntas, y por lo que se ve la gente puede arreglárselas con lo que se presenta, en sentido absoluto, como una suerte lamentable".[46]

Los críticos y posturas opuestas al trabajo de Easterlin no se hicieron esperar desmintiendo a veces, pero dilatando siempre el debate más de tres décadas. Uno de sus censores, Richard Layard, formula sus propias conclusiones a partir de lo avanzado por Easterling:

[...]una vez que el ser humano cubre unas necesidades básicas (que fija en 15.000 dólares), el dinero se emplea cada vez más para compararse con los demás. Así, las series de felicidad con las que ha trabajado Layard demuestran que bienes como un coche de lujo proporcionan una felicidad pasajera: en el momento en el que nuestro vecino adquiere un automóvil similar al nuestro la felicidad obtenida se anula. En ese instante el ser humano intenta volver a distinguirse adquiriendo otro objeto de mayor valor. Para lograr los recursos económicos se emplean más y más horas de trabajo, y una vez obtenido el nuevo bien se genera otra felicidad pasajera que acaba desembocando en un peligroso círculo vicioso. [47]

Cuestionando al dinero como componente significativo para crear felicidad, los economistas avanzaron en la cuestión de objetivar otros factores ligados a aquella como salud, la calidad

---

[46] EASTERLIN, Richard A. "Does Economic Growth Improve the Human Lot? Some Empirical Evidence". En: DAVID, Paul A. y REDER, Melvin W. *Nations and households in economic growth: essays in honor of Moses Abramovitz*. New York: Academic Press, 1974. URL <nyti.ms/OzdH7g> [citado julio 2019]. Pp. 118-119

[47] LAYARD, Richard *apud* DE LA TORRE, Ignacio. "La economía de la felicidad". *El Confidencial* [en línea]. 10 de septiembre 2008 [citado julio 2019]. URL: <bit.ly/100xFHU>

del trabajo, relaciones familiares (esencialmente la pareja), relaciones sociales (contribuir al bien común mediante la solidaridad), valores personales (éticos y/o religiosos) y libertad personal (este factor explica que en las dictaduras comunistas la gente sea más infeliz que en democracias con un nivel de renta similar).[48] Además de estos indicadores, resaltan otros bienes asociados al capital social (confianza y ética específicamente) que aparecen también como agentes de felicidad. Mochón Morcillo apunta:

La confianza que los individuos tienen en los demás y ante algunas instituciones específicas (la prensa, policía y grandes empresas), en todos los casos aparece correlacionado positivamente con la felicidad, siendo la más significativa la que se refiere a las grandes empresas. [...]Los que rechazan comportamientos menos honestos (frente a los que sí los justifican), como por ejemplo defraudar en materia de impuestos o una actitud benevolente ante el soborno, tienden a mostrarse más felices.[49]

Los hallazgos de ciertos estudios parecen dar la razón a lo que el sentido común indica:

El desempleo es el componente con más influencia negativa dentro de las variables individualmente consideradas. La población en paro es menos feliz, su salud mental y física refleja distorsiones con tasas de depresión, suicidio o alcoholismo superiores. Asimismo, se ha demostrado que existe una relación estrecha entre bienestar individual y las relaciones sociales en sus variadas formas, incluyendo aquellas con el centro de trabajo. La razón predominante es el hecho de que estas relaciones impulsan un sentimiento de confianza e integridad, ambas conectadas con la felicidad.[50]

---

[48] *Ibid*

[49] MOCHÓN, Francisco. "Economía y felicidad". *El Notario del Siglo XXI* [en línea]. Jul-Ago 2008 [citado julio 2019]. N°. 20. URL: <bit.ly/2LyXX6t>

[50] AHN, Namkee y MOCHÓN, Francisco. "La felicidad de los españoles: factores explicativos". *Revista de Economía Aplicada* [en línea]. Universidad de

Si el mundo de las emociones en el ámbito laboral cobra valor y es síntoma de adaptación a tiempos marcados por crisis y derrumbamiento de valores, en los próximos años es factible que seamos testigos del florecimiento de las habilidades interpersonales por encima de la sobrevalorada capacidad de competir.

Por ahora sigue siendo objeto de reticencias el trabajo por una mayor vinculación emocional a las actividades y equipos: sólo un 15% de trabajadores en 155 países se declaran comprometidos con su trabajo, entendido esto como "altamente involucrados y entusiastas respecto de su actividad y espacio de trabajo". Aquellos "desconectados" de su trabajo, el alarmante 85%, perciben que su ocupación es fuente de frustración más que de realización y este hecho tiene costes cuantificables:

→ Un equipo comprometido es sinónimo de productividad, rentabilidad, clientes y descenso en rotación de empleados, absentismo o incidentes de seguridad.

→ Las unidades de trabajo altamente comprometidas presentan ratios más elevados de productividad, rentabilidad y mejores métricas de desempeño con el cliente. Por ejemplo 41% menos absentismo, 17% más productividad o 20% más ventas.[51]

→ Por la desafección al trabajo los Estados Unidos pagan entre 450 y 550 mil millones de dólares al año; la pérdida de los ingleses puede rondar 83 y 112 mil millones de dólares. A Alemania le cuesta entre 80 mil 300 y 105 mil millones de euros según indican investigaciones más recientes.

→ Bases de datos de 2010-2011 muestran que con un promedio

Zaragoza. Invierno de 2010 [citado julio 2019]. Vol XVIII, n° 54. URL: <bit.ly/2Z6iH8L> Pp. 12 y 23

[51] GALLUP. *State of the Global Workplace* [en línea]. New York, N.Y.: Gallup Press, 2017 [citado julio 2019]. URL: <bit.ly/2JWwmss>

de 9.3 trabajadores comprometidos por cada "hostil" en activo, una organización genera incrementos de hasta 147 % en beneficios por acción (earnings per share) en comparación con sus competidores durante 2011-2012.[52]

Considerando que la contribución de los afectos de un trabajador va más allá del entusiasmo y energía, dado que son motor de innovación, crecimiento y ganancias, es previsible que bajos niveles de compromiso en el mundo del trabajo obstaculice avances económicos e incluso incida en la calidad de vida a nivel global.

Así las cosas, crear un clima laboral adecuado para el desarrollo de las capacidades de los integrantes de cualquier organización promete atraer resultados tangibles que, desde luego, tienen equivalencia monetaria para las empresas. La consideración de las emociones como un elemento más en estas organizaciones trasciende a la simple motivación y debiera cristalizar en políticas concretas que se ajusten a un diagnóstico de las necesidades de los y las trabajadoras, efectiva escucha, empatía y búsqueda del desarrollo de todos sus integrantes

En entrevista Elio D´Anna, fundador de la *European School of Economics*, declaraba que la civilización como la entendemos se convulsiona para dar paso a una nueva humanidad que prima otra filosofía: la del interior como base de todo.

Los empresarios llevan toda la vida insistiendo en cambiar la realidad de su entorno cuando en realidad deberían empezar por el cambio interno, por reconvertirse a sí mismos para que la realidad sea diferente y las dificultades sean menores. [...] El entorno, lo de afuera, es una materialización de lo que llevamos nosotros por dentro y el auto conocimiento es el camino para modificar la realidad. Los economistas se olvidan que lo que compone la realidad somos nosotros mismos y nuestros estados anímicos.

---

[52] Datos del mismo informe de Gallup año 2013 (disponible en <bit.ly/2xD7e4Q>).

Esta filosofía es el futuro de la economía, también para los políticos: no necesitamos profesionales sino gente que pueda soñar y trasladar ese sueño en la realidad.

Para el economista D´Anna podemos aspirar a la experiencia de nuevos paradigmas donde seamos "más poderosos y capacitados para transformar la realidad" siempre que exista un trabajo de autoconocimiento previo. "Puede sonar muy espiritual, no lo es, y es un tema inminentemente práctico" -aclara-.[53]

---

[53] MARTÍN DUQUE, Sandra. "La ética está sobrevalorada y es una manera de imponer un comportamiento". *Cambio 16* [en línea]. 16 de marzo 2014 [citado 19/03/14]. Sección entrevistas. URL: <bit.ly/PPwuwD>

II MUJER, IGUALDAD Y TRABAJO

Esta inquieta sensación de batallas ganadas, pero solamente para tener que volverlas a librar, de batallas que debieran haber sido ganadas, según todas las reglas, pero que no lo son, de batallas que, de pronto, uno no quiere realmente ganar, y la fatiga ante toda batalla, ¿cuántas son las mujeres que sienten esto?

Betty Friedan.
La Segunda Fase. 1983

Un camino inacabado

Desde sus primeros postulados colectivos en el siglo XVII, el feminismo es al mismo tiempo toma de conciencia y expresión de la desigualdad padecida por las mujeres, relegadas a la esfera de lo privado desempeñando siempre los mismos roles: madres, hijas, esposas, sirvientas. Las tareas en el campo asistencial y de cuidados quedaban muy cortos a esa mitad de la población sin voz y comienzan las vindicaciones del trabajo femenino en el espacio público que pueden encontrarse en toda la tradición clásica de feminismo de la igualdad.

Fue en las calles y salones parisinos donde algunos y algunas (nobles) se reunirían en un ensayo de igualdad a discutir sobre "la cuestión femenina" que se convertía en un tema relevante y polémico: desde cómo educar a las niñas hasta la presión femenina por acceder a círculos intelectuales. En ese contexto el escritor, filósofo y teólogo Francoise Poullain de la Barre (1647-1725) defiende el acceso de las mujeres a todas las dignidades y puestos sociales, lo cual ejerce una profunda influencia en otros pensadores que le sucederían, pues entre sus intentos estaba el de "derivar a favor de los derechos de las mujeres, las implicaciones de la crítica cartesiana, del prejuicio, la tradición y el argumento de autoridad, así como del dualismo mente-cuerpo". Su igualitarismo inclusivo y adelantado a la época cuestionó tanto la superioridad masculina como la jerarquización social.[1]

Es en la Revolución francesa donde se plantea el reconocimiento de las mujeres como sujeto político, no obstante, pronto se verá que las luchas se comparten, no así los triunfos y menos aún los privilegios prometidos por la ilustración: Marie Gouze, mejor conocida como Olympe de Gouges, denunciaría

---

[1] LEÓN HERNÁNDEZ, Luz S. "La mirada fenomenológica de Poulain de la Barre". *Investigaciones Fenomenológicas* [en línea]. Sociedad Española de Fenomenología. Septiembre de 2011 [citado julio 2019]. Serie monográfica 3: Fenomenología y Política. URL: <bit.ly/1nXhFB7> Pp. 252-253

constantemente la traición de esa revolución hacia las mujeres porque no significó ninguna era de libertades para estas. Consciente de que sin derecho al divorcio, educación, a la propiedad, participación política o igualdad dentro de la iglesia y las familias las mujeres seguían siendo excluidas del proyecto social que germinaba, escribe en 1791 la Declaración de derechos de la mujer y la ciudadana, que incorpora incesantemente la palabra mujer olvidada por el texto original de 1789, redactado por hombres y para ellos. En su artículo primero asienta que "la mujer nace libre y permanece igual al hombre en derechos. Las distinciones sociales sólo pueden estar fundadas en la utilidad común".

Si durante el cartesianismo ilustrado y la Revolución francesa se adelanta algo en la explicación de las causas de desigualdad entre hombres y mujeres, finalmente se identifica el voto femenino como prioridad para alcanzar un reconocimiento formal de igualdad con todos los beneficios sociales que ello supondría. A través de él se daba forma a las ciudadanas (nunca antes reconocidas como tales) que, ahora cobijadas bajo leyes democráticas, podían exigir lo necesario para desarrollar sus potencialidades.

En el siglo XIX se configura el movimiento sufragista haciendo masiva y visible esta causa. Fuertemente influido por la doctrina protestante, este movimiento es definitivo para que las mujeres comprendan en el futuro al trabajo como elemento esencial de su libertad, vinculada también a conceptos como mérito y esfuerzo. Parte de sus peticiones se recogen más tarde en la "Declaración de sentimientos" o Declaración de Seneca Falls (Nueva York 1848), reconociendo en el punto nueve que "es deber de las mujeres […] asegurarse el sagrado derecho del voto" y, en el diez, "que la igualdad de los derechos humanos es consecuencia del hecho de que toda la raza humana es idéntica en cuanto a capacidad y responsabilidad".

En los años 70´s el movimiento feminista radical acusa al

sistema de dominación (patriarcado) que opera a través de mecanismos de socialización como la familia, desafiándola abiertamente. Denuncian al trabajo doméstico como analogía de servidumbre y su injusta exclusión de las reglas del trabajo asalariado, pero sin duda uno de sus aportes más relevantes fue lema de militancia: "lo personal es político". Analizar en clave social muchas situaciones que pertenecían al ámbito privado reconstruyéndose como problemas políticos era impostergable.

Es hasta la segunda mitad del siglo XX cuando una estadounidense se encarga de teorizar sobre "el problema que no tienen nombre", como ella misma designa a la situación de opresión y malestar de las mujeres: Betty Friedan (1921-2006).

Friedan pertenece a una oleada de feminismo que no se proponía precisamente acabar con el capitalismo sino hacer posible la integración de las mujeres en la esfera política, cultural y económica a través del trabajo asalariado. En su discurso pelea constantemente por la igualdad de oportunidades y también la material.

A través de sus investigaciones revela una "mística de la feminidad" (otro concepto acuñado por ella misma), que refiere al modelo de identidad mítico y que estipula una esencia, es decir, una identidad que defiende rasgos permanentes e inmutables en los que se educa a las mujeres, por ejemplo, pasividad sexual y consagración amorosa a los hijos.

"Estoy cansada de las batallas pragmáticas y terrenas del movimiento feminista, cansada de retórica. Quiero vivir el resto de mi vida". Así comenzaba Friedan su libro *La segunda fase* (1983) que instó a la acción tras comprobar que, desde su experiencia, el marco que utilizaban las mujeres para vivir la igualdad no estaba bien enfocado. El nuevo "problema sin nombre" que en los sesenta pondría sobre la mesa, dos décadas más tarde volvía a agitar las conciencias pidiendo reflexiones que lograran trascender aquellas herencias incompatibles con la transformación social: para los hombres, un rol sexual cuyas exigencias (proveer, ser exitoso, fuerza, racionalidad) no hace sino producir en serie tensiones y mutilaciones emocionales. Para las mujeres, plenamente integradas al mercado laboral y con otros objetivos personales/profesionales, el eco idealizador que sigue manteniéndolas empantanadas en "el tipo de trabajo que solían hacer en la familia, o sea, servir a las necesidades físicas de los niños, los hombres, el hogar, además de tener que hacer también sus nuevos y duros trabajos 'masculinos', al precio de la fatiga y la tensión que solamente las súper mujeres pueden soportar".[2]

Sus planteamientos se suceden en un contexto conocido y más cercano al que vive actualmente la mujer trabajadora "multitareas": el capitalismo. Se preguntó si "¿pueden las mujeres ganar suficiente dinero para sentirse realmente seguras, a menos que lo que quieran sea triunfar en puestos de trabajo y profesiones que ahora están dominados por los hombres, sometiéndose, por consiguiente, a reglas fijadas por estos?", o si "¿hay acaso verdadera opción, modos de vida alternativos, que den dinero para pagar el alquiler? y ¿por qué motivo dan tan poco dinero los trabajos de servicios, tradicionalmente realizados por mujeres, a pesar de que tienen cada vez más importancia en la economía?".[3]

Hace más de treinta años, la socióloga y feminista, proponía un debate para reestructurar las instituciones sociales y el concepto mismo de poder, admitir realidades diferentes e incómodas e incidir en el orden simbólico: imaginar, preguntar y exigir nuevas soluciones. Su presagio para el feminismo como motor hacia la igualdad debía revisarse bajo otras lentes:

Resulta cada vez más claro que el gran impulso del movimiento feminista por la igualdad se detendrá, o será transformado, de la forma que sea, por causa del choque o de su convergencia con problemas básicos de supervivencia

---

[2] FRIEDAN, Betty. *La Segunda* Fase. Barcelona: Plaza & Janés, 1983. Pág. 79
[3] *Ibid* Pág. 68

[…]. ¿Es acaso el feminismo un lujo teórico, una idea liberal, radical con la que jugar en la edad madura […] o algo que tendremos que dejar a un lado para enfrentarnos a las crueles realidades de la supervivencia económica y nacional?, ¿o es que la igualdad misma está convirtiéndose en un problema de supervivencia humana básica? [4]

Esos choques a los que refiere, siguen ocurriendo como deriva de un modelo económico y social que no parece envejecer y admite -al menos para las mujeres- que la igualdad tome, en efecto, dimensiones de supervivencia como se verá en los siguientes epígrafes.

Nuestro lugar en el mundo

Desde las Naciones Unidas se declara 1975 como el Año Internacional de la Mujer y fue ocasión para definir una serie de objetivos y directrices orientados a fortalecer la participación y desarrollo de las mujeres durante la década siguiente. En la Conferencia Mundial de la Mujer celebrada en México, se identificó como uno de los tres objetivos prioritarios "la igualdad plena de género y la eliminación de la discriminación por motivos de género", no obstante se exhibía que las mujeres realizaban más del 65 % del trabajo del mundo obteniendo apenas 10 % del ingreso y menos del 1 % de los bienes. Desde entonces, a pesar de análisis exhaustivos, debates, declaraciones y encuentros periódicos los temas son recurrentes y hay preguntas que no abandonan la mesa, por ejemplo qué medidas tomar o cómo garantizar su cumplimiento. Kofi Annan, secretario general de la ONU en funciones, declaraba en 2005 que la igualdad entre sexos era "condición indispensable" para cumplir con el resto de los Objetivos de Desarrollo del Milenio que proyectaron un mundo con menos pobreza, reducción de mortalidad infantil, educación incluyente, entre otros sueños (algunos eclipsados). El

---

[4] *Ibid* Pág. 24

Objetivo número 3 específicamente recogía la tarea de "promover la igualdad entre los sexos y la autonomía de la mujer".

Una larga e inacabada construcción política de la mujer continúa mostrando sus carencias y asignaturas pendientes. La palabra "avance" es casi insostenible en virtud del panorama internacional y no es baladí que se siga utilizando el verbo alcanzar para referirse a la igualdad de género: nunca termina su persecución.

¿Y…cuál es el reclamo de fondo? La feminista Celia Amorós asegura tajante que "ellos son iguales y nosotras somos las idénticas", de modo que "cuando existe un 'rasero' social distinto se produce la discriminación y en presencia de referentes comunes con el otro se exige igualdad. Así aparece la vindicación".[5]

Las "idénticas", desde esa perspectiva, siguen teniendo más responsabilidades pero menos derechos. Ese gris entorno femenino puede resumirse en unas cuantas frases:

Las mujeres representan el 70 % de la población mundial viviendo bajo pobreza. Su salario es entre un 10 % y un 30 % menor que el de los varones en el mismo cargo, con las mismas funciones. Son responsables de dos tercios del trabajo realizado en el mundo, pero reciben sólo el 10 % de los beneficios. Son propietarias del 1 % de las tierras de cultivo, aunque representan el 80 % de la mano de obra campesina. Por si fuera poco, dos de cada tres (un 60 %) sufre algún tipo de violencia (física, sexual, psicológica o económica) dentro o fuera de sus hogares.[6]

Hombres y mujeres no participamos en el ámbito laboral del mismo modo. El reparto de tareas, las oportunidades,

---

[5] AMORÓS, Celia. "Feminismo e ilustración". En: *Curso Historia de la teoría feminista*. Instituto de Investigaciones Feministas-UCM. Madrid, 06 de febrero 2013.

[6] SANTIAGO, Martín. "Hombres de todo el mundo, uníos por el empoderamiento de las mujeres". *Blog del Programa de Naciones Unidas para el Desarrollo)* [en línea]. 05 noviembre 2012 [citado julio 2019]. URL: <bit.ly/2Zk09Sg>

retribuciones, la propia división sexual del trabajo y hasta el uso del tiempo exhiben diferencias que excluyen, pero sobre todo alertan sobre cuál es el lugar que tenemos en la sociedad siendo unos u otras. M. Maruani establece que la situación del entorno laboral no sólo refiere la posición profesional de las mujeres sino que se trata de un tejido cuyos componentes son, sí económicos, pero también culturales e ideológicos:

Cada sociedad, cada época, cada cultura produce sus formas de trabajo femenino y genera sus imágenes y representaciones. La actividad femenina es, al mismo tiempo, una realidad económica y una construcción social. [...].

Las mujeres sufren mayores tasas de desempleo; suponiendo que consiguen trabajar se enfrentan a un escuálido abanico de profesiones en áreas que extienden funciones tradicionalmente femeninas; sus salarios mayoritariamente serán inferiores a sus homólogos varones y, obviamente, el acceso a puestos de mayor responsabilidad o ascensos en general se ven condicionados por consideraciones limitantes y machistas. El acceso a profesiones cualificadas se ha abierto a las mujeres, pero también ha ocurrido la feminización masiva de aquellas ocupaciones femeninas poco valoradas socialmente.[7]

Sus apreciaciones están ampliamente sustentadas por diversas fuentes, por ejemplo el reporte *El G20 y la igualdad de género* publicado por Oxfam en julio de 2014, cuyo análisis confirma que "tanto en los países que pertenecen al G20 como en los que no, las mujeres cobran menos que los hombres, realizan la mayor parte del trabajo no remunerado, tienen mayor presencia en los empleos a tiempo parcial y son objeto de discriminación en el seno del hogar, en los mercados y en las instituciones". Se reconoce el peso de un sistema económico discriminatorio que merma la capacidad de realización de los derechos y dignidad de los seres humanos en general y que ha sido especialmente injusto

---

[7] MARUANI, Margaret. "Vida profesional: paridad sin igual". En: OCKRENT, Christine (Dir). *El libro negro de la condición de la mujer.* (Trad. Manuel Monge). Madrid: Santillana, 2007. Pp. 761, 766 y 767

para las mujeres empobreciéndolas e impidiendo el desarrollo de su potencial; prueba de ello es que constituyen la mayoría de ciudadanos más pobres en el mundo y también lo son entre los colectivos excluidos para la toma de decisiones económicas.[8]

En línea con los hallazgos, aseguran que mientras en algunos aspectos como educación se han reducido las diferencias entre hombres y mujeres, otros muchos presentan agravamiento, es el caso del empleo, salarios, participación política, violencia, libertad de movimiento o derechos sexuales y reproductivos. De hecho, para la creación de políticas macroeconómicas, la desigualdad más relevante entre los sexos es el trabajo de cuidados no remunerado, tarea que "engloba desde el cuidado de niños, ancianos y personas enfermas en el seno del hogar y las comunidades hasta labores domésticas como cocinar, limpiar, fregar y, en los países en desarrollo, ir a buscar agua y recoger leña". Esta carga, llevada en mayor medida por mujeres, las coloca en situación vulnerable llevándolas a empleos precarios, desprotegidos y mal pagados; otra consecuencia visible es el déficit de tiempo que alimenta inequidades en el ámbito social, político y económico.[9]

Dado que no se trata de "cosas de mujeres" sino del respeto a los derechos humanos e igualdad de oportunidades como requisitos imprescindibles en las agendas de crecimiento inclusivo, Oxfam considera que deben revisarse estos temas como "problemas sistémicos" sobre los que reposa el bienestar de todo el planeta. No obstante, denuncia que la problemática de género no es un marco de referencia para la formulación de políticas o el análisis de su impacto en la vida de hombres y mujeres, tampoco lo es en la fijación de prioridades económicas.

---

[8] OXFAM INTERNACIONAL. *El G20 y la igualdad de género. Cómo el G20 puede hacer avanzar los derechos de las mujeres en el ámbito laboral, la protección social y las políticas fiscales* [en línea]. Oxford (UK): Oxfam GB, julio de 2014 [citado julio 2019]. URL: <bit.ly/1raT82j> Pág. 2
[9] *Ibid.* Pp. 7 y 8

Cuando se dictan medidas de austeridad los servicios públicos y el empleo son los primeros en sufrir deterioro y con ellos la calidad de vida de las mujeres que dependen, en mayor medida que los hombres, de ambos. El resultado obvio de políticas no encaminadas a promover los derechos de las mujeres y mejorar las oportunidades económicas de ambos sexos, será engendrar nuevas desigualdades: "Cuando existe crecimiento económico, las desigualdades de género suelen verse reforzadas o sustituidas por nuevas desigualdades y violaciones de los derechos humanos".[10]

El Índice Europeo de Igualdad de Género se presenta formalmente en Bruselas en junio de 2013 con el propósito de ser una medida sintética de igualdad puesta al servicio de la toma de decisiones en la Unión Europea. El trabajo de análisis se dividió originalmente en seis áreas: trabajo, dinero, conocimiento, tiempo, poder y salud. Más recientemente se han incluido dos dimensiones adicionales o "satélite" que pretenden exponer datos sobre condiciones que operan sólo en parte de la población, estas son, violencia e intersección de desigualdades. A lo largo del tiempo se mantienen las métricas de valoración que van desde el 1 (desigualdad absoluta entre hombres y mujeres) hasta el 100 (igualdad plena).

Los datos del índice muestran la situación de los años 2005, 2010, 2012 y 2015 de los -todavía- 28 miembros de la UE. Sus resultados arrojan una fotografía poco halagüeña: el conjunto de esta poderosa organización económica y política obtenía de media un 62 en el año 2005 y, diez años más tarde, los avances son de tan sólo 4 puntos (66.2 de nota media en 2015).

Mientras el dominio *salud* sigue a la cabeza del índice con 87.4 puntos acercándose, relativamente, a la equidad entre géneros, no consigue progresar ni medio punto desde el año 2012. En el extremo contrario, es destacable el comportamiento de los

---

[10] *Ibid.* Pp. 10-11

rubros *tiempo* y *poder* : ambos coincidiendo persistentemente entre los últimos puestos por un desempeño pobre respecto del resto desde que comenzaran las primeras ediciones del reporte.

Estas "debilidades" objetivas en el avance de la igualdad para los y las europeas se traducen, por ejemplo, en una inquietante evolución de inequidades por la organización y uso del tiempo o el dominio masculino de ciertos espacios de poder económico, político y social.

En la década estudiada (2005-2015) el factor *tiempo* es líder en retrocesos: 16 países han empeorado su nota y otros ocho no registran cambios. Sigue siendo una constante la desproporcionada dedicación femenina al cuidado no remunerado y tareas domésticas, hecho que impacta en otras dimensiones como educación, acceso al mercado de trabajo, brechas salariales, descanso, actividades personales, ocio, etc. 38% de las europeas están involucradas en educación y/o cuidado de menores, dependientes y ancianos cada día al menos una hora; el porcentaje contraste con el 25% de los hombres.

El dominio *poder* (peor nota media con 48.5 puntos) revela desequilibrios de género en espacios de toma de decisiones tan significativos como la investigación, medios de comunicación y organizaciones deportivas donde se requiere "visibilidad y acción dada su importancia educativa y simbólica y el poderoso papel que desempeñan en la modelación de normas sociales, opinión pública y percepciones sobre la equidad de género".[11]

---

[11] EIGE. *Gender Equality Index 2017- Measuring gender equality in the European Union 2005-2015* [en línea]. Octubre 2017 [citado julio 2019]. URL: <bit.ly/2Zh6MVG> Pág. 61

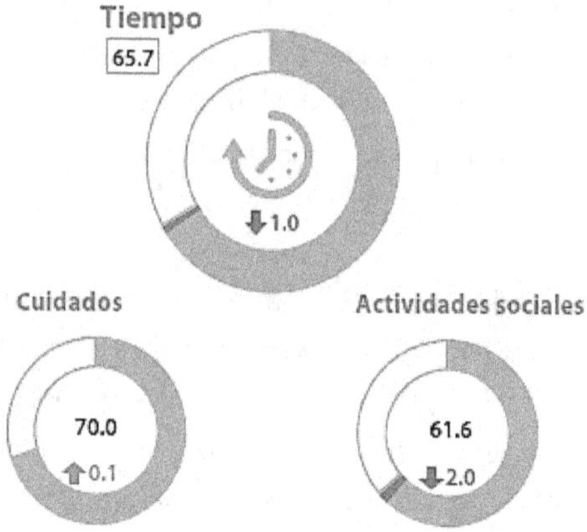

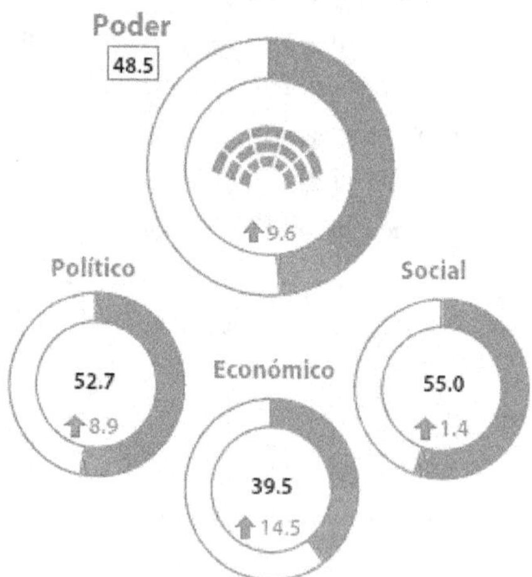

Fuente: EIGE. *Gender Equality Index 2017*

España, en concreto, ocupa el lugar número 11 en la tabla de países con 68,3 puntos en las seis áreas evaluadas y una modesta pero constante mejora. La dimensión *poder,* con las notas más pobres le da, sin embargo, uno de los primeros puestos a la hora de fijar posición global en la tabla de los 28 de la UE, hecho que bien puede entenderse como reflejo de esfuerzos relevantes para llevar a sus mujeres a espacios de toma de decisiones, legislando y/o impulsando debates públicos.

Calca de sus homólogos europeos el estable adelanto en *salud,* pero no escapa al deterioro en el área *tiempo* que, junto a *trabajo* (estabilidad, contratos, salarios, segregación, brechas) y *dinero* (riesgo de pobreza, poder adquisitivo, independencia) se perfilan como sus mayores retos.

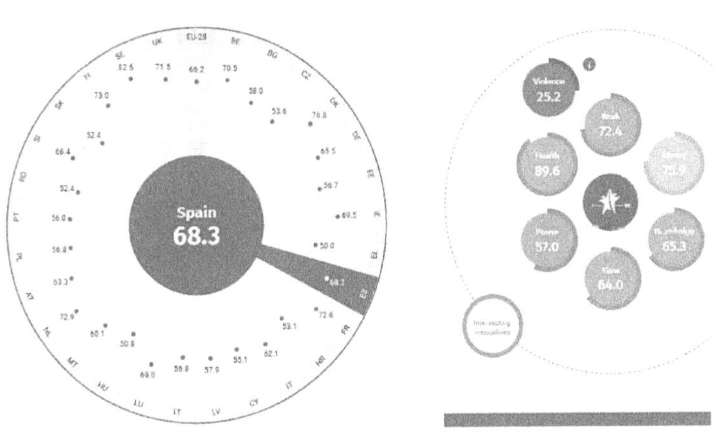

Fuente: EIGE. *Gender Equality Index 2017 (datos de 2015)*

Puntuaciones del Índice de Igualdad de Género y posiciones por dominio para España. Actualización 2019 (datos de 2017).

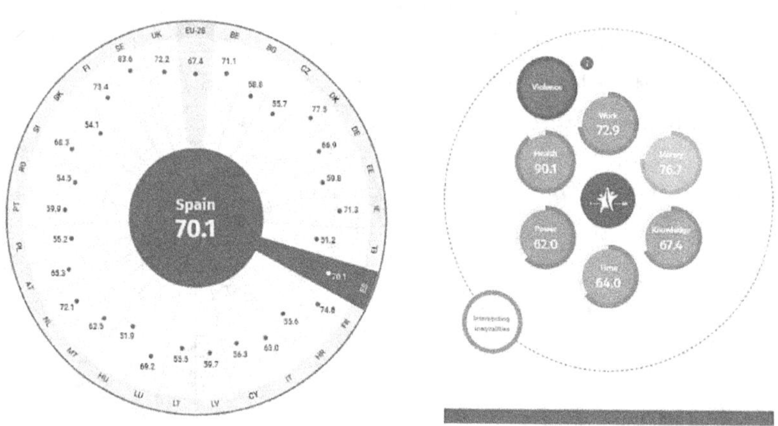

Country	Score
ES	70.1
EU-28	67.4

Fuente: EIGE. *Gender Equality Index 2019*

Otro termómetro imprescindible es el Informe Global sobre Brecha de Género que realiza el Foro Económico Mundial donde se estudia el equilibrio entre los sexos en salud, empoderamiento político, nivel educativo y participación económica de un total de 149 países[12], es decir, alrededor del 76% de la población mundial. Su particularidad es que con independencia del nivel de desarrollo que presente la nación participante, o el estado actual en que se encuentren sus recursos y oportunidades, se mide la brecha de género, es decir el nivel de acceso que hay a tales recursos y oportunidades tanto para hombres como para mujeres.

Recogemos enseguida algunas conclusiones relevantes:

La 13ª y última entrega (2018)[13] establece una brecha global, aún por cerrar, del 32%. Mientras se estrechan las inequidades en *salud* y *educación* (más de un 90% de cierre de brecha), es preocupante lo que reflejan subíndices como *empoderamiento político* (brecha del 77.1%) y *participación económica y oportunidad* (41.9% de brecha) donde, se sabe por ejemplo, que el acceso a servicios financieros en igualdad de condiciones para hombres y mujeres tiene lugar en 60% de los países y, sólo en 42% de estos, las mujeres pueden poseer tierras. Todo en pleno siglo XXI.

La paridad absoluta a nivel global se prevé que ocurra en 108 años, aunque la situación particular del empoderamiento económico -dada la tendencia- demoraría otro siglo más hasta los 202 años. Las tasas anuales de evolución hacia sociedades paritarias, desde 2006, se ubicaban en el 3.6% y pero desde el año pasado la brecha se ha recortado sólo 0.03%.

No sorprende saber que los mejores países para ser mujer son los nórdicos quienes ostentan desde hace varios años los primeros puestos en la tabla: Islandia, Noruega, Suecia y

---

[12] Total de países cubiertos en el reporte de 2018. Desde 2006 ha variado año con año este número y para ser incluido es necesario que se disponga de información en, al menos, 12 de los 14 indicadores que establece el estudio.
[13] Descarga de informe completo en bit.ly/2R53jZa

Finlandia han logrado cerrar la brecha de género entre 82 y 85 %, sirviendo de modelo internacional y para comparaciones que nada tienen que ver con un alto PIB como podría suponerse. Todos han llegado al 99-100 % de alfabetización masculina y femenina; en la formación de tercer ciclo ambos sexos participan activamente, pero son ellas las que ahora constituyen la mayor parte de fuerza de trabajo altamente cualificada.

Aun cuando muchos países han conseguido atajar los desequilibrios en salud y educación, "pocos han tenido éxito en maximizar el retorno por esta inversión" salvo, de nuevo, el septentrión europeo, debido principalmente a que las tasas de actividad femenina en la fuerza de trabajo están entre las más altas en el mundo; la diferencia salarial entre sexos es de las más bajas y sus mujeres tienen "abundantes" oportunidades para ocupar posiciones de liderazgo.

Las lecciones no terminan ahí dado que se ha

[...] hecho posible para los padres combinar trabajo y familia, resultando en alta empleabilidad femenina, participación más compartida en el cuidado de los hijos, distribución más equitativa de las labores del hogar, mejor equilibrio trabajo-vida para hombres y mujeres y en algunos casos un impulso a las tasas decrecientes de fertilidad. Las políticas en algunos de estos países incluyen licencias obligatorias de paternidad en combinación con las maternas, generosos beneficios gubernamentales mandatorios provistos por la combinación de fondos de seguridad social y empleados, incentivos fiscales, y programas de reinserción postparto.

Las iniciativas han conducido a tasas de fertilidad relativamente más elevadas y esto no es casual dado que la mujer participa con mayor intensidad en el mercado de trabajo; es así como estos países enfrentarán con ventaja los problemas de envejecimiento y dependencia que se auguran para las siguientes décadas en el mundo.[14]

---

[14] FORO ECONÓMICO MUNDIAL (WEF). *The Global Gender Gap Report 2013* [en línea]. Geneva [citado 16/12/13]. URL: <bit.ly/1ejtYsQ> Pág. 20

Es de especial relevancia el área *participación económica y oportunidad*, no sólo por su posición negativa en los marcadores o lo que ello implica, sino por el interés que tiene determinar con detalle los ratios hombre/mujer de participación en la fuerza laboral; equidad salarial por trabajos similares; ingresos estimados; legisladores, altos funcionarios y directivos, así como trabajadores técnicos y profesionales.

Por citar algunos datos -predecibles- se sigue resaltando la dificultad que encuentran las mujeres para acceder a puestos directivos o de gran responsabilidad (gerentes, altos funcionarios, legisladores) donde la presencia femenina, en general, se ha estancado en un porcentaje del 33-34%. Asimismo las diferencias en igualdad salarial y de ingresos son todavía muy elevadas (37% y 50% respectivamente) lo cual se lee como un evidente control masculino del poder económico y activos financieros. De acuerdo a los autores, sólo 14 países han alcanzado niveles superiores al 80 % de cierre de esta brecha económica y de oportunidades. Por país Laos, Barbados, Bahamas, Benin, Burundi, Bielorrusia, Guinea, Camerún, Suecia y Letonia están en los primeros diez puestos.

El resquicio entre sexos se ha contraído a escala mundial en un 68 %, no obstante, en doce años (2006-2018) la equidad ha logrado progresar en torno 3.5% revelando retos y avances lerdos según muestra la evolución de todos los subíndices:

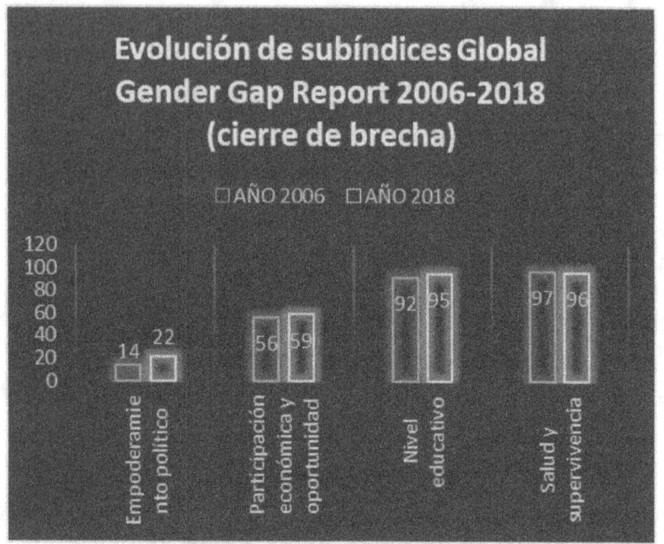

Fuente: Elaboración propia con datos de *The Global Gender Gap Report* 2006 y 2018

Considerando los cuatro subíndices en conjunto, España no sólo no ha conseguido cerrar la brecha de género sino que retrocede nada menos que 18 lugares dentro del margen temporal entre 2006 y 2018 pasando de la posición 11 entre naciones a la 29, respectivamente.

Las caídas más intensas se encuentran en la esfera *salud y supervivencia,* uno de los peores puestos en su historia dentro de la tabla global (-22 puestos desde 2006/sitio 93) y *empoderamiento político* (-19 puestos/sitio 24).

	2006		2018	
	rank	score	rank	score
Global Gender Gap score	11	0.732	29	0.746
Economic participation and opportunity	85	0.539	80	0.660
Educational attainment	38	0.994	47	0.998
Health and survival	71	0.973	93	0.972
Political empowerment	5	0.421	24	0.354
rank out of	115		149	

Fuente: *The Global Gender Gap Report* 2018

En el año 2007 registró su cumbre alcanzando el lugar 10 a nivel global; para 2012 ya estaba en el 26 y, desde el año 2013 no consigue trascender el techo que le ha enquistado alrededor del puesto 30 sin progresos. Las valoraciones más bajas, en el histórico, ocurren precisamente desde el 2013. Esto sólo puede leerse como un empeoramiento discreto pero constante en las condiciones de vida para las mujeres.

El examen español en *participación económica y oportunidad* arroja la segunda nota más baja de las cuatro categorías evaluadas en 2018 (detrás de *salud*). Obtiene un 0.660[15], y el sitio 80 en el orbe, por debajo de innumerables economías emergentes y otras en la categoría de renta baja. Entre algunos detalles interesantes de este año están:

- Entre los adultos desempleados hay más mujeres que varones (21.4 frente a 18.1)

- El ratio de los "desmotivados" (buscadores de empleo desalentados) es abrumador entre los sexos: 71.2 mujeres contra 28.8 varones.

- La fuerza de trabajo altamente cualificada da ventaja a las mujeres (20.2 frente a 18.1).

- Las españolas tienen el doble de contratos a tiempo parcial (32.0) que sus contrapartes (16.1).

- Ellas destinan más minutos al trabajo (503.9 frente a 487.8) y la proporción de trabajo no remunerado por día es también más elevado para las mujeres: 51.2 frente a 31.5.

- Los porcentajes de mujeres en Consejos de compañías cotizadas mantienen el 20%-80%, favoreciendo a los hombres.

Algunas posibles interpretaciones pasan por la crisis mundial que estalla en 2008, múltiples recortes sociales y políticas de

---

[15] Se establece el 1 como máxima igualdad y 0.00 como desigualdad absoluta.

austeridad dictadas desde la UE; desaparición del Ministerio de Igualdad (2008-2010) y retrocesos en la legislación que protege los derechos reproductivos de las mujeres[16] en el gobierno conservador del PP que inicia en el 2011.

El Banco Mundial, a través de su estudio *Gender at Work* (2014) establece que el trabajo femenino aporta una contribución vital para el desarrollo y reducción de la pobreza, no obstante asegura que casi la mitad de ese potencial productivo se inutiliza y la cifra -comparada con el 22 % de talento masculino desperdiciado a nivel global-es otra muestra del lugar poco relevante que ocupan las mujeres en las políticas públicas de casi cualquier país en el mundo que pueda nombrarse.

Algunos otros hallazgos de interés en la situación de la mujer dentro y fuera del trabajo se resumen en las siguientes líneas:

- El trabajo informal es la principal fuente de empleos en África, Asia y el Medio Oriente, lugares en donde las mujeres trabajadoras son más propensas que los hombres a emplearse por cuenta propia o ser campesinas.

- Las emprendedoras típicamente operan firmas más pequeñas y en sectores menos rentables. En Latinoamérica y el Caribe la mitad de empresas propiedad de mujeres no tiene empleados; aquellas cuyo dueño es un hombre y no tiene empleados reduce su porcentaje a 38 %.

- En la mayoría de los países en desarrollo, las mujeres tienen menos opciones en áreas fundamentales del día a día, por ejemplo, sus propios movimientos, decisiones

---

[16] *Cfr.* Anteproyecto de Ley de protección de la vida del concebido y de los derechos de la mujer embarazada (2013-2014) que penalizaba, bajo ciertos supuestos, la interrupción voluntaria del embarazo. Su duración desde que se aprueba en Consejo de Ministros hasta la paralización definitiva por el gobierno central fue paradójicamente de nueve meses: diciembre de 2013 a septiembre 2014.

sobre su sexualidad y salud, capacidad para hacer uso de los bienes familiares y elegir si asisten o no a la escuela, trabajo u otras actividades de índole económica.

- Una enorme proporción de mujeres en el mundo sufre violencia de género, La OMS estima que más de un 35 % de ellas la ha experimentado.

- Los patrones que contribuyen a una baja participación femenina en el mercado de trabajo, disparidad salarial y segregación ocupacional comienzan muy pronto y se acumulan a lo largo de sus vidas.

- Durante la niñez y la juventud esos patrones se asocian a inequidades en educación/capacitación lo cual da paso a "trayectorias de desigualdad". Más tarde y ya en edad productiva, son las barreras formales y legales lo que impide a las mujeres tener parte en un mercado de trabajo igualitario. Al final, en su vejez, sufrirán discriminación en el acceso a la protección social.[17]

El coste de la desigualdad

Desde el Fondo Monetario Internacional se reconoce que la contribución femenina a la economía, el crecimiento y bienestar no despliega su potencial, lo cual tiene "serias consecuencias macroeconómicas". En ciertas regiones, por ejemplo, las disparidades de género condicionan pérdidas en el PIB per cápita, a veces de hasta el 27%.[18]

---

[17] BANCO MUNDIAL (BM). *Gender at Work. A Companion to the World Development Report on Jobs* [en línea]. World Bank Group Gender and Development. 20 de febrero 2014 [citado agosto 2019]. URL: <bit.ly/1iyAwWs> Pág. 1,2,3,10.

[18] ELBORGH-WOYTEK, Katrin, *et al. Las mujeres, el trabajo y la economía: Beneficios macroeconómicos de la equidad de género* [en línea]. Departamento de Estrategias, Políticas y Evaluación y Departamento de Finanzas Públicas. Fondo Monetario Internacional, septiembre de 2013 [citado agosto 2019]. URL: <bit.ly/1b7yvIc> Pág. 4

Sin dejar de defender el fundamento ético de la igualdad, es evidente que desbrozar el camino de las mujeres para su plena integración en la fuerza laboral trae aparejado beneficios cuantificables: para las economías que envejecen a un ritmo acelerado, la participación de las mujeres en el mercado de trabajo podría estimular el crecimiento paliando las consecuencias de la reducción de mano de obra y, esto a su vez, elevaría el nivel de cualificación de esta que responde al mayor nivel formativo de las mujeres. Por su parte, las economías en desarrollo eventualmente garantizarían un desarrollo económico más amplio de permitir que sus mujeres obtuviesen ingresos y los controlaran; esto debido a que es más probable que sean ellas quienes inviertan los ingresos familiares en educación para los hijos, activando así un proceso virtuoso desde la infancia. En un reporte conjunto de 2007, el Banco Mundial y FMI advertían que la igualdad de género "tiene sentido desde el punto de vista económico y contribuye a alcanzar otros objetivos de desarrollo, entre ellos la educación, la nutrición y la reducción de la mortalidad infantil".[19]

Se ha afirmado que, en la práctica, "las mujeres subvencionan la economía, ya que dedican al trabajo no remunerado una media de entre dos y cinco horas *diarias* más que los hombres". Cálculos que permiten medir el valor monetario de los trabajos de cuidados no retribuidos los cifran entre el 10 % y más del 50 % del PIB en las veinte economías más poderosas del mundo. A este dato cabe añadir la "aportación oculta" del trabajo no remunerado en general que ascendería, de ser reconocido, a entre el 20 y 60 % de ese mismo PIB. Asimismo se sabe que la renta per cápita en quince de las principales economías en desarrollo crecería un 14 % para 2020 y un 20 % para el año 2030 si la tasa de actividad remunerada fuese la misma para hombres y mujeres.[20]

---

[19] *Ibid.* Pp. 5 y 21
[20] OXFAM INTERNACIONAL. *El G20 y la igualdad de género. Cómo el G20 puede hacer avanzar los derechos de las mujeres en el ámbito laboral, la protección social y las*

Otras organizaciones sugieren que el cierre de brecha ocupacional entre hombres y mujeres ha representado para la economía europea un impulso clave en la última década, lo que en números tiene una implicación de hasta el 13 % de su Producto Interior Bruto y para otras economías desarrolladas del 9 %.[21]

Eurofound (2016) establece que los costes de una menor tasa de empleo femenino ascendieron a 370 mil millones de euros en 2013, el equivalente a 2,8 % del PIB de toda la Unión Europea; los cálculos se basan en ingresos no percibidos, cotizaciones a la Seguridad Social no abonadas y mermas en la hacienda pública. De esto se desprende que excluir a una mujer del empleo, a lo largo de su trayectoria laboral, representa una pérdida de entre 1,2 a 2 millones de euros según su nivel educativo.[22]

En aquellos países donde se reportan inversiones en la educación de sus mujeres, pero escasos esfuerzos por remover las barreras de participación en la fuerza de trabajo es obvio que hay un déficit en el retorno del capital al desarrollo económico, ejemplos de estas políticas son Japón, Emiratos Árabes Unidos y Brasil que aglutinan una reserva cualificada y talento sin darle salida, aún cuando se verían enormemente beneficiados llevando tal reserva femenina al mercado laboral.

La investigación sostiene que, de cerrarse la brecha laboral entre hombres y mujeres en el Japón su PIB engrosaría hasta 16 %, o que las restricciones impuestas a las mujeres para trabajar en la región Asia Pacífico cuestan a sus naciones entre 42 y 46 mil millones de dólares por año. Aún más, se sabe que en tanto las mujeres se hacen más independientes económicamente su rol

---

políticas fiscales [en línea]. Oxford (UK): Oxfam GB, julio de 2014 [citado agosto 2019]. URL: <bit.ly/1raT82j> Pp. 8 y 9

[21] FORO ECONÓMICO MUNDIAL (WEF). *The Global Gender Gap Report* 2014. Pág. 42

[22] EUROFOUND. *La brecha de género en el empleo: retos y soluciones* [en línea]. Resumen ejecutivo. Octubre 2016 [citado abril 2019]. URL: <bit.ly/2WaZQba>

como consumidoras de bienes y servicios es aún más relevante, de modo que

el impacto combinado de una creciente igualdad de género, la emergente clase media y las prioridades femeninas de gasto se espera conduzcan a elevadas tasas de ahorro doméstico y cambios en patrones de consumo, afectando a sectores como alimentación, salud, educación, cuidado infantil, vestido, productos no perecederos y servicios financieros.[23]

---

[23] *Ibid.* Pág. 43. Con datos de la ONU y Banco Mundial

Múltiples discriminaciones

Las desigualdades tienen múltiples rostros y, no lo olvidemos, se construyen con eslabones imposibles de ignorar: edad, desarrollo económico del país donde se nace, familia, cultura y por ende las posibilidades de acceso a la educación tienen mucho qué ver con los escenarios de inequidad en pleno siglo XXI. El peso de las creencias sostenidas colectivamente también es centro de gravedad para el ascenso de las mujeres a estadios de bienestar; materia prima de las barreras y miseria que sufren muchas de ellas.

Ser pobre, embarazada, tener alguna discapacidad y pertenecer a razas o etnias minoritarias son todos factores de riesgo para una mujer. Las múltiples discriminaciones contra ellas no se limitan a la participación y oportunidades económicas, las hay sociales, culturales, políticas y hasta legales. Su origen y continuidad se deben en gran medida a la ineficacia o ausencia de legislaciones apropiadas, sistemas políticos excluyentes, estrategias macroeconómicas sin perspectiva de género e instituciones débiles que fallan en velar por el cumplimiento de los mínimos exigibles para el pleno desarrollo de cualquier ser humano.

Las labores del hogar, tareas de crianza o atención a la vejez son frecuentemente consideradas como deber primario de las mujeres. Más aún, casi cuatro de cada diez personas en el mundo -la mitad en países emergentes- están de acuerdo en que, cuando los empleos escasean, los hombres deberían tener más derecho al trabajo que las mujeres. Hay investigación que muestra cómo las mujeres son frecuentemente desfavorecidas tanto en su desempeño laboral como en evaluaciones de selección a causa de prejuicios de género.

Hay todavía más evidencias documentadas: con demasiada frecuencia las mujeres carecen de acceso a la tierra o capital financiero. Las trayectorias educativas entre los géneros deriva en diferencias de habilidades y aspiraciones lo cual, a la larga, también conduce a segregaciones ocupacionales. De 143 economías, 128 tenían en 2013 cuando menos una diferenciación legal, esto incluye por ejemplo restringir la capacidad de las mujeres para acceder a servicios institucionales (solicitud de identificación, trámites oficiales, etc), poseer o usar propiedades, formar historial crediticio u obtener un trabajo. En 15 países las mujeres siguen necesitando el consentimiento de sus esposos para trabajar. [24]

Los expertos han señalado que la igualdad de género atrae prosperidad, desarrollo y crecimiento económico, pero no parece ocurrir lo mismo en sentido contrario:

India es un ejemplo de que el progreso económico no es necesariamente reflejo de igualdad y movilidad social para las mujeres: su participación en el trabajo formal se ha reducido drásticamente con independencia del nivel educativo, edad u otras consideraciones geográficas. Exactamente del 37% al 29 % entre 2004 y 2010. Las causas son difícilmente precisadas en parte por la falta de información, pero aproximadamente la mitad de ese descenso puede atribuirse a que esas mujeres no encuentran oportunidades y su concentración en sectores productivos que no prosperan. Tras los números subyacen otras pruebas irrefutables de los obstáculos al desarrollo femenino:

a menudo, las normas sociales y culturales, menos visibles, las prácticas excluyentes, y las desiguales relaciones de poder entre hombres y mujeres, que limitan la movilidad de las mujeres y determinan qué tipos de trabajos desean y a cuáles pueden optar, tienen muchas probabilidades de repercutir en las tendencias de empleo femenino.

Asimismo, en el país asiático se han conducido pesquisas que revelan la relación directa entre violencia y trabajo, de donde se deduce que las mujeres pobres y las que tienen empleo en el sector informal son más vulnerables al maltrato que aquellas en

---

[24] BANCO MUNDIAL (BM). *Gender at work. Op cit.* Pág. 2

situaciones más privilegiadas.[25]

Las políticas institucionalizadas deben revisarse con seriedad y urgencia, pero no menos cierto es que se debe poner en el centro de debate la posible intervención sobre aquellas actitudes, normas sociales y culturales que lastran a las mujeres. Existen aleaciones poderosamente perjudiciales para ellas, resultado de combinar varios factores como raza, etnia y género:

En los Estados Unidos, durante 2012, entre las personas que tenían un empleo a jornada completa se advierte que las mujeres afroamericanas ganaron el 90 % de sueldo de sus homólogos varones con trabajo equiparable y el 68 % del sueldo de los hombres blancos. Las mujeres hispanas percibieron 88% del salario otorgado a hombres hispanos y, en comparación con hombres blancos, sólo el 59 %. Una asiática ganó el 79.7 % de los salarios a asiáticos. Las mujeres aborígenes de Canadá reciben un 34 % menos que cualquier hombre y 15% menos que las mujeres no aborígenes. En China, donde paradójicamente la tasa de población femenina ocupada es alta (un 68 %), sus mujeres sufren desprotección gubernamental, empresarial y familiar concentrándose (38 %) en trabajos informales y mal remunerados. Brasil incrementa en más de 20 puntos porcentuales desde 1980 su tasa de mujeres trabajadoras, pero casi la mitad de ellas se emplean en el sector informal. En Australia las mujeres engrosan el elevado porcentaje de trabajadores ocasionales, subempleados y a tiempo parcial; en los cargos de responsabilidad y alta dirección tampoco tienen apenas presencia.[26]

En Latinoamérica las mujeres afro-descendientes e indígenas están en los percentiles económicos más bajos en distribución de ingresos, enfrentando barreras para acceder a la generación de ingresos de manera sostenible. "Las brechas de género y étnicas

---

[25] OXFAM INTERNACIONAL. *El G20 y la igualdad de género. Op cit.* Pág. 27
[26] *Ibid* Pp. 21 y 22

en distribución de riqueza e ingreso son sólo parte de las consecuencias de una serie de otras disparidades que ocurren en diferentes mercados y en los hogares". El cruce entre etnia y género para las mujeres juega un rol determinante a la hora de describir la brecha salarial en la región: las mujeres indígenas tienen la peor situación en el mercado laboral, con los más altos niveles de pobreza y exclusión. La brecha salarial por razón de etnicidad supera holgadamente a la de género alcanzando hasta el 38 % de las retribuciones de las minorías. [27]

Más sobre retribuciones

Si la desigualdad económica es analizada con perspectiva de género el indicador salarial se erige como una prueba contundente del desequilibrio en el sistema económico que admite discriminaciones directas hacia la mujer. El análisis de 83 países indica que una mujer gana entre un 10 y 30 % menos que un hombre.[28]

Es un hecho probado que las mujeres tienen mayor peso en los empleos informales y a tiempo parcial, ambos, tienen una vinculación directa con los salarios bajos, por ende con un crecimiento económico que no es en absoluto inclusivo:

> *Entre un tercio y la mitad del empleo femenino en cinco países del G20 (Argentina, Australia, Alemania, Italia y Reino Unido) es a tiempo parcial. Entre un tercio y más del 80% del trabajo femenino en al menos siete de los países del G20 (Argentina, Brasil, India, Indonesia, México, Turquía y Sudáfrica) es informal. Las consecuencias a largo plazo son que los salarios y prestaciones de las mujeres se mantienen a la baja.[29]*

---

[27] ATAL, Juan Pablo; ÑOPO, Hugo y WINDER, Natalia. *New Century, Old disparities. Gender and Ethnic Wage n Latin America* [en línea]. Department of Research and Chief Economist. Inter-American Development Bank (BID), 2009 [citado Agosto 2019]. URL: <bit.ly/1ngGPim> Pág 6, 11, 12, 45

[28] BANCO MUNDIAL (BM). *Gender at work..Op cit.* Pág 2. Datos de la OIT

[29] OXFAM INTERNACIONAL. *El G20 y la igualdad de género. Op cit.* Pág. 8

Ningún país del G20 alcanza la paridad salarial y, como se aprecia en el siguiente gráfico, las retribuciones femeninas tampoco están siquiera cerca de llegar al 80 % que perciben los hombres.

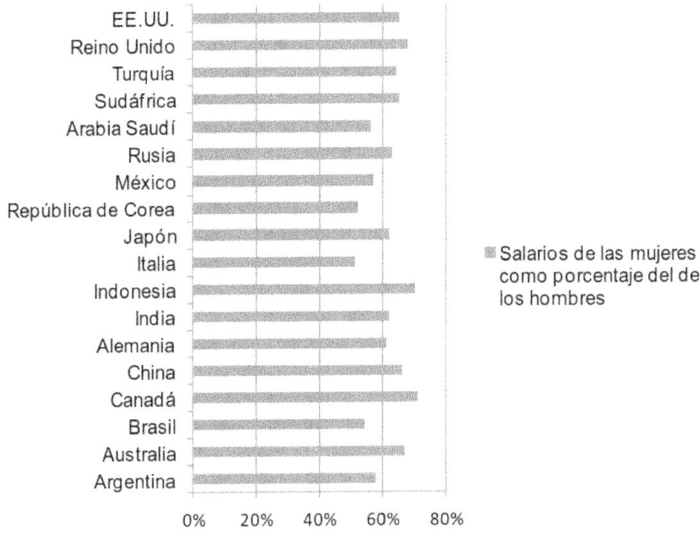

Fuente: OXFAM INTERNACIONAL. *El G20 y la igualdad de género* (2014)

Las mujeres europeas tienen dos veces más posibilidades que los hombres de percibir bajas remuneraciones en un trabajo. En esta Europa, apenas 36 de 209 presidentes o directores ejecutivos son mujeres y, de aislar al decil más rico, se vería que 20% son mujeres y 80% varones en este colectivo acomodado. Aún más, la brecha salarial se estima en 16% lo que supone un trabajo de 59 días más para las mujeres, cobrando lo mismo que el resto de trabajadores (52 días en España). Se sabe que tales diferencias económicas, una vez analizados diferentes factores como jornadas o tipo de contratos, responden sólo a la discriminación, al menos en un 10%. La flexibilidad horaria, complementos e incentivos salariales discrecionales o menor compromiso con los cuidados o trabajo en el hogar son, en conjunto, beneficios masculinos.[30]

Aunque algunos datos revelan que la brecha salarial entre sexos se ha estrechado en los años de crisis (2008-2011) en la mayoría de países donde hay información disponible, el problema es interpretar adecuadamente ese hecho "debido a que un acortamiento de la brecha no necesariamente implica que la situación de la mujer haya mejorado" sino al "deterioro relativo de las circunstancias en el mercado laboral de los hombres frente a las mujeres".[31]

Sin importar cualificación o nivel jerárquico en el que se halle, una mujer trabajadora, casi invariablemente sufrirá merma salarial por razón de sexo:

En la lista de los 200 directores ejecutivos mejor pagados de los Estados Unidos que publica anualmente el *New York Times* sólo figuran 11 mujeres, es decir apenas un 5.5 %. El estudio *The Equilar Top 200 Highest Paid CEO Rankings* muestra también que el salario medio de una directiva (15.7 millones de dólares) es 1.6 millones inferior al de los hombres en su nivel y el grupo en su conjunto.[32]

Se hizo mediático el nombramiento de la primera consejera delegada en la empresa norteamericana General Motors en enero de 2014, pero lo verdaderamente notorio no era que fuese la primera mujer en la historia de la compañía en llegar a ese puesto sino que la prensa desvelara que Mary Barra cobraría un 48 % menos que su predecesor en el cargo. Un hombre que aun

---

[30] OXFAM INTERNACIONAL. *Voces contra la precariedad: Mujeres y pobreza laboral en Europa* [en línea]. Barcelona: Oxfam Intermón, septiembre 2018 [citado agosto 2019]. URL: <bit.ly/2xVEIdO> Pág. 4

[31] OIT. *Informe Mundial sobre Salarios 2012/2013: Los salarios y el crecimiento equitativo* [en línea]. Oficina Internacional del Trabajo. Ginebra: OIT, 2013 [citado agosto 2019]. URL: <bit.ly/1fLi2dw> Pág. 5

[32] [s.d] "Mujeres ejecutivas ganan tanto como los hombres, pero...". *El Financiero* [en línea]. 15 de junio 2014 [citado agosto 2019]. Sección Economía. URL: <bit.ly/1ltpAEv>

teniendo menos experiencia que Barra en el mundo de la automoción habría cobrado en total 9 millones durante 2013, mientras que la oferta para la consejera entrante era de 4.4; un diferencial de más de la mitad.

La misma fuente de la noticia en un diario español cita las encuestas de la Oficina del Censo en los Estados Unidos, donde se muestra que sólo en 7 de 500 profesiones (3 % de la fuerza laboral femenina) las mujeres ganan más que los varones, el resto debe resignarse a percibir menos que sus colegas por un trabajo equivalente. Hasta un 18 % si se trata de mujeres que han llegado a la cúspide en corporativos.[33]

La foto fija de la brecha salarial e infrarrepresentación de las mujeres en España puede apreciarse con cierto detalle (categorías profesionales y evolución) en el informe *Diferencias salariales y cuota de presencia femenina 2019* [34]:

Diferencias retributivas por categoría profesional

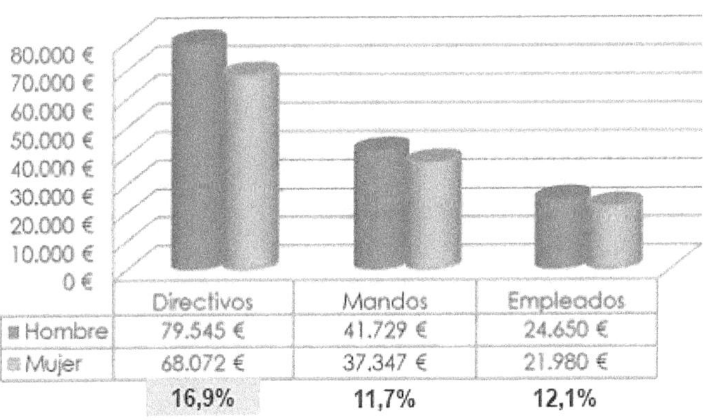

Fuente: ICSA GRUPO y EADA *Business School. Diferencias salariales y cuota de presencia femenina 2019*

---

[33] GARCÍA, Carolina. "La presión hace que una consejera delegada cobre más que un varón". *El País* [en línea]. 17 de febrero 2014 [citado agosto 2019]. Blogs Sociedad/Mujeres. URL: <bit.ly/2GO3CS4>

[34] ICSA GRUPO y EADA *Business School. Diferencias salariales y cuota de presencia femenina* [en línea]. 13ª edición. Mayo de 2018 [citado agosto 2019]. URL: <bit.ly/2Tjzbs5>

Las afectaciones más importantes están entre las directivas cuya diferencia salarial es la más elevada entre las categorías profesionales. Esta brecha está directamente relacionada con el tamaño de la empresa, de modo que mientras más grande sea esta menor será el número de mujeres en puestos de responsabilidad.

Evolución diferencias retributivas por categoría profesional (%)[35]

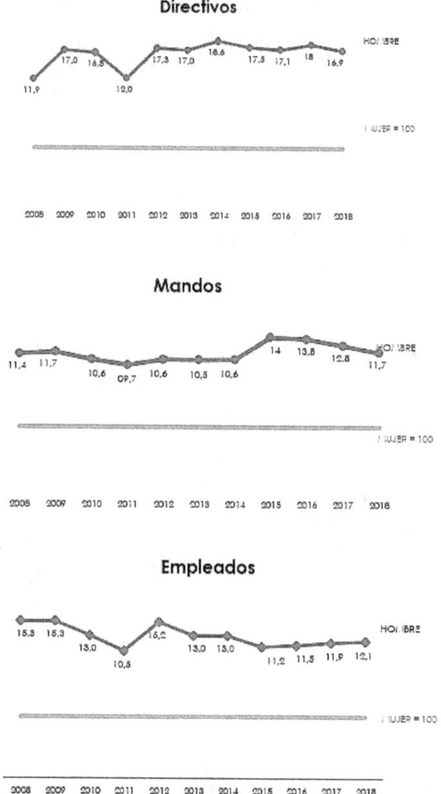

Fuente: ICSA GRUPO/EADA *Business School. Diferencias salariales y cuota de presencia femenina 2019*

---

[35] Las tablas originales se han modificado, respetando la información, para presentar claramente las cifras en porcentajes. El estudio aclara que se toma como base el salario femenino de modo que las diferencias refieren a la fracción de más que perciben los hombres.

En 2013 la secretaria del área de Mujer e Igualdad en el sindicato Comisiones Obreras (CC.OO), Ana Herranz, recriminaba en medios de comunicación la "sangrante" diferencia salarial entre hombres y mujeres ocupando puestos en los Consejos de Administración, que dijo, llega al 60.8%. Señaló el contexto europeo que deja a España muy atrás en los porcentajes conseguidos de mujeres en puestos de dirección, logros que vecinos europeos como Francia asientan sobre "una presión regulatoria, para que las leyes, en lugar de dejar una recomendación de avance hacia la paridad, tengan una exigencia y prevean acciones para las empresas que incumplan estos términos".[36]

Aunque acortar la distancia retributiva entre hombres y mujeres no conseguiría *per se* acabar de raíz con el ecosistema que origina y sigue alimentando las inequidades de género, si

existe un vínculo entre una sociedad más igualitaria económicamente y unas relaciones de poder más igualitarias entre sus ciudadanos. En las sociedades con mayor equidad económica es posible crear un círculo virtuoso con más mujeres en puestos de responsabilidad, que así pueden garantizar que tanto las instituciones como las leyes trabajan para avanzar en el ámbito de la igualdad de género.[37]

Las mediciones de Eurostat a través de su *Gender Pay Gap* dejan los siguientes epígrafes:

- Los salarios brutos por hora de las mujeres, en 2017, fueron en promedio 16% menores a los de los hombres entre miembros de la UE y 16.1% en la zona euro (países que han adoptado al euro como divisa).
- El país europeo con la brecha más extendida es Estonia (25.6%) y el que reporta la menor diferencia Rumania

---

[36] [s.d] "La mujer cobra un 60 % menos en los consejos de administración". *CompromisoRSE* [en línea]. 27 de agosto 2013 [citado agosto 2019]. URL: <bit.ly/1uMefKG>

[37] OXFAM INTERNACIONAL. *Gobernar para las élites. Op cit.* Pág. 23

(3.5%).

- España está ligeramente por debajo de la media con 15.1% de brecha.

- La diferencia salarial, medida desde el punto de vista de la jornada (parcial o a tiempo completo) también varía mucho: para los trabajadores a tiempo parcial hay una brecha entre el -0.5%* (Alemania) y 25.3% (Croacia). Para quienes tienen una jornada completa estos porcentajes van desde un 0.9% (Bélgica) al 19.3% (Letonia).

- El sector público reporta tasas diferenciales algo más bajas que el privado en su conjunto. Como en otras mediciones los rangos varían enormemente entre países: para el primero, la brecha oscila entre el -6.6%[38] de Chipre y 23.9% de Reino Unido, en tanto el sector privado tiene su brecha más baja en Rumania con 7% y la más alta es de Alemania con 23%.

La brecha salarial de género desajustada, según Eurostat, refiere la diferencia entre los ingresos promedio brutos por hora de los empleados (hombres y mujeres) expresados como porcentaje de los ingresos brutos masculinos:

---

[38] Los valores negativos indican que no hay merma en las retribuciones sino que, por el contrario, una mujer estaría ganando más que un hombre.

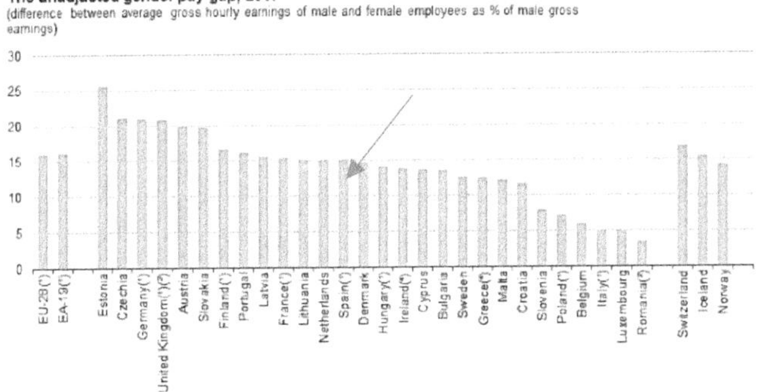

Fuente: Eurostat. *Gender Pay Gap,* en Eurostat Statistics Explained. <bit.ly/2uWWjkC> Datos actualizados a febrero 2019 [citado abril 2019].

En un nivel más detallado, se analiza el gradual ensanchamiento de la brecha salarial de género considerando la franja etaria. Las diferencias son claras entre grupos de edad y mientras los porcentajes más bajos se registran entre quienes se acaban de integrar al mercado laboral, van multiplicándose con la edad.

En España, por ejemplo, entre una joven de menos de 25 años y otra mujer entre 45-54 años hay una diferencia salarial de más del doble; a los 55-64 años se ha triplicado y respecto de las trabajadoras con 65 años o más, la brecha se multiplica por más de seis.

Como posible explicación señalan el hecho de que la trayectoria laboral femenina presenta múltiples interrupciones o la imposibilidad de acceder a medidas de equidad que, en su momento, no existían.

The unadjusted gender pay gap by age (%), 2017

	< 25 years	25 - 34	35 - 44	45 - 54	55 - 64	65 years +
Belgium(¹)	-2.8	0.5	5.2	6.9	15.3	:
Bulgaria	6.1	13.1	19.3	16.9	5.4	1.1
Czechia	11.1	13.6	26.2	23.4	14.6	19.7
Denmark	6.2	10.9	15.8	18.0	16.2	9.2
Spain(¹)	7.5	8.5	12.7	16.9	22.5	44.9
France(¹)	-3.7	8.5	12.9	19.0	21.3	29.3
Croatia	8.0	8.4	14.1	15.2	8.9	11.0
Italy(¹)(⁵)	15.8	4.3	6.2	8.6	6.9	:
Cyprus	7.4	-0.3	9.6	23.2	24.2	56.0
Latvia	13.9	17.1	19.2	14.6	12.3	15.1
Lithuania	12.5	15.0	20.6	13.3	12.6	14.6
Hungary(¹)	3.2	9.6	19.1	17.2	8.8	22.2
Malta(⁴)	2.8	9.0	11.8	9.7	6.5	6.3
Netherlands	2.8	1.1	9.0	19.8	20.8	15.0
Poland(¹)	7.6	9.0	12.0	6.9	2.3	-13.7
Portugal	11.9	9.2	14.4	18.5	23.6	41.9
Romania(²)	-1.1	1.1	6.7	4.8	2.8	17.6
Slovenia	6.1	7.8	9.4	12.0	7.5	-3.9
Slovakia	12.4	14.5	24.5	22.0	17.5	26.6
Finland	4.4	11.4	18.0	19.1	21.2	21.1
Sweden	5.2	8.1	13.3	16.2	15.4	12.0
United Kingdom(¹)(³)	5.4	13.8	19.6	27.5	28.3	25.4
Iceland	0.1	7.3	18.0	22.8	21.3	19.4
Norway	2.1	7.3	14.1	17.8	20.2	19.8
Switzerland	3.4	7.1	15.4	22.2	22.9	31.5

(:) not available

Note: For all the countries except Czechia and Iceland: data for enterprises employing 10 or more employees, NACE Rev. 2 B to S (-O); for Czechia: enterprises employing 1 or more employees, NACE Rev. 2 B to S, Iceland: NACE Rev. 2 sections C to H, J, K, P, Q.
Data not available for DE, EE, IE, EL, LU and AT.

(¹) Provisional data.
(²) Estimated data.
(³) Estimated by Eurostat.
(⁴) Unreliable data: MT: 65 years+.
(⁵) Confidential data: BE and IT: 65 years+.

eurostat ▨

Fuente: Eurostat. *Gender Pay Gap,* en Eurostat Statistics Explained. <bit.ly/2IlmN89> Datos actualizados a febrero 2019 [citado abril 2019].

En pesquisas nacionales (España) se encuentran informes y mediciones de brecha variopintos en los que participan entidades públicas y privadas.

Parece conveniente incluir la información más reciente[39] de Gestha, el Sindicato de Técnicos del Ministerio de Hacienda español que advertía sobre el imparable ensanchamiento de brecha salarial desde 2015. Específicamente, durante el año 2017 fue de 104 euros si se compara con la del año anterior, esto es, una pérdida de 4,849 euros para las mujeres o, en términos porcentuales, 29.3% menos.

Si estas cifras ya resultan chocantes hay zonas del territorio español que las superan: Ceuta y Asturias son las más desiguales con 37.8% y 37.6%, respectivamente. En el extremo opuesto, Canarias (16.6%) y Extremadura (20.1%) tienen la menor brecha

---

[39] Datos de 2017 -publicados en marzo 2019- con base en la estadística de mercado de trabajo y pensiones de la Agencia Estatal Tributaria (AEAT), e ingresos salariales de hombres y mujeres reseñados en un año. URL: <bit.ly/2IFoooy> [citado abril 2019].

nacional, aunque se apunta al hecho de que en estos territorios los salarios de los hombres son bajos, lo cual explicaría un umbral relativamente bajo. Siguiendo el ritmo de los últimos doce años -concluyen los funcionarios de Gestha- será necesario un periodo de al menos 87 para subsanar las desigualdades, incluso mucho más en algunas regiones españolas, por ejemplo, en Galicia 615 años o La Rioja 421 años.

Brecha salarial en España hombres-mujeres (2005-2017)

BRECHA	% Mujeres sobre el total de personas asalariadas de este tramo de sueldo	Salario medio de la mujer	Brecha salarial	% Brecha/Salario de la mujer
Total CCAA régimen común	46,3%	16.568	-4.849	-29,3%
Andalucía	**45,3%**	**12.943**	**-3.969**	**-30,7%**
Almería	44,2%	12.716	-2.146	-16,9%
Cádiz	43,1%	12.856	-5.455	-42,4%
Córdoba	45,1%	12.072	-3.526	-29,2%
Granada	46,2%	13.596	-2.973	-21,9%
Huelva	48,4%	10.484	-5.012	-47,8%
Jaén	42,8%	11.504	-2.398	-20,8%
Málaga	47,0%	13.842	-3.953	-28,6%
Sevilla	45,2%	13.681	-4.705	-34,4%
Aragón	**45,8%**	**16.468**	**-5.526**	**-33,6%**
Huesca	**45,7%**	**15.430**	**-4.310**	**-27,9%**
Teruel	**44,8%**	**15.221**	**-4.213**	**-27,7%**
Zaragoza	**46,0%**	**16.847**	**-5.971**	**-35,4%**
Asturias	**47,4%**	**16.685**	**-6.274**	**-37,6%**
Baleares	**48,0%**	**16.490**	**-3.451**	**-20,9%**
Canarias	**47,4%**	**15.143**	**-2.521**	**-16,6%**
Las Palmas	47,1%	15.246	-2.897	-19,0%
S. C. Tenerife	47,7%	15.028	-2.082	-13,9%
Cantabria	**46,2%**	**16.218**	**-5.663**	**-34,9%**
Castilla - La Mancha	**42,9%**	**14.558**	**-3.740**	**-25,7%**
Albacete	43,1%	14.361	-3.112	-21,7%
Ciudad Real	41,6%	13.821	-3.379	-24,4%
Cuenca	44,1%	14.016	-2.442	-17,4%
Guadalajara	45,0%	16.581	-5.947	-35,9%
Toledo	42,4%	14.470	-3.937	-27,2%
Castilla y León	**45,9%**	**16.211**	**-4.757**	**-29,3%**
Ávila	45,6%	14.600	-3.213	-22,0%
Burgos	44,7%	16.572	-6.756	-40,8%
León	46,7%	15.866	-4.629	-29,2%
Palencia	45,6%	15.901	-4.719	-29,7%
Salamanca	46,3%	16.219	-3.637	-22,4%
Segovia	46,3%	15.278	-4.180	-27,4%
Soria	46,5%	17.212	-3.190	-18,5%
Valladolid	46,0%	17.270	-5.472	-31,7%
Zamora	45,8%	14.705	-2.801	-19,0%
Cataluña	**47,3%**	**18.727**	**-5.643**	**-30,1%**
Barcelona	47,7%	19.568	-6.150	-31,4%
Girona	46,8%	16.458	-3.913	-23,8%
Lleida	45,5%	16.176	-3.272	-20,2%
Tarragona	46,1%	16.159	-5.510	-34,1%
Extremadura	**45,2%**	**12.699**	**-2.555**	**-20,1%**
Badajoz	44,8%	12.459	-2.550	-20,5%
Cáceres	45,9%	13.109	-2.584	-19,7%
Galicia	**47,2%**	**16.123**	**-4.431**	**-27,5%**
A Coruña	47,2%	16.984	-4.840	-28,5%
Lugo	47,6%	15.678	-3.304	-21,1%
Ourense	47,6%	15.623	-2.837	-18,2%
Pontevedra	46,9%	15.373	-4.756	-30,9%
Madrid	**47,8%**	**21.112**	**-7.675**	**-36,4%**
Murcia	**43,3%**	**14.145**	**-3.768**	**-26,6%**
La Rioja	**45,5%**	**16.545**	**-4.938**	**-29,8%**
Comunitat Valenciana	**45,6%**	**15.266**	**-4.398**	**-28,8%**
Alicante	45,8%	14.127	-3.343	-23,7%
Castellón	45,3%	14.568	-6.192	-42,5%
Valencia	45,6%	16.181	-4.658	-28,8%
Ceuta	**41,3%**	**17.892**	**-6.771**	**-37,8%**
Melilla	**40,5%**	**18.080**	**-4.834**	**-26,7%**

Fuente: Técnicos del Ministerio de Hacienda (Gestha), España. <bit.ly/2GjkLSx> [citado abril 2019].

Evolución de la brecha salarial española 2005-2017

Evolución de la brecha	Aumento del número de asalariadas entre 2005 y 2017	Aumento porcentual asalariadas sobre el total de mujeres entre 16 y 65 años entre 2005 y 2017	Aumento del salario medio entre 2005 y 2017	Reducción de la brecha salarial 2017 respecto a 2005	Reducción de la Brecha 2017 respecto al Salario de la mujer de 2005
Total CCAA régimen común	509.200	1,9	3.768	-672	-5,3%
Andalucía	86.545	0,6	2.836	-1.193	-11,8%
Aragón	18.784	4,2	3.304	-1.052	-8,0%
Principado de Asturias	6.795	6,5	3.858	-420	-3,3%
Illes Balears	22.425	-4,8	3.560	-892	-6,9%
Canarias	31.713	-2,7	3.197	-852	-7,1%
Cantabria	4.427	3,2	3.358	-655	-5,1%
Castilla - La Mancha	23.855	0,5	2.982	-802	-6,9%
Castilla y León	12.620	5,4	3.449	-654	-5,1%
Cataluña	111.089	2,8	4.655	-954	-6,8%
Extremadura	6.098	1,7	2.686	-1.152	-11,5%
Galicia	17.710	5,6	3.898	-86	-0,7%
Comunidad de Madrid	85.745	1,3	4.935	108	0,7%
Región de Murcia	21.502	0,4	3.801	-201	-1,9%
La Rioja	3.370	2,7	3.664	-141	-1,1%
Comunidad Valenciana	55.327	2,8	3.476	-614	-5,2%
Ciudad de Ceuta	762	-3,7	3.224	469	3,2%
Ciudad de Melilla	433	-9,1	3.281	-473	-3,2%

Fuente: Técnicos del Ministerio de Hacienda (Gestha), España. <bit.ly/2GjkLSx> [citado abril 2019].

Trabajo doméstico y nuevas esclavitudes

La segregación y feminización de ciertos empleos infravalorados en la sociedad podría explicar, sólo en parte, que antiguas prácticas esclavistas se hayan reinventado en plena globalización como el tráfico de seres humanos para distintos fines como prostitución, trabajo forzado, servidumbre o comercio de órganos. La entrada masiva de las mujeres al mercado laboral tras la II Guerra Mundial desencadenó otra situación poco estudiada y alarmante: las mujeres del mundo occidental contratan esclavas del tercer mundo.

Esto se plasmó en el estudio de Asha D´Souza de la Oficina de la OIT para la Igualdad de Género en 2010: "Las tendencias en el trabajo en el servicio doméstico difieren de una región a otra. En Europa, el número de personas que ejercen esta ocupación está aumentando a medida que crece el aumento (*sic*) del número de mujeres que ingresan en el mercado laboral, la mayoría de estos puestos de trabajo se cubren con mujeres inmigrantes de otros países".

En las primeras páginas se pueden leer otras consideraciones igual de significativas:

Para los millones de jovencitas y mujeres que trabajan en el servicio doméstico en condiciones de explotación -sometidas a exceso de trabajo, mala remuneración, aislamiento, denigración constante, muchas veces castigadas de forma violenta, a veces violadas e incluso empujadas al suicidio-, el reconocimiento y la defensa de sus derechos humanos y laborales es una necesidad perentoria e inaplazable.

Sin duda, la explotación y el abuso que sufre buena parte del personal del servicio doméstico tienen su origen en la falta de reconocimiento de esta actividad como un trabajo, el carácter privado e inaccesible del lugar de trabajo y la índole informal de la relación laboral. En el caso del personal femenino del servicio doméstico, la raíz es la **discriminación por razón de sexo***, pues esta ocupación sustituye de hecho al trabajo no remunerado que la mujer realiza en el hogar. La tendencia a infravalorar el trabajo realizado por las mujeres se acentúa en el caso del servicio doméstico pues se lo sitúa en una categoría social baja, y por el mito de que no se requiere ninguna formación ni calificación especial para realizarlo.* [40]

D´Souza explicaba que este trabajo ha sido refugio para mujeres que han tenido acceso muy limitado a la educación, haciendo del ámbito doméstico para muchas la única oportunidad de obtener un empleo y ganar dinero "de forma socialmente aceptable"; ha contribuido a la feminización de la migración y no pocas veces sustituye prestaciones asistenciales que deben facilitar los Estados.

La Organización Internacional del Trabajo (OIT) estima que existen al menos 67.1 millones de trabajadores domésticos en el mundo, sin incluir a los niños, de los cuales el 80 % son mujeres, cifras que siguen en aumento tanto en países desarrollados como

---

[40] D´SOUZA, Asha. *Camino del trabajo decente para el personal del servicio doméstico: panorama de la labor de la OIT* [en línea]. Oficina para la Igualdad de Género. Oficina Internacional del Trabajo. Ginebra: OIT, 2010 [citado agosto 2019]. Documento de trabajo 2/2010. URL: <bit.ly/1pNkA2M> Pág. 16

en aquellos en vías de desarrollo. Considerado como un grupo vulnerable y parte de la fuerza de trabajo informal, los problemas más acuciantes que enfrentan son violaciones a sus derechos humanos, condiciones deplorables y explotación. Alrededor del 90% se encuentra excluido de todo sistema de protección social.

Distribución mundial del trabajo doméstico, por región (2013)

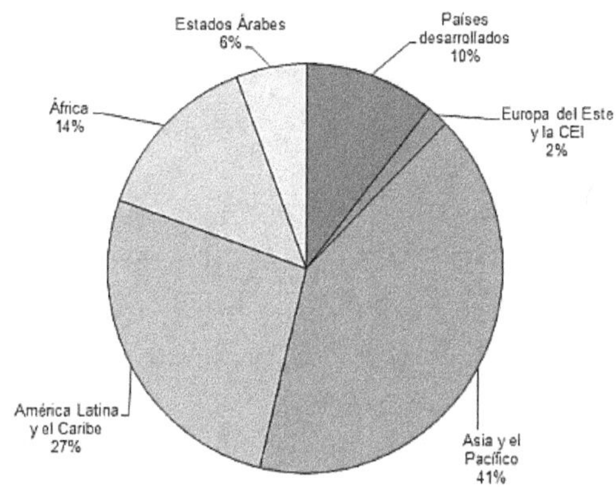

Distribución relativa del trabajo doméstico en el mundo según sexo, región y millones de trabajadoras en 2013

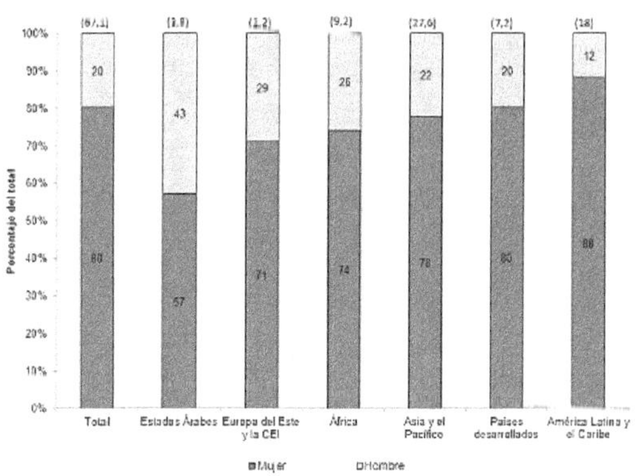

Nota: las cifras entre paréntesis se refieren a millones de trabajadoras por región.

Fuente: OIT. *Protección social del trabajo doméstico. Tendencias y estadísticas* (2016).

En 2011 se firma durante la centésima Asamblea de la OIT el "Convenio sobre el trabajo decente para las trabajadoras y trabajadores domésticos (núm. 189)" una norma internacional vinculante creada con el objetivo de mejorar las condiciones de vida y laborales de quienes se dedican a esta actividad. Compromete a las naciones firmantes a incluir en sus respectivas legislaciones apartados claros sobre esta materia y garantizar, cuando menos, los derechos esenciales que se le reconocen a cualquier otro trabajador en materias críticas como protección social, jornadas, medidas de seguridad y salud, tiempos de descanso, contratos pactados, salarios, trabajo infantil, etc., además de las prestaciones.

El artículo 14, establece, por ejemplo que todo Estado miembro/firmante "deberá adoptar medidas apropiadas a fin de asegurar que los trabajadores domésticos disfruten de condiciones no menos favorables que las condiciones aplicables a los trabajadores en general con respecto a la protección de la seguridad social, inclusive en lo relativo a la maternidad".

Hasta el primer semestre de 2018 sólo 29 países[41] habían firmado y/o ratificado el convenio: apenas nueve estados europeos (Alemania, Bélgica, Finlandia, Irlanda, Portugal, Suiza y Suecia); trece latinoamericanos (Brasil, Chile, República Dominicana, Panamá, Uruguay, Colombia, Bolivia, Costa Rica, Colombia, Ecuador, Nicaragua, Paraguay y Argentina). El resto se reparten entre África, Asia y América del Sur (Filipinas, Guyana, Guinea, Jamaica, Mauricio, Sudáfrica, Granada y Madagascar).

En este escenario la "esclavitud doméstica" no es un eco del pasado sino una "forma de explotación invisible", más aún, el trabajo doméstico se percibe en la actualidad como una actividad reservada a las mujeres extranjeras. Su disponibilidad y pobres

---

[41] Granada, Madagascar, Perú y Suecia tienen fechas de entrada en vigor próximas entre el final de 2018 y el año 2020.

prestaciones le han dado un vuelco al mercado, que ha evolucionado hacia una fuerte competencia del lado de la oferta y un aumento de las exigencias del lado de la demanda (flexibilidad, extensión de la jornada, dureza de las tareas, sueldos bajos, etc). Los inmigrantes más vulnerables a menudo no se encuentran en situación de poder negociar sus condiciones de trabajo ni de defender sus derechos.[42]

(Des)protección social

En estudios internacionales se reconoce a menudo el papel fundamental que tiene en el bienestar social la red de prestaciones -y el cobijo que esto supone para los ciudadanos- dentro de un esquema de protección bien estructurada y financiada. Sus resultados son también visibles a la hora de medir la pobreza e igualdad de género.

En la mayor parte de las naciones del mundo persiste el incumplimiento del derecho fundamental a la cobertura social: sólo 27% de la población global tiene acceso a sistemas de seguridad social integrales. El 73 % carece de cobertura o está sólo parcialmente protegido. Así, las condiciones en las que deben vivir muchos bien pueden ser calificadas como de riesgo toda vez que

Una cobertura inadecuada o una ausencia de cobertura de protección social, se asocia con niveles elevados y persistentes de pobreza y de inseguridad económica, crecientes niveles de desigualdad, inversiones insuficientes en capital humano y capacidades humanas, y una demanda agregada débil en tiempos de recesión y de lento crecimiento.

Las diferencias regionales en el porcentaje de trabajadores elegibles para recibir prestaciones (contributivas o no contributivas) son notables: en América Latina está cubierto el

---

[42] VAZ CABRAL, Georgina. "La esclavitud moderna y doméstica". En: OCKRENT, Christine (Dir). *Op cit.* Pág. 597

38% de los trabajadores; en Medio Oriente, el 21 %; en la región Asia Pacífico un 17 por ciento; en África el 8% y para Europa la cobertura asciende al 80 %. Algo muy parecido ocurre cuando el indicador es la prestación por desempleo. Pero incluso en economías avanzadas como las de la Unión Europea, la solidez de los sistemas de seguridad tambalea a resultas de la crisis económica mundial y las medidas de ajuste consecuentes: en 19 de los 28 países que la componen la pobreza infantil ha aumentado entre 2007 y 2012.[43]

España ha perdido 14 puestos en el Índice de Desarrollo Humano de la ONU, pasando del sitio 13 al 27 entre 2008 y 2013. Esta métrica internacional da indicios sobre el estado de bienestar de un país más allá de los progresos en su PIB, de modo que la evaluación en aspectos como escolarización o esperanza de vida mantienen niveles de avance continuado, no así la renta nacional *per cápita* que cae invariablemente desde 2010.

Si los españoles tienen cada vez menos recursos, la protección social canalizada a atender la dependencia/discapacidad juega un rol determinante en lo que respecta a la seguridad en el ingreso, prevención de la exclusión social y, desde luego, atención sanitaria para los individuos en estas condiciones y sus familias. No obstante, en el gobierno del popular Mariano Rajoy (2011-2015) la Ley de Dependencia y Promoción de la Autonomía Personal, que daba un respiro al conjunto de familias españolas a cargo de mayores y dependientes, sufre dos golpes importantes: desde el 1° de agosto del 2012 se destinaba menos dinero para la financiación del sistema (ayudas reducidas en 15 % con opción a aumentar el margen hasta 85 % según la Comunidad Autónoma) y muchos otros ajustes fueron visiblemente perjudiciales, por

---

[43] OIT. *Informe mundial sobre la protección social, 2014-2015: hacia la recuperación económica, el desarrollo inclusivo y la justicia social* [en línea] Ginebra: OIT, 2014 [citado agosto 2019]. URL: <bit.ly/1po8xeH> Pág. 3-4

ejemplo, se acordaba fijar nuevos criterios para cubrir copagos progresivos (los discapacitados se incluyen entre los afectados); los cuidadores a cargo de un familiar asumirían el cien por ciento de la cuota que deben abonar a la Seguridad Social y se hacían incompatibles dos o más ayudas, obligando a muchos a elegir la que fuese más urgente o prioritaria.[44]

Un año más tarde viene el segundo impacto: los Presupuestos Generales del Estado volvían a contraer el monto destinado a la promoción y protección social (un tercio menos que el 2012), en donde el sistema de autonomía personal y atención a la dependencia se llevaba un "tijeretazo" del 46.6 %, para quedar en 1,176 millones de euros.[45]

Esta financiación de servicios garantizados por ley aligeraba la carga de cuidados a personas dependientes que, en su mayoría, son prestados por mujeres. Más precisamente "mujeres sobre las que recae el peso histórico y tradicional del mandato de género que más beneficios aporta al Estado en términos de ahorro. Y este mandato no es otro que el de ser las principales responsables y encargadas de la reproducción familiar en el ámbito del hogar, sin remuneración ni reconocimiento social por estas tareas". Algunas voces explicaron en su momento que la citada ley "respondía a una reivindicación histórica del movimiento feminista de sacar los cuidados del hogar para darle valor fuera de ese ámbito", pero quedó limitada ya que "no rompe con la división sexual del trabajo y las mujeres obtienen una 'paguita' del Estado".[46]

La crisis económica y recortes en políticas públicas que protejan de la exclusión a menores y dependientes agravan el

---

[44] ORGANIZACIÓN DE CONSUMIDORES Y USUARIOS (OCU). "Recortes en la ley de Dependencia". *OCU.org* [en línea]. 01 de agosto 2012 [citado agosto 2019]. Sección Salud. URL: <bit.ly/TkgYJW>

[45] [s.d] "Nuevo 'tijeretazo' del 47 % a la ayuda a la Dependencia". *Diariocrítico* [en línea]. 30 de septiembre 2013 [citado agosto 2019]. URL: <bit.ly/TxQYep>

[46] BONETE FERNÁNDEZ, Beatriz. "La puntilla al tímido avance en igualdad". *Diagonal.* 11-24 de octubre 2012, n° 183. Pág. 3-4

escenario de las familias en general y de las mujeres en concreto. Un estudio del 2012 asegura que desde los primeros momentos de la crisis no sólo no se modificaron las prestaciones para las familias, sino que presentaron déficit lo cual no pudo contener el avance de la pobreza infantil en 45 %, situando a España a la cabeza de la UE en riesgo para los menores. Los hogares con hijos han sido los más golpeados acrecentando el deterioro un 26 por ciento y, son las mujeres, quienes paulatinamente se convierten en cabeza de familia y sustentadoras principales, obligadas a incorporarse al mercado de trabajo en respuesta a la elevada tasa de paro masculino.[47]

Otro punto candente es el acelerado envejecimiento de la población y los debates recurrentes en torno a la sostenibilidad del sistema de protección social que deberá atender a colectivos cada vez más numerosos.

En los países en vías de desarrollo, la tasa de mayores dependientes se espera incremente en alrededor de 144 % desde el año 2010 y hasta el 2050, mientras tanto el ratio de dependencia infantil sufriría una caída del 20 % en el mismo periodo. Estos datos se traducen en mayores responsabilidades de cuidado para las mujeres en edad productiva.[48]

España combina una tasa de natalidad en descenso con aumentos en la esperanza de vida de sus mayores desde hace varias décadas. Frente a este escenario, las previsiones auguran una inversión en la pirámide poblacional que obliga a tomar medidas políticas, económicas y sociales que equilibren la presión entre generaciones.

A raíz de la crisis y como resultado de los ajustes en el gasto público que han impactado seriamente la generación de empleo y

---

[47] [s.d] "La crisis convierte a más mujeres en sustentadoras principales de la familia" [en línea]. Observatorio Social de España, Universidad Pompeu Fabra y Obra Social "la Caixa". 20 de noviembre 2012 [citado agosto 2019]. Nota de prensa. URL: <bit.ly/1y8S9hS> Pág. 4
[48] BANCO MUNDIAL (BM). *Op cit.* Pág. 3

el sistema sanitario y de seguridad social en general, las condiciones de vida de los adultos mayores rozan la exclusión social. La trayectoria laboral de personas entre los 55 y 64 años de edad ha sido tema de numerosos estudios; algunos de ellos demuestran que las mujeres en esta cohorte presentan más incidencia en desempleo, temporalidad del trabajo, vidas laborales más breves e inestabilidad respecto a "distintas situaciones laborales". Se establece que la característica de dichas trayectorias es presentar pocos "episodios tanto de empleo como de desempleo". Entre 1 y 4 de cada cual, no obstante, se matiza la importancia que tiene la duración de estos:

si los episodios son de empleo, entonces las mujeres registran episodios de menor duración que los varones, sobre todo en el caso de las mujeres de 55 a 59 años. En cambio, si se trata de episodios de desempleo, las mujeres son las que tienen un mayor peso en los episodios más duraderos en el tiempo. Una característica que afecta en mayor medida a las mujeres de 60 a 69 años.[49]

Con base en las cotizaciones a la seguridad social del año 2006 se descubrió que las mujeres tienen, a lo largo de su ciclo laboral, pocos desplazamientos entre grupos de cotización: entre una y tres ocasiones frente a las 10 o 19 que registran los hombres. La poca movilidad evidencia que las mujeres comienzan (y en términos generales permanecen) en grupos de menor cualificación como peones, asimilados, oficiales de tercera/especialistas y auxiliares administrativos.

Al hecho de tener en proporción menos estudios -por tanto mayor exposición a discriminaciones-una entrada al trabajo remunerado tardía, más contrataciones temporales y a tiempo parcial o estar significativamente concentradas en el sector servicios, se suma la dificultad de hacer compatible una jornada

---

[49] ARAGÓN MEDINA, Jorge, *et al. La situación de las personas de 55 a 64 años en relación al mercado de trabajo y sus trayectorias laborales* [en línea]. Área de Empleo y Relaciones Laborales. Fundación 1° de Mayo-CC.OO, 05 de mayo 2009. Estudios de la Fundación. Pág. 5 y 110

laboral y requerimientos familiares: "como consecuencia del aumento de la esperanza de vida y de la falta de una red asistencial de cuidados lo suficientemente extendida, muchas mujeres trabajadoras de este grupo de edad compatibilizan el trabajo con el cuidado de familiares, o bien deciden abandonar definitivamente el mercado laboral".[50]

En 2012 el Tribunal Europeo de Justicia sentenció que España discrimina a través de las pensiones debido a que las condiciones de acceso a estas dejan casi sin opción al trabajador a tiempo parcial. Se advertía que el cómputo de horas, exigidas por ley, priva a esos trabajadores del disfrute de la prestación. Asimismo, el texto incluyó argumentos como que el periodo de cotización en este colectivo es superior al de los ocupados a tiempo completo, algo ya de por sí injusto porque la cuantía de sus pensiones es de hecho reducida, dado que se calcula sobre una parte de la jornada.

Parte de los alegatos utilizó el concepto "discriminación indirecta", lo cual supone que aun cuando una norma sea redactada en forma neutral y perjudique mayormente a mujeres que a hombres, puede probarse la discriminación como era el caso.[51]

Dado que las mujeres en España llegan a la jubilación con menos años de cotización a la seguridad social, su salida del mercado laboral se retrasa no por elección sino debido fundamentalmente a que, en muchos casos, no alcanzan los años suficientes para generar una pensión. Un 83.6 % de varones en activo con 66 años de edad tiene más de 15 años cotizados y esa cifra en mujeres cae al 44.4 %. De ello se deduce que en su mayoría serán los hombres mayores de 65 años quienes cumplan los requerimientos de la normativa española para causar pensión

---

[50] *Ibid* Pág. 9

[51] ABELLÁN, Lucía. "El Tribunal de la UE sentencia que España discrimina con las pensiones". *El País* [en línea]. 22 de noviembre 2012 [citado agosto 2019]. Sección Economía. URL: <bit.ly/1gQEiXf>

de jubilación.

Las tendencias actuales y perspectivas de futuro se concentran en las siguientes líneas de un análisis conducido por miembros del Ministerio de Empleo y Seguridad Social en 2013:

- Mientras que el 86 % de varones de 65 a 74 años tiene en el año 2013 una pensión contributiva de jubilación o incapacidad, las mujeres con edades entre 70 y 84 no llegan al 40 % .

- Comparada con otros países europeos, España sufrió una evidente ralentización en la incorporación femenina al trabajo y su normativa de acceso a pensión se ha hecho más restrictiva, lo cual se traduce en menos pensiones de jubilación para las féminas de 70 años que a las mayores de 85, acogidas a ordenamientos anteriores a 1967.

- Las pensiones de jubilación cuyos beneficiarios son hombres doblan en cifras a las de las mujeres. Para los nacidos en 1952, casi en su totalidad personas en activo, la diferencia en tasa de afiliación es de 24 puntos; "previsiblemente esa diferencia se mantendrá a la hora de obtener pensión de jubilación o incapacidad, con lo que una cuarta parte de las mujeres de esa generación no la alcanzará y dependerá de lo cotizado por sus conyugues".

- Dado que la media de edad para tener acceso a pensión de viudedad son los 77 años, una cuarta parte de las mujeres que enviuden en 2029 no podrán ejercer este derecho.

- Aquellas mujeres que sí obtienen pensión reciben generalmente cuantías menores a las de sus homólogos. Entre los jubilados en 2011 se encuentra que la pensión femenina corresponde al 64 % de la masculina. Se espera que estas diferencias persistan por décadas.[52]

---

[52] DURÁN HERAS, Almudena y GARCÍA SEGOVIA, Fernando. "El ciclo de vida laboral, a través de datos de la Seguridad Social" [en línea]. En: *X Jornadas de Economía Laboral*. Universidad Autónoma de Madrid. Madrid, 11 y 12 de julio

La maternidad como factor de riesgo

Las mujeres pagan un precio elevado por la maternidad: asumiendo costes muy altos por el cuidado de los hijos, disponibilidad o acceso a dichos medios y una fiscalidad que desalienta el trabajo femenino. Así lo aseguraba la OCDE en el reporte de 2012 *Closing the Gender Gap: Act Now*.

Algunas conclusiones del estudio enfatizan los progresos en educación femenina de las últimas dos décadas, contrapuestos a las desigualdades más persistentes en el terreno del trabajo y retribuciones donde siguen siendo afectadas. Con la maternidad la situación de las mujeres empeora: si la brecha salarial para trabajos similares entre hombres y mujeres se calcula en un 16 %, la media ensancha hasta el 22 % en familias con uno o más hijos.[53]

En el empleo, los impactos producidos por un hijo son considerablemente distintos entre un hombre y una mujer: para el 66 % de varones que han modificado su estatus como trabajadores (asalariado, autónomo o desempleo) dichos impactos pueden ser calificados como positivos, en tanto que el porcentaje para las mujeres se reduce a 41 %, según expertos. La maternidad/paternidad implica trastocar el tiempo de trabajo lo cual se traduce en un 71 % de mujeres que tras el nacimiento de los hijos destinan menos espacio al empleo, mientras el 65% de los hombres, en la misma circunstancia, siguen la ruta contraria.[54]

Las diferentes brechas entre los sexos, ya de por sí amplias y persistentes, aumentan en los periodos de procreación y cuidado de los niños indicando una "penalización" cuantificable:

Según datos de Forética[55] la diferencia en participación

2013. Pp. 27, 29, 37 y 38

[53] OCDE. "Lack of support for motherhood hurting women´s career prospects, despite gains in education and employment, says OECD" [en línea]. 17 de diciembre 2012 [citado agosto 2019]. URL: <bit.ly/Occfrm>

[54] DURÁN HERAS, Almudena y GARCÍA SEGOVIA, Fernando. *Op cit.* Pág. 13

laboral entre hombres y mujeres puede ascender a 9 puntos porcentuales. La consolidación e intensificación de desigualdades se relaciona directamente con la maternidad y el peso de responsabilidades familiares para las mujeres:

Brecha de género en participación laboral[8]	12 %
Brecha de género en la tasa de empleo	11,5 %
Brecha de género en la tasa de desempleo	3,3 %

La brecha de género en el empleo se eleva a 19,3 puntos al tener hijos (14,4 en el caso del primer hijo, 21,5 en el caso del segundo y 28, 6 con el tercero)[9]

Fuente: Forética. *El rol empresarial en la brecha de género* (2019).

Los datos más recientes de la Comisión Europea ubican la tasa de empleo en 76.8% para hombres y 65.3% de mujeres. Pese a la cada vez mayor participación de estas en la vida económica son, en general, quienes llevan el peso de las cargas familiares y, por ello, quienes padecen las consecuencias de una brecha importante en las características del trabajo: en 2016, una de cada tres europeas (31.4%) con empleo trabajaba a tiempo parcial, mientras sus contrapartes masculinas sólo en un 8.2%. En promedio, un varón pasa más de 6 horas adicionales por semana realizando un trabajo remunerado.[56]

Las estadísticas europeas del año anterior (2015) muestran que las mujeres con un hijo menor de 6 años tienen empleo un

---

[55] FORÉTICA. *El rol empresarial en la brecha de género. Claves de la contribución empresarial a la igualdad* [en línea]. Clúster Impacto Social. Marzo 2019 [citado abril 2019]. URL: <bit.ly/2tRHz63>

[56] Comisión Europea. Fichas temáticas del semestre europeo-Mercados de trabajo y cualificaciones/Mujeres en el mercado de trabajo 2017. URL: <bit.ly/2IXHVku> [citado abril 2019].

8.8% menos en comparación a aquellas sin hijos pequeños; esta diferencia rebasaba los 30 puntos porcentuales en varios estados miembro de la Unión. Por el contrario, para los varones el factor paternidad supone un incremento en la tasa de empleo de 12% frente a quienes no tienen hijos, llegando hasta 18% en algunos países.[57]

Como en otras investigaciones internacionales, los Técnicos de Hacienda en España también cuantifican la brecha salarial apuntando a la intensificación en los años en que se concentra la maternidad o el cuidado de dependientes. El grupo que comienza un "salto" muy significativo, acrecentando la desigualdad, está entre los 36-46 años y sólo empeora en adelante, al punto de registrar hasta 136% de diferencia en el salario medio de una mujer si ha cumplido los 65 años o más.

---

[57] Comunicación de la Comisión Europea. *Una iniciativa para promover la conciliación de la vida familiar y la vida profesional de los progenitores y los cuidadores.* Descarga en <bit.ly/2UJBhnY> [citado abril 2019].

Brecha salarial hombre/mujer en España 2005-2017
(términos absolutos)

Brecha salarial	Todas las edades	Menor de 18 años	De 18 a 25 años	De 26 a 35 años	De 36 a 45 años	De 46 a 55 años	De 56 a 65 años	Mayor de 65 años
Total CCAA régimen común	**-4.849**	**-472**	**-1.204**	**-2.562**	**-4.677**	**-6.510**	**-7.013**	**-11.472**
Andalucía	**-3.969**	**-207**	**-1.070**	**-2.324**	**-4.134**	**-5.174**	**-5.170**	**-7.503**
Almería	-2.146	-802	-850	-1.326	-1.351	-2.946	-4.513	-7.386
Cádiz	-5.455	-423	-1.274	-3.385	-6.051	-5.963	-6.108	-7.415
Córdoba	-3.526	-12	-1.004	-1.902	-3.720	-4.932	-5.060	-8.834
Granada	-2.973	-188	-913	-1.361	-2.977	-4.103	-4.377	-8.769
Huelva	-5.012	-917	-1.162	-3.402	-5.689	-6.681	-5.557	-6.551
Jaén	-2.398	113	-697	-1.364	-2.801	-3.667	-2.687	-3.286
Málaga	-3.953	-219	-842	-2.050	-3.901	-5.396	-5.848	-7.467
Sevilla	-4.705	0	-1.526	-2.989	-4.869	-5.829	-5.585	-8.188
Aragón	**-5.526**	**-699**	**-1.795**	**-3.346**	**-5.564**	**-7.155**	**-7.151**	**-8.937**
Huesca	-4.310	-934	-2.115	-2.935	-4.194	-5.316	-6.285	-5.877
Teruel	-4.213	-903	-2.103	-2.733	-3.622	-5.509	-6.670	-4.053
Zaragoza	-5.971	-480	-1.672	-3.532	-6.101	-7.740	-7.404	-10.337
Asturias	**-6.274**	**-1.360**	**-1.955**	**-4.320**	**-6.570**	**-7.369**	**-6.996**	**-8.920**
Baleares	**-3.451**	**-803**	**-784**	**-1.638**	**-2.952**	**-5.087**	**-6.336**	**-8.862**
Canarias	**-2.521**	**-1.124**	**-740**	**-1.389**	**-2.218**	**-2.734**	**-3.663**	**-8.541**
Las Palmas	-2.897	-703	-943	-1.674	-2.563	-3.158	-4.082	-9.107
S. C. Tenerife	-2.082	-1.611	-489	-1.059	-1.827	-2.225	-3.179	-7.946
Cantabria	**-5.663**	**-868**	**-1.560**	**-3.082**	**-6.072**	**-6.903**	**-6.281**	**-10.202**
Castilla - La Mancha	**-3.740**	**210**	**-1.267**	**-2.502**	**-4.003**	**-4.327**	**-4.576**	**-5.596**
Albacete	-3.112	0	-1.157	-1.797	-3.251	-3.538	-3.893	-9.040
Ciudad Real	-3.379	1.414	-1.116	-2.449	-3.730	-3.816	-3.666	-4.275
Cuenca	-2.442	111	-985	-1.698	-2.270	-2.942	-3.440	-3.136
Guadalajara	-5.947	-538	-1.620	-3.425	-5.924	-7.288	-8.789	-6.818
Toledo	-3.937	-199	-1.475	-2.914	-4.275	-4.440	-4.403	-5.377
Castilla y León	**-4.757**	**-808**	**-1.796**	**-3.156**	**-5.289**	**-5.780**	**-5.092**	**-6.496**
Ávila	-3.213	-865	-1.040	-1.996	-4.016	-4.114	-3.017	-3.811
Burgos	-6.756	-754	-2.532	-4.649	-7.521	-8.199	-7.441	-5.147
León	-4.629	-959	-1.544	-2.753	-4.417	-6.136	-5.826	-6.915
Palencia	-4.719	13	-2.616	-3.755	-5.505	-5.439	-4.153	-5.365
Salamanca	-3.637	-1.305	-1.404	-2.505	-4.397	-3.855	-3.449	-8.938
Segovia	-4.180	-431	-1.431	-2.717	-5.119	-5.138	-4.945	-3.774
Soria	-3.190	-1.061	-2.013	-3.460	-4.108	-3.226	-3.008	-5.347
Valladolid	-5.472	-848	-1.831	-3.370	-5.831	-6.734	-5.797	-8.606
Zamora	-2.801	-387	-1.528	-2.077	-3.081	-3.340	-2.590	-5.449
Cataluña	**-5.643**	**-451**	**-1.174**	**-2.604**	**-5.063**	**-8.179**	**-9.544**	**-14.219**
Barcelona	-6.150	-554	-1.157	-2.677	-5.527	-9.052	-10.398	-16.840
Girona	7.913	-376	-1.273	-2.076	-3.353	-5.720	-6.889	-7.251
Lleida	-3.272	-297	-1.309	-1.830	-2.642	-4.253	-5.914	-6.942
Tarragona	-5.510	-201	-1.175	-3.226	6.145	-7.089	-9.122	-9.071
Extremadura	**-2.555**	**178**	**-932**	**-1.979**	**-3.017**	**-2.838**	**2.693**	**-5.709**
Badajoz	-2.550	-41	-944	-2.098	-3.030	-2.943	-2.053	-5.502
Cáceres	-2.584	733	-905	-1.753	-2.997	-2.698	-3.690	-5.935
Galicia	**-4.431**	**-374**	**-1.788**	**-2.618**	**-4.650**	**-5.518**	**-5.293**	**-5.188**
A Coruña	-4.840	-951	-1.899	-2.596	-4.903	-6.011	-6.539	-3.559
Lugo	-3.304	-644	-2.120	-2.392	-3.818	-3.933	-2.677	-5.698
Ourense	-2.837	914	-1.305	-1.743	-3.226	-3.370	-2.819	-8.940
Pontevedra	-4.756	-167	-1.720	-2.977	-4.957	-6.067	-5.387	-8.954
Madrid	**-7.675**	**-401**	**-1.080**	**-3.143**	**-6.800**	**-11.294**	**-12.542**	**-20.321**
Murcia	**-3.768**	**-1.370**	**-1.458**	**-2.341**	**-3.178**	**-4.537**	**-5.510**	**-8.057**
La Rioja	**-4.938**	**-875**	**-1.704**	**-3.221**	**-4.762**	**-6.587**	**-6.492**	**-10.356**
Comunitat Valenciana	**-4.398**	**-662**	**-1.474**	**-2.526**	**-4.295**	**-5.739**	**-5.701**	**-11.989**
Alicante	-3.343	-265	-836	-1.414	-3.230	-4.598	-4.783	-10.459
Castellón	-6.192	-1.258	-2.577	-4.735	-5.829	-7.788	-8.198	-13.699
Valencia	-4.658	-835	-1.635	-2.764	-4.613	-5.974	-5.743	-12.501
Ceuta	**-6.771**	**-4.812**	**-1.288**	**-4.331**	**-6.214**	**-6.843**	**-8.301**	**-18.763**
Melilla	**-4.834**	**383**	**-2.085**	**-3.972**	**-3.778**	**-4.159**	**-7.232**	**-11.304**

Fuente: Técnicos del Ministerio de Hacienda (Gestha), España. <bit.ly/2GjkLSx> [citado abril 2019].

Otras amenazas intrínsecamente relacionadas con el hecho de ser madre pueden ser aún más violentas como el "Mobbing Maternal Laboral". Para entenderlo baste saber que

En España (...) se ha dado cuenta de tácticas de presión a trabajadoras embarazadas y madres recientes, como el acoso, para inducirlas a renunciar." El mobbing al que son sometidas las madres en el trabajo —el acoso, discriminación, violencia o abuso que sufre la mujer por decidir ser madre —, tiene su origen en el simple hecho de estar en edad de procrear, por estar embarazada o debido a tener hijos en edad infantil, por consiguiente sufren situaciones tales como no ser contratadas, ser degradadas de sus funciones, disminución de su salario, presión para renunciar voluntariamente, la no renovación del contrato, el despido, etc.[58]

Fundación Madrina elabora anualmente un estudio donde se valora el entorno laboral, social y familiar de la población femenina española que indefectiblemente apunta a la maternidad como factor de riesgo y exclusión laboral. En el mapeo del *mobbing* en España, recolectan una serie de datos de interés que hablan por sí mismos:

➢ Este tipo de acoso se vive no sólo durante el embarazo (32 % de los casos), sino tras el parto (50 % de casos), en especial tras la baja por maternidad.

➢ Se estima que quien se halla bajo esta situación la padece entre 1 y 8 meses -una media de 3 meses-, no obstante puede prolongarse hasta 3 años.

➢ El mayor porcentaje de casos ocurre en la capital del país (59%), le sigue Cataluña con un 18%, 9% en Andalucía y el 5% restante en el resto de España.

---

[58] PEÑA GALLO, Mº Luisa. *El mobbing maternal: una forma de discriminación laboral contra la mujer en Europa. El caso de mujeres gestantes y madres en España y Reino Unido* [en línea]. Barcelona: Institut de Drets Humans de Catalunya, 2016 [citado agosto 2019]. URL: <bit.ly/2Zn7AMP>

> La mujer acosada suele tener 3 meses de gestación y 32 años de edad promedio. Los rangos sobre los que se calcula comprenden de los 23 a 41 años y entre 2 y 7 meses de embarazo.

> En general son madres de al menos un menor de tres años.

> En el 77 % las víctimas trabajan en pequeña y mediana empresa. 9 % en organizaciones de gran tamaño. Sus contratos son mayoritariamente fijos (68 %).

> Apenas el 18 % de eventos se denuncia y va a conciliación.

> Los efectos más destacables del *mobbing* dentro del espacio laboral son: en 60% enfrenta cambio de funciones por parte de la empresa; 31% sufre reducción salarial; 23% es despedido y el resto abandona la empresa por iniciativa propia.

> Fuera del trabajo también hay efectos colaterales de índole socio-sanitaria: 46% sufre secuelas psicológicas; el 5% sufre trastornos somáticos graves de salud y un 5% padece secuelas importantes como crisis matrimoniales, especialmente porque la pareja no comprende el problema y acusa a la mujer del mismo, resintiéndose la convivencia.[59]

---

[59] FUNDACIÓN MADRINA. *Dia de la Mujer Trabajadora. Anexo: Datos de interés* [en línea]. 08 de marzo 2013 [citado agosto 2019]. Publicado en HazteOir.org. URL: <bit.ly/1iQCG4z>

Conrado Giménez, presidente de la Fundación, sostiene que mientras la maternidad se penaliza, la paternidad es premiada en un diferencial entre el 18 y el 50 % en términos de ascensos, mejora salarial o la conservación del propio puesto de trabajo: "el mundo laboral actual prima al trabajador sin cargas familiares y menores a cargo". Asimismo "el embarazo acarrea violencia de género en un 60 % de los casos, suponiendo para la pareja o la familia un problema o una enfermedad. A la violencia se une la falta de responsabilidad paterna y el *mobbing* laboral"-dice-.

Otros hallazgos destacables en sus investigaciones son los argumentos derivados de estas prácticas al interior de las empresas, en algunos casos poco más que absurdas e indignas:

"Tu embarazo da mala imagen para la empresa" (sector automoción); "de directora a cajera: porque tus prioridades con relación a la empresa han cambiado" (sector banca); "no quiero sentar un precedente con tu baja maternal" (sector médico); "entendemos tu problema, no te preocupes, te ayudamos a no continuar con tu embarazo" (sector maternidad); "si continúas sabes que estás despedida" (sector hostelería); "tú eres el problema" (sector consultoría); "ya sabes lo que tienes que hacer si quieres seguir en la empresa (sector grandes almacenes); "saben que estoy embarazada y me han situado en un área de riesgo, que hago?" (sector químico); "nos hacen controles periódicos, y la que da positivo a la calle" (sector bebidas refrescantes); "no nos dejan embarazarnos" (sector siderurgia), entre otros.[60]

Si ser mujer y madre es ya sinónimo de exclusión y vulnerabilidad hay un agravante más: el silencio. Pocos son los casos de discriminación en empresas que terminan ante tribunales y aún más escasos los que gozan de cobertura mediática hecho que, es de suponer, alentaría a más mujeres a pelear por sus derechos.

---

[60] GIMÉNEZ AGRELA, Conrado. "La maternidad: ¿Un derecho o una comodidad del siglo XXI?" [en línea]. En: *VI Congreso Mundial de Familias*. World Congress of Families y The Howard Center for Family, Religion and Society. Madrid, 26 de mayo 2012 [citado agosto 2019]. URL:<bit.ly/2Zmm9jG>. Pp. 3-4, 7-8.

Heather Zhao y Kelley Voelker compartieron despacho de abogados y alegatos en contra de Deustche Bank, ahora su antiguo empleo. La primera sostiene haber sido víctima de un trato discriminatorio, primero de un supervisor, cuyas palabras fueron "prefería trabajar con un hombre" y más tarde de sus compañeros durante su embarazo. Según afirmó la demandante, tras dar a luz e incorporarse a sus actividades, la entidad bancaria utilizó como pretexto un recorte masivo de personal (se extinguieron 1900 puestos durante el otoño del 2012) para deshacerse de las empleadas consideradas problemáticas. Voelker, la primera en llevar el caso a juicio, comparte la visión de una forzada reducción de responsabilidades cuando regresaba de una baja por maternidad.[61]

En España, los sindicatos han vehiculado varias demandas a empresas que vulneran los derechos de sus trabajadoras, una buena parte de ellas gestantes. No podría quedar fuera lo ocurrido con el emblemático almacén El Corte Inglés que aun adoptando un Plan de Igualdad de género como parte de su estrategia en Responsabilidad Social Corporativa (mayo de 2008) es condenado, cinco años más tarde, por discriminación salarial a sus trabajadoras: la Sala de lo Social de la Audiencia Nacional sentenció en enero de 2013 que existían vulneraciones en el plan de igualdad por lo que le obligaba a tomar medidas concretas para los meses posteriores al fallo.

Se sumaron demandas de los sindicatos UGT y CCOO para resarcir los daños causados por la inequidad retributiva. De las observaciones hechas por el tribunal español destacan el hecho de que sólo las mujeres eran obligadas a utilizar uniforme, así como el incumplimiento a los términos pactados para presentar el análisis de la estructura salarial y criterios que le determinan. Esto último especialmente significativo porque rompía con la

---

[61] [s.d] "Deustche Bank, acusado de discriminación sexual". *Blog Cultura RSC.com* [en línea]. 04 de abril 2013. Sin URL disponible para consulta

cadencia anual de un proceso largo que se sostiene en la sucesión de cambios graduales con miras a lograr los objetivos de igualdad entre hombres y mujeres.[62]

Una revisión comparativa de los informes anuales elaborados por la Dirección General de la Inspección del Trabajo y Seguridad Social (órgano custodio del Ministerio de Trabajo, Migraciones y Seguridad Social) en el periodo de 2010 a 2017, revela que las cifras más altas de infracciones empresariales en materia de igualdad se hallan concentradas en tres rubros:

a) Discriminación por razón de sexo en la relación laboral
b) Protección a la maternidad en materia de seguridad y salud laboral
c) Planes de igualdad/Otras obligaciones de la ley de igualdad.[63]

---

[62] REQUENA, A. "El Corte Inglés, condenado por discriminación salarial a sus trabajadoras". *ElDiario.es* [en línea]. 03 de junio 2013 [citado 08/11/13]. Sección Economía. URL: <bit.ly/X4yc0K>

[63] *Cfr.* Informes anuales de Inspección del Trabajo y Seguridad Social disponibles en bit.ly/2q10T2n

Número de infracciones en materia de igualdad (2010 - 2017)

Materia laboral	2010	2011	2012	2013	2014	2015	2016	2017
Discriminación por razón de sexo	38	34	15	15	14	25	23	16
Acoso sexual	5	6	7	8	8	7	3	5
Planes de igualdad y otras obligaciones	27	15	35	42	27	19	29	18
Acoso discriminatorio por razón de sexo	0	8	3	2	0	6	2	3
Derechos sobre conciliación de la vida familiar y laboral	4	10	3	14	7	9	6	9
Discriminación en la negociación colectiva	0	0	0	0	0	0	0	0
Protección a la maternidad y lactancia	64	26	15	21	16	14	12	23
Discriminación en el acceso al empleo por razón de sexo	13	7	4	8	4	6	6	22

Fuente: Elaboración propia. Datos de Inspección del Trabajo y Seguridad Social

III HACER COMPATIBLE TRABAJO, FAMILIA Y PERSONA

Bajo un aura de romanticismo que ha afianzado el rol de las mujeres como cuidadoras, sumisas, silentes, siempre agradables para los demás en todos los sentidos. Y el rol de los hombres como controladores, proveedores, poseedores del cuerpo femenino, esperando madres cuidadoras y siempre dispuestas a satisfacerles. Sin la concepción del amor como libertad y equilibrio emocional, desde el reconocimiento en igualdad en conexión vital mutua, sólo queda el hastío

Josep Giralt. Blog Amores Imaginarios.
El País. 15 de abril 2014

Variables y aproximación

¿Qué entendemos por conciliar?

¿Un derecho social? ¿Ajuste de posturas encontradas? ¿Herramientas temporales? ¿Reconocimiento de vindicaciones femeninas? ¿Nuevo pacto social? ¿Marketing político? Es inevitable recurrir al terreno de las definiciones para hacer una primera aproximación al concepto conciliación:

La Unión Europea determina que la conciliación del trabajo y la vida familiar es la "introducción de sistemas de permiso por razones familiares y de permiso parental, de atención a la infancia y a personas de edad avanzada, y creación de una estructura y organización del entorno laboral que facilite a hombres y a mujeres la combinación del trabajo y de las responsabilidades familiares y hogareñas".[1]

Fundación Mujeres define la conciliación de la vida laboral, familiar y personal (CVLFP) como una "estrategia que facilita la consecución de la igualdad efectiva de mujeres y hombres. Se dirige a conseguir una nueva organización del sistema social y económico donde mujeres y hombres puedan hacer compatibles las diferentes facetas de su vida: el empleo, la familia, el ocio y el tiempo personal".[2]

Lozares y Miguélez sostienen que las medidas conciliatorias debieran

[...] conseguir una planificación y compaginación de los tiempos de vida de tal manera que las personas puedan llevar las diversas situaciones en las que se hallan sus condiciones como personas individuales, como pertenecientes a diversas colectividades, familia, asociaciones, etc., según sus diferentes responsabilidades, deseos u obligaciones, como trabajadores/as, ciudadanos,

---

[1] *100 palabras para la igualdad. Glosario de términos relativos a la igualdad... Op cit.*
[2] FUNDACIÓN MUJERES. *Conciliación de la vida laboral, familiar y personal* [en línea]. Ministerio de Igualdad. Madrid: 2010 [citado septiembre 2019]. URL: <bit.ly/1JAasoG> Pág. 4

miembros de familia, amigos, etc.[3]

Ya sea que se conceda mayor relevancia a la equidad, la atención de la vida privada o, por el contrario, prime la incidencia sobre el trabajo, las diferentes maneras de entender la conciliación exhiben nuevas relaciones sociales y laborales, además de un conflicto entre esferas hasta ahora irreconciliables: público-privado/ profesional-familiar.

Para resumir el "problema" en unas frases es posible decir que en el fondo de la cuestión se halla el enquistamiento de concepciones culturales que arrogan a la mujer la responsabilidad de sostener la reproducción social. Aun cuando hombres y mujeres comparten tiempo de trabajo remunerado, no hay equivalencia en la distribución de otras tareas como las domésticas; no se ha conseguido reorganizar la vida social y faltan apoyos en forma de servicios públicos.[4]

Existe un consenso en la doctrina respecto del creciente interés por la conciliación y es que no puede atribuirse a un nivel de madurez social que reconozca la dicotomía público/privado como eje central de su estructura y división de tareas en función del sexo; tampoco se trata de una mirada crítica que evidencie la carga desigual de responsabilidades inclinando la balanza hacia las mujeres o su privación de ciudadanía plena como aún advierte el feminismo: hacer compatible el trabajo productivo y reproductivo se ha convertido en un asunto de primer orden cuyo origen está más bien en las tensiones de la organización del trabajo y la productividad al feminizarse los mercados laborales, es decir, a consecuencia de nuevas realidades socioeconómicas.

---

[3] LOZARES, Carlos y MIGUÉLEZ, Fausto. "De la flexibilidad del tiempo productivo a la rigidez del tiempo reproductivo". En: PRIETO, Carlos (ed.). *Trabajo, género y tiempo social*. Madrid: Editorial Complutense: Hacer, 2007. Pág. 213

[4] OIT Y PNUD. *Trabajo y familia: Hacia nuevas formas de conciliación con corresponsabilidad social* [en línea]. Oficina Internacional del Trabajo y Programa de las Naciones Unidas para el Desarrollo. 2ª edición. Santiago: OIT, 22 de julio 2009 [citado septiembre 2019]. URL: <bit.ly/1vCZ8hX> Pág. 15

El abordaje mismo de la cuestión plantea interrogantes que traslucen indefiniciones críticas, no sólo en la visión empresarial, sino en la de agentes sociales, gobiernos e instituciones que intentan impulsarla. La intervención social se dificulta cuando no están aclaradas las dimensiones y/o terrenos de actuación: ¿se ha de trabajar en el plano individual o colectivo? ¿es un asunto laboral o externo a ese ámbito? ¿qué parte corresponde a los Estados y cuáles se reparten entre empresas, individuos y familias?¿se inscribe en el proyecto vital femenino o es competencia de ambos sexos?¿es posible incidir en la esfera privada (hogar)? ¿presenciamos a una estrategia de fomento a políticas de empleo o se persigue la igualdad de oportunidades?[5]

Se reconoce internacionalmente que es un tema imprescindible que definirá el desarrollo de cualquier sociedad en tanto medidor de igualdad social y económica, por ello su agenda se ensancha hasta alcanzar zonas de influencia como los derechos humanos, sin obviar las repercusiones en el ámbito laboral, económico, productivo y hasta relacional. En el fondo, trascender toda forma de discriminación, roles de género rígidos y obsoletos u otorgar autonomía a la mujer -en el más amplio sentido- son todavía punzantes e irresolutos cometidos que se evocan desde la conciliación.

La entrada masiva de las mujeres al trabajo remunerado no supuso una reasignación consensuada de roles (escenario donde los hombres se involucran con el espacio doméstico) y tampoco abandonar su dedicación al cuidado de otros, especialmente la familia. El tiempo/energía que asignan al trabajo no remunerado en general y su cada vez más importante participación para generar ingresos ha provocado dificultades en todos los niveles

---

[5] CARRASQUER OTO, Pilar y MARTÍN ARTILES, Antonio. "La política de conciliación de la vida laboral y familiar en la negociación colectiva. Un aspecto de la estrategia europea de empleo". *Cuadernos de Relaciones Laborales* [en línea]. UCM. Julio de 2005 [citado septiembre 2019]. Vol. 23, n° 1. URL: <bit.ly/1umfJpG> Pág. 135

que se afrontan por medio de ciertas estrategias:

Por ejemplo, desempeñan una "doble jornada" trabajando largas horas una vez que culmina la jornada de trabajo remunerado; buscan mantener un control estricto sobre la jornada laboral (por ejemplo, no prolongando las horas de trabajo más allá del horario formalmente establecido); apuestan a trabajos de medio tiempo; transforman y reducen expectativas con respecto al trabajo de cuidado familiar y renuncian a ciertas demandas relacionadas con el cuidado de sus hijos e hijas, y frecuentemente también con respecto a su propio autocuidado y/o desarrollo.

Dichas estrategias que pretenden conciliar realidades divergentes "generan en las mujeres serias limitaciones". Dependen por completo del nivel socioeconómico de las mujeres y sus familias tanto como de las políticas públicas disponibles. Enfrentan por una parte capacidades individuales/colectivas a las opciones reales, de modo que no siempre es posible hacer una elección en sentido estricto: cuando se tienen medios económicos, por ejemplo, es común pagar los servicios de otras mujeres para que se encarguen de tareas domésticas y/o el cuidado necesario en la familia; en caso contrario, cuando no se dispone de los ingresos necesarios, la solución se halla en el apoyo que prestan otras mujeres y niñas en la familia.[6]

Es evidente pues que cualquier iniciativa encaminada a reconciliar vida laboral, familiar y personal beneficiará a toda la sociedad por igual, dado que una nueva ordenación del tiempo, procesos y sistemas de trabajo, aplicando criterios de justicia al reparto de obligaciones domésticas, trae aparejados numerosos impactos objetivables que redundan en mejoras a la calidad de vida en el nivel individual (infancia, mayores, dependientes,

---

[6] CAMACHO, Rosalía y MARTÍNEZ, Juliana. "Género, políticas conciliatorias y presupuesto público; una aproximación al caso de América Latina y el Caribe" [en línea]. En: MORA, Luis (coord.)., *et al. Cohesión Social, Políticas Conciliatorias y Presupuesto Público. Una mirada desde el género. Reunión Internacional de Expertas/os.* Fondo de Población de Naciones Unidas (UNFPA) y Cooperación Técnica Alemana (GTZ). México, 24-26 de octubre 2005 [citado septiembre 2019]. URL: <bit.ly/1uuRGLs> Pág. 265

mujeres, hombres) y, desde luego, en el colectivo. Así, como proyecto político, la conciliación ha apostado por tres frentes: la calidad (en el trabajo y en la vida), la productividad (empresarial) y la igualdad de oportunidades.[7]

Tales impactos, no obstante, son más acusados e inmediatos en la vida de las mujeres, especialmente aquellas que tienen hijos u otras responsabilidades familiares. Esto no es casual dado que hasta ahora las directrices institucionales en esta materia han optado por vincular indefectiblemente la conciliación a políticas laborales, diseñadas para incrementar las tasas de actividad femenina, uno de los principales objetivos de la UE. La trascendencia de este sesgo a la hora de orientar políticas públicas es notable considerando que estas vehiculan "una visión del mundo, asociada a una cierta concepción de las relaciones de género y como resultado de la interacción entre diferentes lecturas -o marco- de un mismo problema y de sus soluciones".[8]

Centrar la atención en el empleo obviando reclamos sociales femeninos es una de las principales limitantes en la construcción de ordenamientos que pretendidamente buscan equiparar derechos entre los sexos. Las políticas de fomento al empleo que se producen sin cuestionar las desigualdades de los roles de género o aquellas que no buscan complementariedad en otras normativas para alcanzar justicia en diferentes estadios interdependientes (salario, condiciones de trabajo, acceso, puestos disponibles, etc.) pueden contribuir a la segregación de género, caldo de cultivo para las ocupaciones feminizadas, peor remuneradas y restrictivas en términos de desarrollo.[9]

---

[7] PAPÍ GÁLVEZ, Natalia. "La conciliación de la vida laboral y familiar como proyecto de calidad de vida desde la igualdad". *RES. Revista Española de Sociología* [en línea]. N° 5, 2005 [citado septiembre 2019]. URL: <bit.ly/2koQRFt> Pág. 92

[8] DOMÍNGUEZ ALCÓN, Carmen; FOREST, Maxime y SÉNAC, Réjane. *Op cit.* Pág. 159

[9] ATELARRA, Judith. "Políticas conciliatorias: conceptualización y tendencias" [en línea]. En: MORA, Luis (coord.)., *et al. Cohesión Social, Políticas Conciliatorias y*

En la trayectoria evolutiva de las medidas de conciliación es posible observar tremendas dificultades para lograr el equilibrio entre herramientas prácticas que alienten el crecimiento económico y progresos en materia de igualdad género; dilema donde las mujeres son especialmente afectadas.

Lo que inicialmente pueda percibirse como efectivo o "bueno", tarda poco en revelar sus sombras, por ejemplo, atar la conciliación al impulso del empleo femenino contribuye "a una percepción de la conciliación como algo netamente femenino, como una cuestión que atañe primordialmente al colectivo femenino"[10]. Esto reforzaría el estereotipo de la mujer cuidadora al tiempo que le facilita cubrir una segunda jornada (esta vez de trabajo remunerado) sin procurar de ninguna manera una igualdad más extensa, resolviendo, por ejemplo, la asunción femenina de cargas domésticas. Asimismo, los permisos laborales son otro escenario donde se traslucen riesgos potenciales: de no regularse nos encontramos frente a una de las principales barreras para instigar y retener el trabajo de las mujeres, no obstante los permisos de larga duración "reducen la participación femenina en el mercado laboral y ejercen un efecto negativo en las trayectorias laborales y las ganancias"; es posible, además, que se refuercen patrones tradicionales de trabajo extradoméstico y cuidados.[11]

Si bien el trabajo normativo (tanto medidas positivas como aquellas en la categoría *soft law*) ha logrado sentar bases legales para construir entornos con equidad, la contradicción afecta al grueso de las políticas de género en la UE que "aun siendo progresivas [...] a menudo contienen elementos de retroceso,

---

Presupuesto Público. Op cit. Pág. 33

[10] CARRASQUER OTO, Pilar y MARTÍN ARTILES, Antonio. *Op cit.* Pág. 136

[11] ORTEGA GASPAR, Marta. "Evolución de las políticas sociales de conciliación en Europa". *Revista de Responsabilidad Social en la Empresa* [en línea]. Fundación Luis Vives. Mayo-agosto 2012 [citado septiembre 2019]. N° 11, (vol.4 n° 2). URL: <bit.ly/2kqmX3I> Pág. 60

dados los límites estructurales del contexto social del patriarcado". La igualdad para las mujeres queda comprometida en un sinsentido que, en estructuras patriarcales, se entendería como "asimilación a los derechos de los hombres" más que integración y acomodo de "la experiencia histórico-social de las mujeres junto a la de los hombres".[12]

En general, los discursos han evitado cuestionar un "orden de género"[13] que perpetúa desigualdad. El mismo orden de género que ha llevado al plano de la incompatibilidad los espacios profesional, familiar y privado…al menos para las mujeres.

Familia y maternidad

El modelo de sociedad configurado en la modernidad terminó de instituir la dicotomía público *vs* privado; dos ámbitos no sólo distintos sino en muchos casos contrapuestos donde se determinan diferentes funciones, roles, expectativas y hasta valía social. Bajo esa organización florece la división sexual del trabajo, fuente de desigualdad entre hombres y mujeres que, por el hecho de pertenecer a una u otra esfera, participan de un reparto asimétrico de obligaciones y derechos.

La cohesión social habría sido impensable sin una adaptación

---

[12] LOMBARDO, Emanuela. "La política de género de la Unión Europea: ¿Atrapada en el 'Dilema de Wollstonecraft'?" En: GARCÍA INDA, Andrés y LOMBARDO, Emanuela (coords.). *Género y derechos humanos*. Zaragoza: Mira, 2002. Pág. 225, 227 y 228. Nota: la última frase entre comillas corresponde a Diane Lamoureux.

[13] En el mismo artículo, Lombardo define el orden de género como un "sistema social compartido de normas, principios y políticas que establecen la distribución de derechos, tareas y oportunidades de vida entre los sexos" (Pág 240). Asimismo, menciona algunas situaciones que ejemplifican las desigualdades entre los sexos, incluso en el marco de estrategias para la igualdad de oportunidades: el papel principal de la mujer como "ama de casa", la violencia contra las mujeres, educación sexista y una cultura tradicional que considera que hombres y mujeres deben dedicarse a trabajos distintos (Pág. 229).

de las instituciones a este nuevo orden y la familia no fue excepción: encierra a las mujeres en el espacio privado para encargarse del cuidado y toda gestión doméstica, mientras que para los hombres la encomienda es proveer de recursos económicos. Esquema denominado "breadwinner" o, como sugiere su traducción al castellano "ganapán" que, aun siendo obsoleto, sigue pesando en el imaginario social y obstaculizando el tránsito hacia estructuras más justas:

Un sondeo del Centro de Investigaciones Sociológicas (2012) muestra que 35.1 % de la población española cree que "trabajar está bien, pero lo que la mayoría de las mujeres realmente quiere es crear un hogar y tener hijos". En otra pregunta, el 63.1 % de encuestados señala como la mejor opción para organizar una familia a cargo de un menor que el padre invariablemente trabaje la jornada completa y la madre se quede en casa o bien trabaje a tiempo parcial.[14]

Para las mujeres salir de la esfera privada asumiendo luego nuevas tareas en el espacio público no ha significado en modo alguno equilibrar sus actividades en ambos, ni siquiera haberse deshecho del peso de la primera. El mundo, metafóricamente, ha seguido girando sin verse afectado por la transición femenina; prueba de ello es que los varones no se han visto abocados a hacer cambios ni dentro ni fuera de este.

Hablar de igualdad entre géneros remite a numerosas contradicciones; algunas posturas se decantan por aludir más precisamente a paridad cuantitativa que, en ciertos terrenos, como el laboral o formativo, es relativamente sencillo observar: las mujeres se acercan a la mitad de la población activa y hay constancia de importantes progresos en su educación formal. Sin embargo, la brecha entre paridad e igualdad plantea para las

---

[14] CIS. *Familia y Género II* [en línea]. International Social Survey Programme. Estudio n° 2942. Abril-junio 2012 [citado septiembre 2019]. URL: <bit.ly/1wxOgWu> Preguntas 1 y 9. Nota: Si bien la encuesta integró respuestas de colectivos extranjeros, el 90.8 % eran españoles.

mujeres vulnerabilidad y retos incontestables.

Desde el principio de la década de los 60 comenzó una ola creciente de mujeres laboralmente activas que "feminizaron" el trabajo remunerado ayudando, sin querer, a la renovación de la fuerza de trabajo. Cambiaron las exigencias del mercado, cambiaba la sociedad y, desde luego, las normas sociales entonces vigentes abrieron la puerta a nuevos contextos donde, para las mujeres, fue necesario reescribir su relación con respecto al trabajo, sus inquietudes profesionales e intelectuales y obligaciones familiares: lo "normal" se convirtió en un concepto plástico de gran utilidad para definir rutas vitales, por ejemplo casarse, tener hijos y dedicarse al hogar. Unas décadas más tarde lo "normal" es que la mujer trabaje y, casi invariablemente, siga atendiendo el círculo familiar, si lo tiene.[15]

A partir de ese momento (mitad del siglo XX) el feminismo reflexiona en torno a la sospechosa libertad de elección que tienen las mujeres frente a su maternidad y realización profesional:

Según la RAE al verbo escoger se le define como "tomar o elegir una o más cosas o personas entre otras", dicho de otro modo, se atribuye a un ser humano la capacidad necesaria para ponderar dos o más opciones, lo que finalmente deriva en una decisión libre que se supone es la más beneficiosa para la situación y personas involucradas.

Cuando para una mujer o familia es imposible permitirse tener hijos a causa de limitaciones económicas; empleos rígidos, precarios o inestables y falta de servicios adecuados, el concepto elección pierde todo sentido. "No se trata, realmente, de una libre elección si el sueldo hace falta para pagar las cuentas de la familia a fin de cada mes", o si las profesiones "no están estructuradas para gente que tiene que dar a luz a los hijos y responsabilizarse de su cuidado". Fruto de este conflicto

---

[15] MARUANI, Margaret. "Vida profesional…". *Op cit.* Pp. 762 y 765

emergen las "súpermujeres que tratan de 'hacerlo todo', dedicándose a trabajos o carreras de jornada entera y, al mismo tiempo, a tener hijos, de los cuales, además, deciden responsabilizarse por completo".[16]

La trampa que encierra esa aparente elección es de aterradora actualidad. Las condiciones económicas y culturales dejan sólo dos opciones para las mujeres frente a la construcción de una familia y la realización profesional: por un lado es posible optar por la competencia y abrirse camino en un mercado masculinizado que opondrá múltiples barreras para el ascenso (segregaciones, discriminación, etc.), sabiendo que es requisito la renuncia a otra dedicación que no centre su foco en la carrera laboral. Por el otro, el acto cuasi suicida de hacerse madre (dadas las condiciones deficientes de redes de apoyo y políticas sociales pertinentes), consciente de que se llevará a cuestas la mayor parte del peso de esa experiencia en distintas esferas: emocional, a veces económica, física, psíquica y desde luego social.

Hay multitud de factores capaces de determinar las opciones de las personas en lo tocante a reproducción y crianza de los hijos, entre ellas el entorno social o elementos institucionales como políticas sociales y de empleo. Es ilustrativa la relación directamente proporcional que se observa entre las tasas de fertilidad y políticas familiares avanzadas como es el caso de algunos países europeos.[17]

¿Es la maternidad entonces una elección personal y libre, o no lo es? Con certeza puede afirmarse que la respuesta entraña menos voluntariedad que condicionantes externos, ya sea que se trate de familias ya establecidas o de individuos proyectando su maternidad/paternidad en el futuro.

---

16 FRIEDAN, Betty. *Op cit.* Pp. 69 y 71
17 ORTEGA GASPAR, Marta. *Op cit.* Pág. 49

Cuando querer no es poder

Dentro del entorno europeo hay pocas naciones que mantengan el porcentaje de hijos necesario para el reemplazo generacional, entre ellos se hallan Irlanda, Suecia, Francia y Reino Unido; países también reconocidos por apoyar a la familia e infancia mediante políticas e instrumentos varios. En este escenario, España que ha cerrado el siglo XX con una de las tasas más bajas de natalidad, presenta patrones "peculiares": pocas mujeres o parejas no tienen hijos (12 %) y muchas más "deciden" o "pueden" tener uno solo (30 %). La raíz de estos comportamientos se hunde no ya en el deseo mismo de tener hijos sino en los

> *[…] altos costes de abandonar el hogar paterno (primero) y de la maternidad (después), tanto en términos económicos y laborales como de tiempo, esfuerzo y asunción de responsabilidades. También se retrasa el momento de tener el primer hijo, en parte debido al alto nivel estructural de desempleo juvenil y a la creciente inestabilidad e inseguridad de las carreras profesionales; pero también por el deseo (o la necesidad) de tener dos salarios para mantener unos niveles de consumo aceptables para el bienestar de la familia. O por la dificultad para conciliar la vida familiar y el trabajo, la falta de apoyo de la pareja, etc.[18]*

Para el periodo comprendido entre 1975 y 2017, la evolución decreciente en la tasa de natalidad en España es de 40%, es decir, 276 mil 197 bebés menos considerando ya la "inyección" que ha suministrado la fecundidad de mujeres inmigrantes (1 de cada 5 nacimientos). El país tiene menos nacimientos que en el 2000 y se acerca a los niveles del declive más pronunciado ocurrido en 1995. El nivel de reemplazo generacional se encuentra por debajo de los índices recomendados desde hace 35 años.[19]

---

[18] UNICEF. *La infancia en España 2014. El valor social de los niños: hacia un Pacto de Estado por la infancia* [en línea]. Madrid: UNICEF Comité Español, junio de 2014 [citado septiembre 2019]. URL: <bit.ly/2FUWIsA> Pág. 12

[19] INSTITUTO DE POLÍTICA FAMILIAR (IPF). *Evolución de la Familia en*

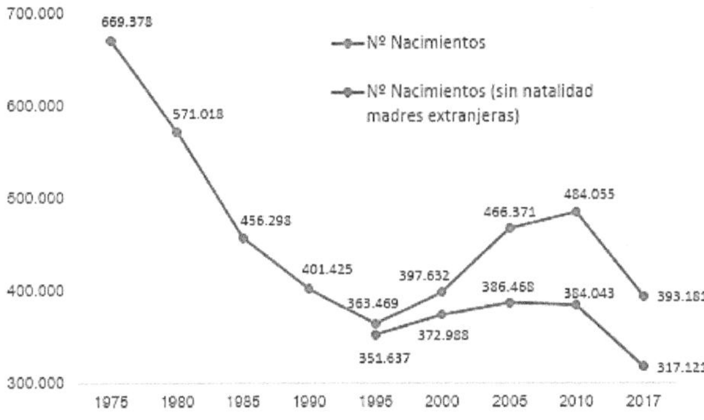

Fuente: Instituto de Política Familiar (2019) con datos del INE.

España junto con Reino Unido, Francia y Alemania es uno de los países europeos con más interrupciones de embarazo. También se halla entre las cuatro naciones con índices de natalidad críticos (o invierno demográfico) por la progresiva inversión de pirámides poblacionales. Para 2050 se prevé que uno de cada tres españoles tenga más de 65 años.

Los hogares han disminuido el número de miembros desde los años 80 (de 3.50 en 1981 a 2.49 en 2017). No sólo se hacen más solitarios sino que hay una clara tendencia a configurarse sin hijos:

Fuente: Instituto de Política Familiar (2019) con datos del INE

España 2019 [en línea]. Madrid: IPF, 2019 [citado septiembre 2019]. URL: <bit.ly/1t1WmS4> Pág. 7

En 1999 el Instituto Nacional de Estadística aplicó en todo el territorio español la Encuesta de Fecundidad cuya población objetivo fueron mujeres en edad fértil comprendida entre los 15 y 49 años. Pese a la riqueza de indicadores asociados a la fecundidad (edad, nivel de estudios, creencias religiosas, actividad económica, situación de convivencia, hijos nacidos vivos, etc.), se extraen sólo algunos resultados globales que son de especial interés:

Teniendo pareja estable y con independencia de la actividad económica desempeñada, incluso si no la hay, poco más de la mitad de la población femenina negó su intención de ser madre en el futuro (52.92 %), para el resto de las españolas (47.08 %) es sólo una posibilidad deseable.

La ocupación de esos dos grupos es relevante por los elementos de predicción que ofrecen: entre quienes no se plantean ser madres -dejando fuera a jubiladas-pensionistas cuya situación y/o edad haría pensar que se han satisfecho las expectativas en el terreno reproductivo- el porcentaje más elevado se dedica a las labores del hogar (77.40 %); le siguen autónomas (60.96 %) y asalariadas con contrato fijo (51.20 %). En el otro lado, las futuras madres son mayoritariamente estudiantes (92.37 %), empleadas temporales (64.87 %) y paradas buscando empleo (59.88 %).

Al menos para quienes expresan interés por la maternidad en el futuro puede advertirse una ventaja traducida en tiempo disponible; condición esencial para hacer planes de futuro, especialmente de esta naturaleza.

El número de hijos deseados tuvo una curiosa relación con la edad de las mujeres: el grueso de la población entiende que uno o dos hijos es el número ideal, pero las de menor edad se mostraron mucho más dispuestas a concebir varios hijos.

Las cifras abultadas del "sí" a la maternidad entre los 15 y 29 años revelarían también una relación inversamente proporcional entre edad y número de hijos. Dicho de otro modo, mientras más joven era la encuestada más hijos deseaba, si bien fue notoria la merma de ese deseo cuantos más hijos son referidos. Este cuadro contrasta con la sobriedad numérica en el conjunto de mujeres entre 30 y 49 años cuyo interés se centraba, sin duda, en un solo descendiente.

Las mujeres que, en ese momento, habían tenido menos hijos de los deseados esgrimieron como principales motivos para explicarlo los siguientes[20]:

a) Porque hasta la fecha no ha completado el tamaño de la familia deseado - 36.42 %

b) Insuficiencia de recursos económicos - 30.82 %

c) Problemas o molestias de salud – 17.08 %

d) Deseo o necesidad de trabajar fuera de casa – 14.06 %

e) Problemas que entraña cuidar a los hijos (sin especificar) – 9.78 %

f) Por situación de paro (propia o de la pareja) – 6.76 %

g) Vivienda pequeña – 5.93 %

h) Los embarazos, partos y cuidado de los hijos son duros para la mujer – 5.68 %.

---

[20] El 9.38 % de quienes respondieron "Demasiada edad para tener hijos" no se consideró en el listado debido a que es un argumento que afecta sólo a parte del universo de la encuesta.

DISTRIBUCION DE MUJERES QUE HAN TENIDO MENOS HIJOS DE LOS DESEADOS SEGUN SU EDAD ACTUAL Y LOS MOTIVOS POR LOS QUE HAN TENIDO MENOS HIJOS.

(CIFRAS RELATIVAS)

MOTIVOS POR LOS QUE HAN TENIDO MENOS HIJOS	TOTAL	15 A 29 AÑOS	30 A 39 AÑOS	40 A 49 AÑOS
DESEO DE SEGUIR ESTUDIANDO	1,17	2,01	1,33	0,44
PROBLEMAS O MOLESTIAS DE SALUD	17,08	7,96	13,01	28,61
LOS EMBARAZOS, PARTOS Y CUIDADO DE LOS HIJOS SON DUROS PARA LA MUJER	5,68	4,75	6,36	5,13
DEMASIADA EDAD PARA TENER HIJOS	9,38	0,00	5,22	21,18
DESEO O NECESIDAD DE TRABAJAR FUERA DE CASA	14,06	9,91	17,07	11,59
INSUFICIENCIA DE RECURSOS ECONOMICOS	30,82	25,99	30,74	33,61
VIVIENDA PEQUEÑA	5,93	4,27	6,51	5,92
EXCESO DE TRABAJO EN EL HOGAR	2,94	0,90	3,85	2,65
CARENCIA DE GUARDERIAS O JARDINES DE INFANCIA	3,00	3,00	3,00	3,00
A CAUSA DE MI ESTADO CIVIL	5,13	4,38	4,43	6,66
A CAUSA DEL ESTADO CIVIL DE MI PAREJA	0,39	0,36	0,00	1,02
SITUACION DE PARO (PROPIA O DE LA PAREJA)	6,76	10,30	6,38	5,39
TEMOR A QUE EL HIJO NAZCA CON PROBLEMAS DE SALUD	4,35	0,73	4,97	5,38
PORQUE SUPONE PERDER LIBERTAD Y NO TENER TIEMPO PARA REALIZAR OTRAS ACTIVIDADES	1,49	0,00	1,73	1,95
PROBLEMAS QUE ENTRAÑA CRIAR O POR LAS PREOCUPACIONES Y LOS HIJOS	9,78	5,28	9,43	12,84
PORQUE HASTA LA FECHA NO HA COMPLETADO EL TAMAÑO DE FAMILIA	36,42	70,36	44,86	4,19

Fuente: INE. Encuesta de Fecundidad 1999. Tabla # 25.

La más reciente encuesta de fecundidad del INE tiene lugar entre marzo y junio de 2018. Se explora sobre una muestra de 17,175 personas de entre 18 y 55 años residentes de viviendas familiares principales en todo el territorio nacional con objeto de esclarecer los factores y condicionantes de fecundidad actual y futura, así como las motivaciones que inciden en el retraso de la maternidad/paternidad. Es destacable que, por vez primera, el estudio incluye la opinión masculina respecto de "su comportamiento familiar y reproductivo" por la importancia que esto reviste al recopilar datos con perspectiva de género.

A continuación, los resultados más importantes según categorías del INE:

 **Fecundidad alcanzada**

Casi 9 de cada 10 mujeres españolas (88.1%) entre 18 y 30 años aún no ha tenido hijos y el porcentaje disminuye entre grupos de edades más avanzadas:

-52% de mujeres entre 30 y 34 años

-27.8% en mujeres de 35 a 39 años

-19% en las de 40 años y más

 **Nivel educativo**

El ascenso en la escala educativa lleva aparejado un retraso en la edad de maternidad. En el grupo de entre 25 y 39 años es evidente que las mujeres con menos formación tienen más hijos y a edades más tempranas.

* La relación entre el nivel formativo y número de hijos no revela diferencias significativas para el conjunto de mujeres que tienen actualmente 45-49 años:

-Mujeres con nivel superior de estudios = 1.50 hijos

-Mujeres con estudios de secundaria = 1.58 hijos

-Mujeres con primera etapa de secundaria o inferior = 1.63 hijos

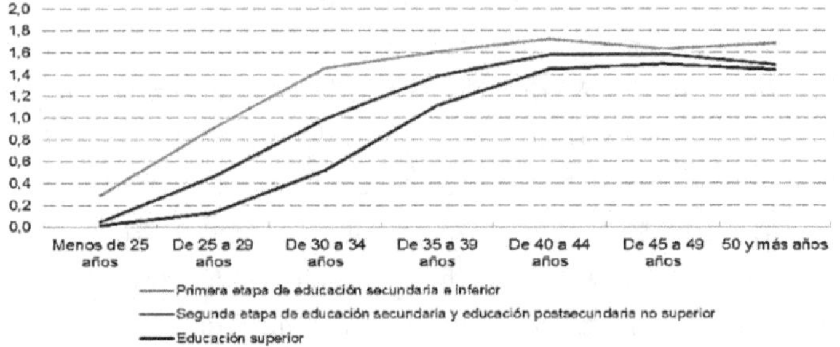

Fuente: INE, Encuesta de fecundidad 2018. Abril 2019.

Ocupación actual

Algo parecido a lo que refleja el nivel educativo se aprecia respecto de la situación laboral: las mayores tasas de fecundidad se hallan entre las mujeres en paro o inactivas en todas las franjas etarias. Por tanto, las mujeres que menos hijos tienen son aquellas que trabajan:

- El pico más alto de fecundidad entre mujeres trabajadoras alcanza 1.8 hijos en el grupo de edad de 40 a 44 años.

- Las mujeres con trabajo reportan su primer hijo en el grupo de 35 a 39 años.

- Las mujeres en paro tienen al menos un hijo entre los 30 y 34 años. Las mujeres sin trabajo remunerado lo hacen antes de los 30.

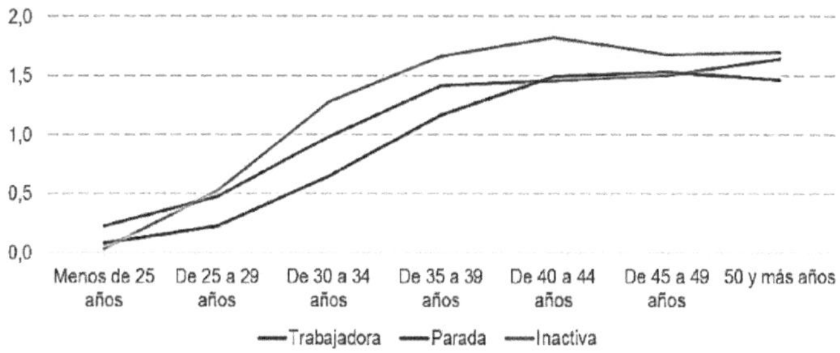

Fuente: INE, Encuesta de fecundidad 2018. Abril 2019.

Nacionalidad

Las extranjeras tienen más hijos y comienzan su maternidad más temprano que las españolas:

- Los porcentajes de españolas que no han tenido hijos superan, en todos los rangos de   edad inferiores a 45 años, a los de las extranjeras.

- La diferencia porcentual más acusada está en el conjunto de mujeres de 25 a 29 años: mientras que sólo un 16.5% de españolas ha sido madre, el 44.6% de extranjeras ya ha tenido al menos un hijo.

Mujeres con hijos y mundo laboral

Las mujeres trabajadoras sin hijos superan porcentualmente a las que ya han sido   madres, salvo aquellas en el grupo de menos de 30 años donde hay una diferencia de apenas el 2.8% entre unas y otras (46.2% madres trabajadoras *vs* 43.4% trabajadoras sin   hijos):

* Los aspectos más valorados de un trabajo son sensiblemente distintos según la condición de ser madre o no y, por supuesto, la edad:

- Para ambos grupos, sin distinción de edad, el factor económico es prioritario al evaluar un trabajo. El hecho de que tenga buenas condiciones económicas aparece como el componente más importante entre todos los que se evalúan.

- Entre las trabajadoras sin hijos de todas las edades las tres cualidades que más aprecian en   un trabajo son: buenas condiciones económicas, estabilidad a largo plazo y que ese trabajo sea interesante/satisfactorio en lo personal y profesional. Las medidas de conciliación no   son un asunto de importancia en esta categoría de trabajadoras y, sin embargo, cualidades   como buen horario y buena localización ocupan lugares aún más destacados.

- Las mujeres que ya son madres consideran menos relevante que el empleo sea   interesante/satisfactorio   y tenga buena localización (salvo para el grupo de 45 años   y más), en cambio son asuntos de primer orden -tras buenas condiciones   económicas- que la empresa cuente con medidas de conciliación y el trabajo   ofrezca un buen horario. Le seguiría en orden de importancia la estabilidad a largo   plazo.

-Las madres trabajadoras de 45 o más años rompen la tendencia ubicando sus tres prioridades como sigue: condiciones retributivas, estabilidad laboral y la posibilidad de que el trabajo sea interesante. Baja a la cuarta posición las medidas de conciliación.

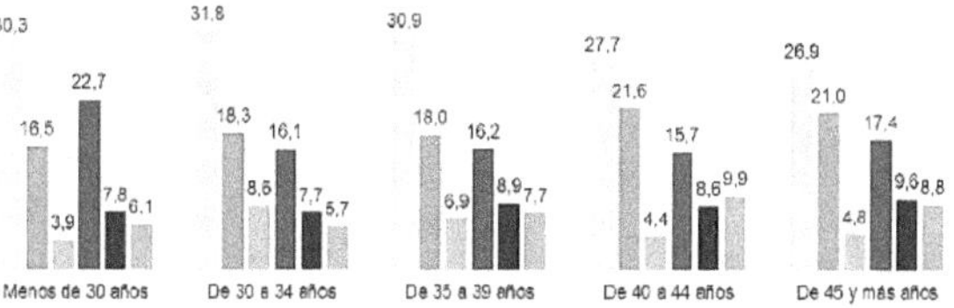

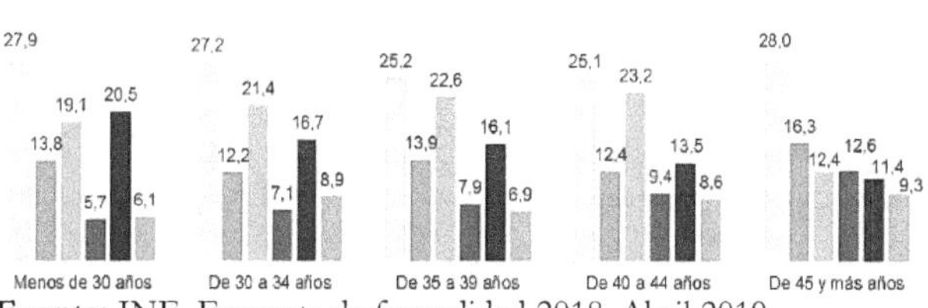

Aspectos más valorados de un trabajo para las mujeres   Sin hijos   Con hijos

Fuente: INE. Encuesta de fecundidad 2018. Abril 2019.

Retraso de la maternidad

Las mujeres españolas en un amplísimo 42% declaran haber sido madres más tarde de lo deseado; ese retraso de media comprende 5.2 años:

- Más de la mitad de esas mujeres que han retrasado su maternidad (51.7%) tienen   40 a 44 años.

- Las mayores de 44 años son el grupo que presenta el retardo más acusado de su   maternidad, teniendo de media 5.6 años de distancia respecto del momento que   consideraban idóneo.

- Dentro de las franjas etarias de mayor fecundidad (30-34 y 35-39 años) en mujeres con hijos, el nacimiento del primero se retrasó entre dos y cinco años. Un 83.4% para el primer grupo y 67.2% para las segundas.

- Respecto de los argumentos que motivan la decisión de retrasar la maternidad -salvo para las menores de 30 años- en todos los casos ha pesado significativamente no tener una relación sentimental estable y razones laborales o de conciliación.

- Sumando los motivos laborales, de conciliación y económicos se alcanza el 30 % de las razones que explicarían la maternidad retardada en todos los grupos de edad. Incluso más del 36% para mujeres entre 35-39 y 45 años o más.

Intención de tener hijos

Las españolas que aún no han sido madres tienen intención de serlo en los próximos   años, pero no en la misma proporción. Sólo en los dos grupos de edad más fecundos los   porcentajes son elevados, es decir, entre los 30-34 años (62.1%) y de los 35 a 39 años   (57.5%). Fuera de ellos, el interés por la maternidad cae sensiblemente: sólo el 22.2% de las menores de 30 años expresa voluntad de ser madre; 26.8% en mujeres de 40 a 44 años y 4.8% de quienes tienen 45 años o más.

* Las madres de 34 años o menos indican en 41.8% su intención de volver a serlo en el plazo de tres años. Las razones económicas, laborales o de conciliación tienen enorme peso al decidir no tener más hijos: es la causa principal entre las mujeres con menos de 30 años y la segunda motivación de mujeres entre 30 y 39 años.

* Para las mujeres sin hijos las motivaciones varían según el grupo de edad:

- Sí es posible advertir que entre los 30 y 44 años destacan como principales tres   argumentos: primero   las razones económicas, laborales y de conciliación; segundo no tener pareja, que no sea la adecuada o que la pareja no lo desee y, tercero, no querer ser madre. La edad es crucial para no ser madre entre las menores de 30 o aquellas de 45 y más.

- La edad y la elección de no ser madre predominan entre mujeres menores de 30 y el extremo opuesto, las de 45 años y más.

Fecundidad alcanzada por hombres

Los porcentajes más altos de varones sin hijos se concentran entre los 18 y 34 años: 95.1% en menores de 30 años y 62.8% entre 30 y 34.

* El conjunto de hombres con un solo hijo alcanza el pico más elevado (24.4%) entre quienes están sobre los 35-39 años. Para el resto de varones en esta situación los porcentajes van desde el 4.3% en menores de 30 años; 19.7% en hombres con 30-34 años y se iguala con algo más de 22% entre aquellos de 40 años en adelante.

* La mayoría con 40 años o menos reportan un solo hijo o ninguno.

* La tendencia más elevada a tener dos hijos o más es de los varones con 45 años en   adelante.

Otra encuesta, la del Centro de Investigaciones Sociológicas - Familia y Género II (2012)-, nacional del CIS (2012), obtiene de 2595 personas —hombres y mujeres de 18 y más años- sobre algunas respuestas que ofrecen pistas esclarecedoras para explicar la foto fija del descenso en tasas de natalidad española:

- 52.1 % indicaron que tener hijos limita demasiado la libertad de los padres.
- 66.1 % está de acuerdo con que los/las hijos/as suponen una carga económica.
- Seis de cada diez (58.7 %) afirma que reducen las oportunidades de trabajo y progreso profesional en uno o ambos progenitores. Cabe mencionar que la muestra integró a 1392 mujeres y 1202 hombres, de los que el 68.3 % ya era madre/padre al momento de responder. [21]

Sin duda hay una merma continuada en la natalidad, pero

---

[21] CIS. *Familia y Género II* [en línea]. International Social Survey Programme. Estudio n° 2942. Abril-junio 2012 [citado septiembre 2019]. URL: <bit.ly/1wxOgWu>

sobre todo en la disposición de individuos/parejas para tener hijos. Más aún, el curso de esta decisión, según muestra el grueso de opiniones recogidas en diversos estudios, se determina en general por criterios económicos… No sin razón.

En 2013, la Encuesta de Condiciones de Vida reveló que el tipo de hogar español con mayores riesgos de sufrir exclusión social o pobreza es aquel donde vive al menos un adulto con hijos dependientes.

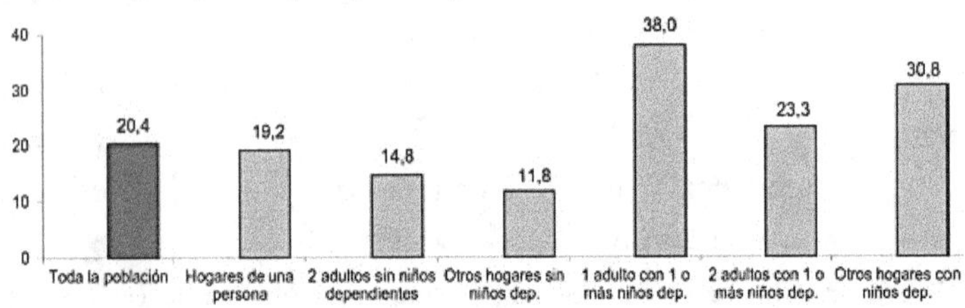

Fuente: Instituto Nacional de Estadística/Encuesta de Condiciones de Vida 2013.

Investigadores de UNICEF señalan que

Uno de los rasgos más distintivos de la realidad social española es el riesgo diferencial de pobreza de los hogares con niños. [...] Las distintas fuentes de datos que recogen información sobre diferentes dimensiones del bienestar de los hogares -empleo, ingresos y condiciones de vida- coinciden en mostrar un retrato muy desfavorable de la situación de los hogares con niños y de la creciente insuficiencia de recursos para escapar del riesgo de pobreza.[22]

El precio que paga una mujer y un hombre por el desarrollo pleno en todos los ámbitos de la vida es desigual. Para las primeras hay aún cuestiones prácticas que no terminan de resolverse sin exigir un alto sacrificio, algunas de ellas pasan por resolver el conflicto entre la mujer-madre y la persona con

---

[22] UNICEF. *La infancia en España…Op cit.* Pág. 16

inquietudes profesionales. En ambas opciones las mujeres sufren pérdidas: ya sea libertad o realización de ciertos anhelos personales viviendo, quizá, una vida a medias; la "semivida femenina" o la "imitación de la vida del hombre" en palabras de Betty Friedan. El espacio donde habían de dirimirse o por lo menos ventilare abiertamente estos conflictos es, de acuerdo a la socióloga, la familia. Cualquier liberación posible -explica- tendría que enfrentar a esta institución y, sobre todo, rehusar la guerra contra los hombres o, en solitario, contra el mundo.

Para otras expertas si bien la familia tiene un rol determinante como lazo de unión entre las personas y los servicios/cuidados que requieren, las mujeres son "las 'cuidadoras' domésticas en un país donde los servicios de apoyo (residencias para mayores, escuelas infantiles, centro de atención para enfermos crónicos o minusválidos físicos o psíquicos) resultan claramente insuficientes". En virtud de las múltiples complicaciones que supone el hecho de que ambos miembros de una pareja trabajen, son las mujeres quienes deben "hacer equilibrios extraordinarios para intentar compatibilizar la jornada laboral y el cuidado de los suyos", renunciando a veces a la maternidad. No es posible explicar las bajas tasas de natalidad sin considerar esta imposibilidad de conciliación entre horarios y tareas.[23]

---

[23] MARTÍNEZ TEN, Carmen. "La situación de la mujer en España". En: OCKRENT, Christine (Dir). *Op cit.* Pág. 882

Cuidados

La reflexión e investigación académica han intentado responder cómo es que este concepto se halla tan íntima e indisolublemente ligado a la mujer o "lo femenino". Aunque hay muchas y variadas perspectivas que permiten aproximarse a la respuesta es importante reparar en la mecánica de la depreciación social de los cuidados hasta la invisibilidad que no es difícil constatar en nuestros días.

Desde los primeros estadios de la revolución industrial se niega a las tareas domésticas la categoría de trabajo y, por tanto, a sus agentes el estatus de "trabajadores"; alcanzar ese reconocimiento exigía el cumplimiento de requisitos quiméricos para el común de las mujeres, a saber, remuneración, ejecución en ámbito extradomiciliario y regularidad (estabilidad / continuidad). Cargando, como se sabe, con las tareas inevitables de reproducción social, las mujeres quedan excluidas no ya del reconocimiento social como trabajadoras sino como ciudadanas de pleno derecho. Quedaba configurado el rasgo definitorio de lo que hasta ahora se comprende como trabajo: actividades de la esfera pública; así el "trabajo doméstico se olvida, no se conceptualiza como trabajo o, mejor dicho, se sobreentiende que no es trabajo porque no es una actividad que tenga lugar fuera del domicilio [...]".[24]

Si lo no conceptualizado como empleo queda fuera de toda denominación de trabajo, es obvio que en el limbo semántico se absorbe al resto de actividades esenciales para la supervivencia humana y sus sociedades: procreación; limpieza; cuidado de los niños, dependientes y mayores; alimentación; educación y

---

[24] PRIETO, Carlos. "De la 'perfecta casada' a la 'conciliación de la vida familiar y laboral' o la *querelle des sexes* en la modernidad española". En: PRIETO, Carlos (Ed). *Trabajo, género y tiempo social.* Madrid: Editorial Complutense: Hacer, 2007. Pp. 30-31. La última frase entrecomillada pertenece a MARTÍNEZ VEIGA, Ubaldo (pág. 26).

crianza; atención a la pareja; afección e incluso algunas otras que apenas se mencionan como cultivo de tierras, ayuda en empresas familiares, recogida de agua o cría de animales, entre otras.

Este "no trabajo", vital para el funcionamiento del entramado social, tiene al menos cuatro dimensiones: material (producción de bienes y servicios); afectiva (bienestar emocional de los miembros de la familia); cognitiva (habilidades y conocimientos necesarios para desempeñar ciertas tareas) y una última que es normativa, esto es, el "deber ser" femenino o expectativas propias de su género que convierten estas labores en un mandato para ellas.[25]

En las diferentes perspectivas y dimensiones que abarca el cuidado como relación activa es interesante la mirada feminista que ha reconocido en este el " consentimiento" al interior de una relación desigual, esto es, que dentro de una organización jerarquizada se acepta cuidar como si esto fuese elección, cuando en realidad es una imposición.[26]

Toda actividad de cuidado debiera ser dimensionada como respuesta a necesidades y por ello comprometer la participación de todos los actores en aras de una sociedad que redistribuya derechos y responsabilidades entre individuos, familias, el Estado e incluso a nivel transnacional. Hacer frente, con la suma de esfuerzos, a la desigualdad que penaliza sólo las mujeres "en la edad adulta y en la edad más avanzada puesto que el cuidado es una actividad que realizan de forma mayoritaria en todas las modalidades, de trabajo remunerado y no remunerado, en general durante casi todo el transcurso de su ciclo vital". Para la construcción de sociedades capaces de proveer servicios asistenciales más democráticos se entiende que ambos sexos deberán implicarse y asumir compromisos, aligerando la carga desproporcionada e injustamente femenina dado que cuidar es al

---

[25] CAMACHO, Rosalía y MARTÍNEZ, Juliana. *Op cit.* Pág. 268
[26] FRAISSE, Geneviéve. *Apud* DOMÍNGUEZ ALCÓN, *et al. Op cit.* Pág. 106

tiempo sinónimo de satisfacción o carga en la medida que "puede limitar los derechos, opciones, capacidades y elecciones, siendo un obstáculo a la igualdad de género y para el bienestar".[27]

Además de la sensibilidad social e individual para lograr transformaciones, la intervención del Estado a través de políticas públicas será vital a la hora de plantearse un futuro más igualitario. Algunos retos que se deben plantear con objeto de dar respuesta a las necesidades de cuidado son:

a) Considerar el estatus social del cuidado: "si este se reconoce como valor y en su dimensión política o tiene una consideración mínima y residual en el sistema".

b) Determinar el modelo de Estado que acoge políticas de cuidado: "se reconoce el derecho a cuidar o únicamente se reconoce y visualiza el derecho a trabajar".

c) Organización del proceso mismo y sus actores: "cómo se plantea la protección de quien recibe el cuidado y de la persona que lo realiza, que puede resultar penalizada en cuanto a su propia protección social, además de limitaciones en cuanto al desarrollo profesional".[28]

El cuidado en las normativas españolas tiene especial importancia para evidenciar la situación desigual entre los sexos dado que "los derechos sociales no han sido individuales" sino que tienen como destinatarios a las familias y se hallan vinculados al trabajo asalariado. Las consecuencias para las mujeres han sido el reforzamiento de su rol dependiente y centrado en tareas asistenciales, "tanto es así que se habla de la conciliación como un tema de mujeres, cuando realmente el problema es la falta de corresponsabilidad en el cuidado entre mujeres y hombres". Dentro de la "lógica" del sistema de bienestar en el contexto

---

[27] DOMÍNGUEZ ALCÓN, *et al. Op cit.* Pp. 107, 108 y 114
[28] *Ibid.* Pp. 114-115

español se identifica a la familia como rasgo estructurante, lo cual deriva en la "consideración de autosuficiencia de los hogares en lo relativo al cuidado" alimentando así "un modelo basado en la sobreexplotación de los recursos familiares, en especial los proporcionados por las mujeres".[29]

El módulo sobre conciliación entre la vida laboral y familiar que forma parte de la Encuesta de Población Activa (EPA) del INE (2018) establece que:

- El 28.23% de la población española entre 18 y 64 años de edad, tienen responsabilidades relacionadas con cuidados (hijos menores de 15 años o familiares dependientes de 15 años o más).

- Los porcentajes de mujeres que atienden el cuidado de hijos y familiares dependientes es superior al de varones: 28.97% frente a 27.48% para el primer caso. 6.55% contra 3.64% en el segundo supuesto.

- Las diferencias porcentuales de cuidados entre los sexos se ensanchan al integrar la variable actividad, es decir, las mujeres en paro responsables de hijos menores de 15 años suman 32.58% contrastando con el 19,79% de varones en la misma situación.

- En el trabajo, los hombres tienen más dificultades para conciliar dado que, en promedio, gozan de menos flexibilidad horaria y tienen hornadas más largas.

- Cuando se trata de abandonar el trabajo por cuidado de hijos, el grueso de varones (86.93%) toma periodos no superiores a los seis meses. El caso de las mujeres se divide entre quienes también eligen máximo seis meses (49.87%); entre seis meses y un año (20.87%) y 9.36% deciden apartarse de la vida

---

[29] *Ibid.* Pp. 160-162 y 182

profesional entre uno y dos años.

- Para atender a personas dependientes, el 5.58% de mujeres dejó de trabajar frente al 2.31% de hombres. La reducción de jornada para hacer frente a esta circunstancia es solicitada por 1.10% de mujeres y sólo 0.5% de varones.

Tiempo

La importancia del uso del tiempo es un asunto clave que se ha reconocido internacionalmente como fuente imprescindible de información en áreas diversas como el comportamiento del mercado interno, igualdad de género, trabajo, salud, transporte, consumo, entre otras. Su medida, pero sobre todo la posibilidad de comparar datos sistemáticamente, inciden en la toma de decisiones y diseño de políticas públicas adecuadas a la realidad social.

Desde el año 2000 Europa lleva adelante un proceso de estandarización de estadísticas sobre uso del tiempo que comenzaría con las directrices publicadas ese mismo año para construir el HETUS (*Harmonised European Time Use Surveys*) o encuestas europeas armonizadas sobre uso de tiempo, proyecto impulsado por EUROSTAT. Otros organismos como la Conferencia Estadística de las Américas, de la Comisión Económica para América Latina y el Caribe (CEA-CEPAL), subsidiario de Naciones Unidas, han hecho sus propios encuentros para proponer un enfoque de género y adecuación al contexto regional de estas herramientas de medición.

En febrero de 2013, con motivo de la Conferencia de Estadísticos Europeos, la Comisión Económica para Europa de las Naciones Unidas (UNECE) establecía que si "la producción puede moverse entre el mercado laboral y el sector doméstico, la comprensión del uso de tiempo es necesaria para entender las tendencias en cada área. El tiempo -aclara- es también recurso básico para actividades de ocio y un aspecto importante del bienestar".[30]

El borrador del encuentro de expertos, preparado por la Fuerza de Tarea para Encuestas en Uso de Tiempo, critica el uso frecuente de indicadores cuantificables para evaluar el bienestar y progreso social, por ejemplo, los ingresos o salario cuyo monto parece tener una relación proporcional con respecto a la calidad de vida. Sobre los empleos bien remunerados advierte que a menudo exigen largas jornadas de trabajo reduciendo el tiempo libre y que "las métricas que ignoran la producción en el hogar y el ocio pueden inducir a error o engaño". Sostiene además la necesaria consideración de actividades no remuneradas (cuidado infantil, reparaciones en casa, compras de insumos, pagos, etc.) si se quiere hablar de una vida equilibrada o mantener las condiciones para el disfrute de esta. Dado que estas actividades no conducen a "la relajación, tiempo de calidad con la familia y amigos o retos intelectuales" propone distinguir entre el tiempo libre de un miembro de la familia de aquel destinado al mantenimiento, administración y cuidado de otros miembros.[31]

En suma, el rol crucial del factor tiempo y su medición para comprender cómo es que la inversión temporal en diferentes actividades contribuye al bienestar general o, por el contrario, al detrimento en las condiciones de vida deseables para cualquier persona.

Una desigualdad institucionalizada no sólo se evidencia frente a la división sexual del trabajo sino especialmente por la distribución del tiempo y atribuciones que se conceden en el terreno público y privado. Hombres y mujeres no son iguales

---

[30] UNITED NATIONS. *Guidelines for Harmonising Time Use Surveys* [en línea]. Economic Commission for Europe. Third meeting of the 2012/2013 Bureau. Luxembourg, 5-6 february 2013. ECE/CES/BUR/2013/FEB/12/Add.1. 22 de febrero 2013 [citado septiembre 2019]. URL: <bit.ly/1Ej95XO> Pág. 10
[31] *Ibid.* Pp. 13-14

cuando se trata de asignar tiempo a las diferentes actividades, discriminación especialmente notoria en el trabajo reproductivo.

Todo indica que en el seno familiar no se cumple con la equidad a la hora de dividir tareas y eso sólo parece afectar a los espacios temporales de las mujeres:

El tiempo de las mujeres es continuo y no hay separación de tiempos; hay quien habla de las dos o las tres jornadas laborales, no hay límites entre el trabajo del hogar, de la familia, de la profesión si existe y el ocio. La mujer no tiene un tiempo autónomo donde ella decide en función de sus necesidades; el suyo es un tiempo heterónomo, que se organiza en función de las necesidades de los otros. Su trabajo no es valorado, y parte o todo no es remunerado, es donado, su trabajo es multitarea, con menos descanso y menos ocio.[32]

El tiempo personal implica mucho más que descanso y ocio, es también recogimiento, formación y el cultivo de relaciones afectivas o redes sociales que incidan en el desarrollo de cualquier ser humano en diferentes niveles.

La información más completa sobre el uso del tiempo en España data de 2009-2010. La Encuesta de Empleo del Tiempo (Instituto Nacional de Estadística) desvela detalles imprescindibles a la hora de interpretar la doble precariedad de las mujeres: la del empleo -antes discutida- y la que se desprende del control involuntariamente limitado de su tiempo:

Las mujeres en general destinan menos tiempo que los hombres a todas las categorías de actividad, salvo aquellas relacionadas con el cuidado de la familia y atención al hogar. El porcentaje femenino que destinó tiempo en estos menesteres era de 91.9 % con una media de 4 horas 29 minutos diarios; los varones, en cambio, alcanzaron una tasa de 74.7% empleando 2 horas 32 minutos por día.

En el trabajo remunerado las diferencias temporales son menos acusadas entre los sexos, por tanto más perjudiciales para

---

[32] LLOPIS, Ana María. *Op cit.* Pág. 980

las mujeres: 28.2 % de estas trabaja en promedio 6 horas 43 minutos diarios; 38. 7 % de hombres lo hizo 7 horas 55 minutos.[33]

El siguiente gráfico lo muestra con claridad:

---

[33] INMUJER. *Mujeres en cifras* [en línea]. Boletín estadístico N° 3, marzo de 2013 [citado 12/02/15]. URL: <bit.ly/2k7uX9I>

Porcentaje de personas que realizan la actividad en el transcurso del día y duración media diaria dedicada a la actividad por dichas personas	Encuesta 2009-2010				Encuesta 2002-2003				% de mujeres que realizan la actividad MENOS % de varones que realizan la actividad		Tiempo medio diario de las mujeres que realizan la actividad MENOS Tiempo medio diario de los varones que realizan la actividad	
	Mujeres		Varones		Mujeres		Varones					
	% de mujeres	Duración media diaria	% de varones	Duración media diaria	% de mujeres	Duración media diaria	% de varones	Duración media diaria	Encuesta 2009-2010	Encuesta 2003	Encuesta 2009-2010	Encuesta 2003
Cuidados personales	100,0	11:26	100,0	11:33	100,0	11:21	100,0	11:24	0,0	0,0	-0:07	-0:03
Trabajo remunerado	28,2	6:43	38,7	7:55	25,2	6:51	43,3	8:22	-10,5	-18,1	-1:12	-1:31
Estudios	12,7	5:05	12,5	5:13	14,0	5:09	13,3	5:18	0,2	0,7	-0:08	-0:09
Hogar y familia	91,9	4:29	74,7	2:32	92,7	4:45	70,0	2:08	17,2	22,7	1:57	2:37
Trabajo voluntario y reuniones	14,8	1:51	9,4	2:10	15,1	1:46	9,5	1:54	5,4	5,6	-0:19	-0:08
Vida social y diversión	59,3	1:43	56,0	1:54	67,4	2:09	66,2	2:18	3,3	1,2	-0:11	-0:09
Deportes y actividades al aire libre	36,9	1:40	42,7	2:03	38,1	1:43	42,7	2:12	-5,8	-4,6	-0:23	-0:29
Aficiones e informática	23,9	1:38	35,6	2:05	13,0	1:35	23,0	1:59	-11,7	-10,0	-0:27	-0:24
Medios de comunicación	88,7	2:49	88,0	3:06	86,0	2:28	86,8	2:48	0,7	-0,8	-0:17	-0:20
Trayectos y tiempo no especificado	81,6	1:24	86,8	1:25	81,0	1:21	86,9	1:27	-5,2	-5,9	-0:01	-0:06

Fuente: INMUJER. Boletín Estadístico *Mujeres en Cifras* (marzo 2013).

El 35,36% de las mujeres y el 36,38% de los varones entrevistados en la Encuesta Nacional de Salud 2011-2012 dijeron que realizaban las tareas del hogar compartiendo el trabajo con otra persona. Sin embargo, el porcentaje más alto de mujeres encuestadas (44,53%), señaló que realizaba sola las tareas del hogar (frente al 9,66% de los varones que contestó que se ocupaba en solitario de dichas tareas), mientras que casi la mitad de los varones (48,37%) indicó que otra persona de la casa se ocupaba de las tareas del hogar (frente al 12,31% de las mujeres encuestadas que dio esa respuesta).[34]

Respecto del tiempo en el trabajo vale hacer una reflexión aparte:

El trabajo en sí mismo es una actividad que aporta valor a la vida de los seres humanos interviniendo sobre sus emociones, psique, salud y decisiones. Para las mujeres tiene también otros aportes que se estiman trascendentes. Así lo explica un estudio del Banco Mundial:

Los empleos pueden ser instrumentos para promover un mayor empoderamiento de las mujeres. Capacitan en habilidades y cambian actitudes, comportamientos y aspiraciones. Incluso el trabajo informal y por cuenta propia, como una microempresa y actividades sin contrato, pueden mejorar el poder de toma de decisiones en el hogar así como sobre el control de los bienes. [...] Por definición, los trabajos que expanden la libertad de elección en las mujeres incrementan su espectro de opciones y fortalecen sus capacidades para actuar con base en ellas.[35]

Sin perjuicio de lo anterior, la "lógica productivista" es abono para el problema de la desigualdad entre hombres y mujeres: su modelo propone total disponibilidad del empleado, así en masculino, dado que se ha aplicado a todo tipo de trabajo reflejando la situación social y experiencia de los hombres, convirtiéndose prácticamente en el centro de sus vidas y

---

³⁴ *Ibid.* Pág. 2
³⁵ BANCO MUNDIAL. *Gender at Work. Op cit.* Pág. 6

determinando el uso de su tiempo. El trabajo o, más propiamente el tiempo que se invierte en él, es la categoria central en torno a la que girarán diferentes etapas vitales (educación, trabajo, jubilación, cotidianeidad, etc.); el resto de tiempo se calificará como "libre" sin asociarle valor o contenido específico. "Esta definición del tiempo de trabajo, responde a una cultura productivista y a una definición antropológica de lo que somos las personas".[36]

En el estudio *Randstad Employer Branding 2012*, donde se reflejan los aspectos que buscan y más atraen a los trabajadores a la hora de elegir una empresa, destacan aspectos como la seguridad laboral, perspectivas de futuro, condiciones económicas y el ambiente de trabajo. No obstante, los encuestados externan preocupaciones de índole más personal como la conciliación: mayoritariamente mujeres adultas son quienes se decantan por un "horario de trabajo flexible, buena conciliación, ambiente laboral y buena localización" como cualidades determinantes para elegir. Por el contrario los varones "prefieren las empresas grandes que ofrecen perspectivas de empleo internacional y buena formación".[37]

En las empresas, los planes de igualdad e incluso programas de gestión de diversidad comienzan a ser ejes de las políticas de reorganización del tiempo de trabajo: un paso esencial para instituir cambios en la cultura corporativa que reconoce al cuidado como un derecho de todos sus miembros.

Encuestas de satisfacción en el empleo[38] muestran la

---

[36] ATELARRA, Judith. *Op cit*. Pág. 33

[37] CARPIZO BALSA, Carlos. "La seguridad laboral desbanca al salario a la hora de elegir una empresa para trabajar". Revista Capital Humano. Wolters Kluwer España. Abril de 2012, n° 264, año XXV. Pp. 63

[38] EDENRED e IPSOS. *Barómetro Edenred-IPSOS. Bienestar en el lugar de trabajo y motivación de empleados en Europa* [en línea]. 8ª edición. Junio de 2013 [citado septiembre 2019]. URL: <bit.ly/2kxOa4p> y *Barómetro Edenred-Ipsos 2014. Bienestar y Motivación de los Empleados en Europa* . 9ª edición. Mayo de 2014 [citado septiembre 2019]. URL: <bit.ly/2m0E7Fr>

percepción generalizada de los empleados españoles de que invierten demasiado tiempo en sus trabajos: 37 % lo piensa frecuentemente y a eso se suma el 48 % que ocasionalmente lo hace, un total de 85 % de individuos que consideran su tiempo en actividades laborales como desproporcionado con regularidad. Los porcentajes entre 2008 y 2013 muestran variaciones a la alza en estas posturas.

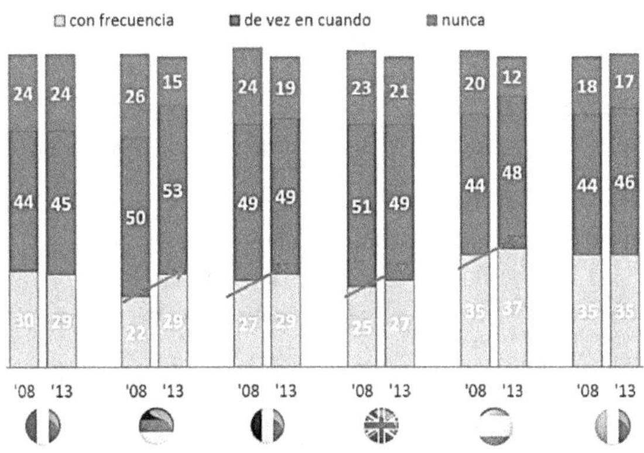

Fuente: Barómetro Edenred-IPSOS (2013)

La comparativa con otros cinco países europeos (Francia, Alemania, Bélgica, Reino Unido e Italia) expone al factor tiempo de trabajo como una preocupación compartida en elevados porcentajes.

Una actualización del mismo sondeo (año 2014) exhibe estabilidad en los datos, es decir que las cosas no han cambiado demasiado entre un año y otro. La novedad que se ofrece es desagregar la información, de modo que ostensiblemente es en los cargos directivos, el sector privado y las actividades industriales donde es aún más acusado ese "malestar":

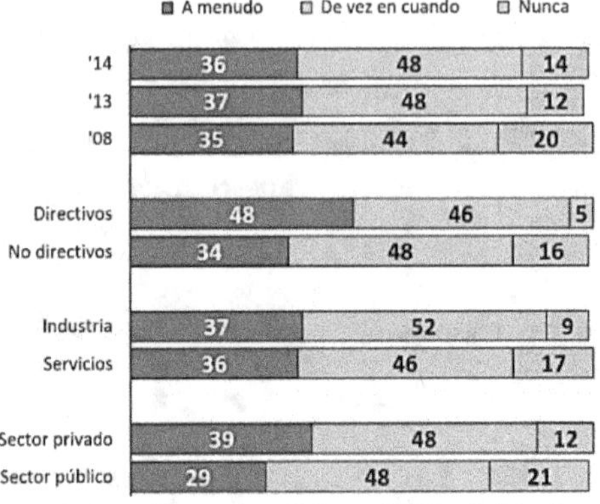

Fuente: Barómetro Edenred-IPSOS (2014)

En 2014, el tercer criterio en orden de importancia para que un individuo considere formar parte de una nueva organización es el respeto del equilibrio vida privada/profesional.

Fuente: Barómetro Edenred-IPSOS (2014)

El modelo de eficiencia y competitividad bajo el que se organiza el trabajo remunerado en España ha sido frecuentemente cuestionado: se trabaja más y se produce menos que en otras naciones desarrolladas. Aunque el promedio de horas trabajadas por año en España es menor al de la media establecida por la OCDE (1770), un español trabaja 277 horas más que un alemán y 176 por encima de un francés cuyos sistemas económicos son ejemplo en la eurozona. Las cifras del Ministerio de Trabajo, Migraciones y Seguridad Social (datos a julio 2019) indican que hay 55,243 empresas españolas pactando con sus trabajadores más de 1,826 horas al año, esto es, más de 40 horas a la semana, cual hace suponer que a raíz de la crisis económica mundial se ve en el aumento de jornadas una alternativa para la recuperación de la actividad productiva.[39]

HORAS TRABAJADAS AL AÑO

Paises	2013	Paises	2013
Países Bajos	1.380	Japón	1.735
Alemania	1.388	Italia	1.752
Noruega	1.408	Nueva Zelanda	1.760
Dinamarca	1.411	Eslovaquia	1.770
Francia	1.489	**OCDE**	**1.770**
Eslovenia	1.547	Rep. Checa	1.772
Bélgica	1.570	EE.UU.	1.788
Suiza	1.585	Irlanda	1.815
Suecia	1.607	Turquía	1.832
Austria	1.623	Israel	1.867
Luxemburgo	1.643	Estonia	1.868
ESPAÑA	*1.665*	Hungria	1.883
Finlandia	1.666	Polonia	1.818
Reino Unido	1.669	Rusia	1.980
Australia	1.676	Chile	2.015
Islandia	1.704	Grecia	2.037
Canadá	1.706	Corea	2.163
Portugal	1.712	Méjico	2.237

Fuente: El País/Instituto de Estudios Económicos (IEE). 14 de octubre 2014.

La Comisión de Derechos de la Mujer e Igualdad de Oportunidades del Parlamento Europeo instaba a los Estados miembros en el 2004 a que faciliten la "flexibilización de los horarios de trabajo para conciliarlos con los ritmos escolares (además de las actividades extraescolares y los deberes vigilados) y los ritmos urbanos (en particular, los horarios de apertura de

---

[39] Estadística de Convenios Colectivos de Trabajo (julio 2019) disponible en <bit.ly/137SCcb> y [s.d] "Los españoles trabajan 280 horas más al año que los alemanes". *El País* [en línea]. 14 de octubre 2014 [citado septiembre 2019]. Sección Economía. URL: <bit.ly/1D93W3Z>

los servicios y las tiendas, los transportes, etc.)". En otro párrafo del mismo *Informe sobre la conciliación de la vida profesional, familiar y privada* se advierte sobre "la importancia de un horario de trabajo flexible y del trabajo a distancia, cuando éste sea posible, para que los trabajadores puedan cumplir sus obligaciones profesionales, familiares y educativas y se logre un equilibrio entre sus propios intereses y los intereses de la empresa". Las opiniones de la Comisión de Empleo y Asuntos Sociales, recogidas al final del documento, aseguraban que "la reducción general del tiempo de trabajo diario representa la mejor solución para conciliar la vida profesional y familiar y para promover la igualdad entre hombres y mujeres".[40]

Roberto Martínez, director de Fundación Más Familia, sostiene que existe un evidente conflicto entre la eficiencia/productividad y los horarios laborales españoles que califica de "infernales". El problema, dice, se halla en una cultura (laboral) que estimula innecesariamente la prolongación de horarios laborales, hecho que termina impactando negativamente cualquier intento por conciliar.

La asociación entre "buenos empleados" y salir tarde del centro de trabajo es sospechosa desde su perspectiva, de modo que el asunto se soluciona con una mezcla entre determinación para tomar decisiones (a nivel personal, gubernamental y empresarial), modificación de hábitos de conducta laboral (despertar más temprano, disminuir recesos improductivos, compromiso, etc.) y una cultura de empresa sensible ante las necesidades de sus trabajadores.[41]

Reordenar el tiempo, en amplio sentido, es una lucha que se

---

[40] PARLAMENTO EUROPEO. *Informe sobre la conciliación de la vida profesional, familiar y privada (2003/2129 (INI))* [en línea]. Comisión de Derechos de la Mujer e Igualdad de Oportunidades, 23 de febrero 2004 [citado septiembre 2019]. URL: <bit.ly/1hMsLIA> Pp. 8 y 18.

[41] MARTÍNEZ, Roberto. "La conciliación y los horarios en España". *Revista Observatorio de Recursos Humanos y Relaciones Laborales*. ORH. Julio de 2012, n° 70. Pp. 18-19.

entiende necesaria desde hace tiempo en las organizaciones civiles y más recientemente también la política: el gran pacto de Estado para alcanzar verdaderos cambios en la salud, la productividad en el trabajo y, desde luego, en la conciliación de la vida laboral, familiar y personal cuya deriva es mayor igualdad. Un escenario criticado por algunos de utópico que plantea racionalizar los horarios de los españoles, es decir, adoptar una serie de medidas que organicen de otra manera la cotidianeidad con objeto de aprovechar eficazmente el tiempo disponible.

El problema de fondo es que la hora que marcan los relojes españoles no está en sintonía con el horario solar, pero las costumbres alimentarias sí. Cuando al mediodía el sol está en lo más alto España tiene las manecillas en las 13:30 hr trastocando todo quehacer. En verano, por ejemplo, cuando el mundo entero modifica la hora, este país llega a estar hasta dos horas adelantado.

Mientras que la hora de desayuno está más o menos alineada entre España y sus homólogos europeos, el desfase comienza luego. Estos últimos en general comen alrededor de las 13:00 hr y es más bien raro que la cena se prolongue más allá de las 20:00 hr; en España se hace un alto para los alimentos en torno a las 14:00-14:30 hr, dando lugar a cenas que se sirven aproximadamente a las 21:00 hr o incluso más tarde.

Los españoles invierten hasta dos horas para comer (una hora quince más que el resto de europeos) haciendo que su día de trabajo exija salir más tarde. Partiendo de este hecho el resto de tareas a realizar (formación, descanso, familia, ocio, etc.) se verán postergadas, mal atendidas o con márgenes insuficientes. Los centros comerciales estarán abiertos hasta bien avanzada la noche. Sitios de ocio y el entretenimiento colaboran con su parte al caos vital, unos porque cierran ya de madrugada y los otros dado que emiten programas de máxima audiencia cerca de la medianoche. En efecto dominó todo está relacionado y la hora de dormir se retrasa la suficiente como para dejar de descansar las 8 horas recomendadas y despertar a la mañana siguiente a comenzar otro ciclo idéntico, sin desayunar, lo cual tiene su propio impacto por el descanso que algunos toman a media mañana.

Los defensores de la racionalización horaria proponen básicamente que España vuelva al huso horario que le correspondía hasta 1942 (GMT + 0:00), el mismo de su vecino Portugal, Marruecos o el Reino Unido; retrasar el reloj una hora para beneficiarse de la luz natural comenzando actividades más temprano y terminándolas antes.

No obstante, el verdadero desafío toma proporciones monumentales ya que se trata de vencer resistencias, impulsar nuevos hábitos y abatir prejuicios; en pocas palabras ir a contracorriente del sistema de vida que muchos acogen como bueno o "normal". Más aún, el consenso necesario es igualmente titánico ya que involucra a empresas, sector hostelero, el de ocio y entretenimiento, medios de comunicación, transportes, comercios, centros educativos, turismo, etc., para rediseñar sus jornadas de actividad habituales.

Para verlo claramente, el ideal que se proyecta sería más o menos como este:

Dormir entre las 22.00 hr y 23:30 hr descansando no menos de ocho horas, para comenzar el día a las 07:00 am. En el trabajo la jornada daría principio a las 09:00 am sin pausas hasta las 13:00 hr para comer en 40 minutos. Al final del día, entre las 17:30 y 18:00 hr se sale de trabajar.

Las razones de peso para hacer semejante mutación se explican en un artículo José Luis Casero, presidente de la Comisión Nacional para la Racionalización de los Horarios Españoles:

Desgraciadamente no sólo somos "líderes" en Europa en índices de paro, sino también en baja natalidad, fracaso escolar, separaciones matrimoniales, absentismo laboral, siniestralidad y estrés. Todos ellos derivados de una grave y preocupante asignatura pendiente en nuestro país: unos horarios singulares y un modo de gestionar el tiempo no adecuado que nos afecta a todos en la vida diaria, tanto en nuestro ámbito personal y familiar como también en el ámbito laboral y productivo de la empresa.

[…] Considero que la reforma de los horarios […] es la más necesaria y urgente, y debemos acometerla sin dilación para aumentar la productividad, disminuir los gastos y respetar a las personas en su vida personal, laboral y familiar.[42]

La Comisión de Igualdad de la Cámara de Diputados constituye el 25 de septiembre de 2012 la Subcomisión de Racionalización de Horarios, Conciliación y Corresponsabilidad. Un año después se aprueba un informe donde se reúnen las aportaciones de más de cincuenta expertos en la materia. El documento respalda la solicitud de que España vuelva al huso horario de Greenwich y se actúe a favor de jornadas de trabajo continuas, sin tantas pausas, con el afán de respetar las necesidades familiares y el tiempo de los trabajadores en general.

El informe, que no es vinculante, sigue esperando a ser votado por el Pleno de la Cámara Baja.

Recursos para las organizaciones

Para compatibilizar vida profesional y privada es posible intervenir de diferentes maneras y con agentes distintos, cuyos modelos de actuación y estrategias son igualmente diversos.

Según la OIT, una organización que apoye medidas de conciliación reconoce la afectación de las responsabilidades familiares sobre la vida laboral de sus empleados y vehicula apoyos necesarios para cumplir con ambos dominios; trasciende las exigencias de ley e implementa medidas no sólo para niños/as y mujeres, sino para toda la plantilla. Este enfoque, explican, en

---

[42] CASERO, José Luis. "¿A qué sociedad nos queremos parecer?". *Compromiso RSE* [en línea]. Marzo de 2015 [citado septiembre 2019]. Sección Opinión. URL: <bit.ly/1GCbr81>

estrecha relación con la Responsabilidad Social Corporativa, es crucial para convertirse en una empresa sostenible que ve en los empleados "una fuente de ventajas competitivas, puesto que su productividad y viabilidad -e incluso su supervivencia- depende de la capacidad de garantizar la motivación, la capacitación y el compromiso del personal". Como opciones que facilitan el día a día de los trabajadores mencionan los siguientes:

- Alternativas para organizar el tiempo de trabajo, por ejemplo: sistemas de trabajo con horario variable, trabajo a tiempo parcial, trabajo compartido, trabajo a domicilio y teletrabajo.

- Oferta de servicios para el cuidado de menores, enfermos, dependientes y personas mayores, por ejemplo: guarderías en el centro de trabajo o subsidios para contratar ayuda externa, espacios habilitados para lactancia, apoyo a empleados que deban cuidar de un familiar y uso del teléfono por razones familiares.

- Licencias adicionales a las estipuladas por ley o permisos no remunerados sin pérdida de empleo por emergencias familiares, maternidad y paternidad, enfermedad y/o cuidado de familiar.

- Servicios de información/formación profesional, por ejemplo: material informativo, divulgación de las políticas de la empresa relacionadas con las responsabilidades familiares, cursos y talleres, etc. [43]

---

[43] OIT. *Lugares de trabajo que... Op cit.* Pág. 1-3

El Foro Económico Mundial ubica entre las mejores prácticas al interior de las organizaciones garantizar un ambiente de trabajo que retenga el talento femenino para beneficiarse de su potencial y ofrecer el soporte necesario para balancear trabajo/vida. Entre 2011 y 2013 realizó una encuesta sobre marcos nacionales de políticas con indicadores que consideran palancas gubernamentales de impulso a la participación laboral de las mujeres: licencias parentales, asistencia para el cuidado de hijos, tipos especiales de tributación e igualdad en el lugar de trabajo. Un extracto de los principales hallazgos se transcribe a continuación:

- *Licencia parental*: una herramienta esencial de cualquier política destinada al uso efectivo del capital humano nacional son las licencias maternas, paternas o cualquier otro permiso compartido. Ya sea que se retribuyan o no, el hecho de beneficiarse de ellos repercute positivamente en la participación económica de las mujeres tanto como en un reparto más justo de la crianza de hijos. "Más mujeres participan en la fuerza laboral de economías con licencias maternales y parentales más largas y pagadas [...]".

- *Asistencia en el cuidado de hijos*: Dado que son las mujeres quienes asumen la mayor parte de las responsabilidades en el cuidado de hijos dependientes, este es otro factor relevante para permitir la conciliación del trabajo y la familia. "Un sistema de cuidado de día bien establecido puede ser una inversión de largo plazo que apoye a las mujeres trabajadoras, por tanto mejoraría la eficiencia de los mercados laborales". Se ha probado que en algunos países desarrollados esta red de soporte incide en las tasas de fertilidad. Las diferentes opciones para acceder a esta prestación (cuidados de día públicos, cuidados de día privados y asistencia a domicilio) varían en función de las economías y la intervención gubernamental. Una mayoría entre los 87 países encuestados manifestaron ofrecer subvenciones para el cuidado de día público (66.7%).

- *Sistema de tributación*: Algunas reglas impositivas pueden presentar rasgos discriminatorios e influir en la toma de decisiones económicas y sociales de los hogares, por ejemplo, aquellos sistemas que alteran los ingresos disponibles de hombres y mujeres en familia. Se ha considerado la tributación individual, división de ingresos, y declaraciones conjuntas. "En todas las regiones los impuestos individuales tiende a ser (la forma) más favorable para las mujeres; las declaraciones conjuntas tienden a ser las menos favorables".

- *Equidad en el trabajo y cuotas*: El ecosistema que ayude a prevenir y crear las condiciones necesarias para terminar con discriminaciones sociales pasa por estructuras legislativas, cuotas obligatorias y voluntarias en entidades públicas o privadas, subsidios a empresas femeninas y organismos de vigilancia para la implementación de políticas nacionales. Casi la totalidad de la muestra de países participantes en la investigación (92%) cuenta con leyes que prohíben discriminaciones de género; un 88 % ha legislado para tener prácticas neutrales con los géneros en el espacio laboral y en el 76 % existe una autoridad que vigile la observancia en estos asuntos. Sin embargo los porcentajes más bajos indican escasa participación de los Estados en legislaciones que establezcan cuotas obligatorias de representación para ambos sexos en los consejos de empresa (12 %) o en asambleas políticas.[44]

---

[44] FORO ECONÓMICO MUNDIAL. *The Global Gender Gap Report 2014*. Pp. 44-45

Existen clasificaciones variopintas que dan cuenta de las opciones en materia de conciliación. Se ha considerado interesante presentar sólo dos que presentan, por una parte, la visión más sobria de lo mínimo que suele pactarse en acuerdos colectivos con la empresa española y, por otro, un abanico extenso de posibilidades al alcance de organizaciones con mayores recursos.

Para el primer caso, la lista de medidas es elaborada por dos sindicatos (UGT y CC.OO.) y la administración local (Ayuntamiento de Madrid) en un trabajo coordinado de orientación a pequeña y mediana empresa en el diseño de sus planes de igualdad bajo la antigüa denominación "Concilia Madrid", hoy programa CO-RESPONDE:

> **Medidas relativas a gestión de tiempo de trabajo**

-Sistema de cómputo de jornada.

-Flexibilidad horaria/control horario.

-Adaptación horaria en situaciones de emergencia/formación.

-Turnos y guardias.

-Políticas de reuniones.

-Teletrabajo.

> **Medidas relativas a permisos y ausencias**

-Suspensiones de contrato por maternidad/paternidad.

-Vacaciones (momentos de disfrute).

-Permisos por nacimiento de hijos, enfermedad, operación quirúrgica o fallecimiento de familiares.

-Permisos formativos.

-Asuntos personales.

-Ausencias por visita médica del trabajador.

-Ausencia por visita médica de menores y dependientes.

➢ **Medidas de reducción de jornada**

-Por cuidado de menores.

-Por cuidado de personas dependientes.

➢ **Excedencias**

-Por cuidado de menores.

-Por cuidado de dependientes.

-Por circunstancia familiar grave (permiso sin sueldo).

➢ **Otros**

-Compensación por accidentes o enfermedad (I.L.T).

-Fallecimiento.[45]

En el segundo caso, se trata de un conjunto de alternativas a disposición de trabajadores empleados, en general, por grandes corporativos. El listado es parte de la información que maneja el Índice de Entornos Familiarmente Responsables (IFREI) que lidera la escuela de postgrado en dirección de empresas de la Universidad de Navarra *IESE Business School* desde 1999:

1) **Medidas de flexibilidad dentro de la jornada laboral**
   - Abandono del lugar de trabajo por una emergencia familiar.
   - Horario laboral flexible.
   - Jornada laboral reducida.
   - Trabajo a tiempo parcial.
   - Semana laboral comprimida.

---

[45] *Curso Políticas de Igualdad entre Mujeres y Hombres en la Práctica Empresarial. Op Cit.*

2) **Medidas de flexibilidad durante la trayectoria profesional**
   - Excedencia para cuidar a un familiar (generalmente hijos pequeños).
   - Permiso por maternidad más allá de lo estipulado por la ley.
   - Permiso por paternidad más allá de lo estipulado por la ley.

3) **Flexibilidad en el lugar de trabajo**
   - Videoconferencias.
   - Trabajo en casa.

4) **Servicios de apoyo al empleado**
   - Guardería dentro de la empresa.
   - Guardería fuera de la empresa.
   - Prioridad en disponibilidad de plazas en guarderías locales.
   - Plazas reservadas en guarderías locales, pagadas por la empresa.
   - Descuentos en guarderías locales.
   - Información sobre guarderías.
   - Información sobre centros para el cuidado de ancianos y discapacitados.
   - Centro de deportes/*fitness*.

5) **Políticas de formación y desarrollo**
   - Gestión del tiempo y del estrés.
   - Gestión de la diversidad.
   - Conflictos trabajo-familia.

6) Políticas de asesoramiento y apoyo profesional

- Asesoramiento de trayectoria profesional.
- Asesoramiento legal/financiero/fiscal.
- Asesoramiento psicológico/familiar.
-

7) Beneficios sociales

- Seguro de vida.
- Seguro médico para el cónyuge y/o para los hijos.
- Plan de jubilación.
- *Outplacement* (ayudas a empleados para recolocarse externamente en caso de prescindir de este).
- Ticket restaurante.[46]

La Comisión de Tiempos y Trabajos del Observatorio para la Igualdad de Oportunidades entre Mujeres y Hombres, órgano gubernamental gestionado por el Instituto de la Mujer (recientemente Instituto de la Mujer y para la Igualdad de Oportunidades), elaboró en 2006 el *Estudio sobre buenas prácticas en Conciliación de la vida laboral, personal y familiar dirigida a varones*. En el trabajo de identificar las mejores iniciativas se hizo un análisis de la normativa, programas y actuaciones "dirigidas a que los varones se corresponsabilicen en el ámbito doméstico, transformando los roles de género y construyendo un nuevo modelo de convivencia doméstica". Como resultado se extrajeron 20 prácticas exitosas (probadas en entidades públicas y privadas) que se han dividido en dos áreas según su implementación: ámbito laboral o ámbito de la intervención y sensibilización socioeducativas. Aquí los resultados:

---

[46] CHINCHILLA, Nuria y LEÓN, Consuelo. *Op cit.* Pp. 74 y ss.

a) **Buenas prácticas recogidas en convenios colectivos y legislación.**

- Uso de lenguaje no excluyente. Ejemplos: convenio que usa género neutro en toda su redacción y convenio que usa género masculino y femenino en toda su redacción.

- Medidas de conciliación que superan lo establecido en el Estatuto de los Trabajadores y suponen implicar a los hombres en la articulación de la vida laboral y familiar, apostando por la corresponsabilidad. Ejemplos: convenios colectivos en los que los varones tienen permiso para acompañar a su esposa, pareja de hecho o compañera a las clases de preparación al parto; convenios que amplían el permiso por hijo nacido, adopción o acogimiento; convenios que fomentan el disfrute por parte de los varones del permiso de maternidad; convenios que recogen un permiso de paternidad exclusivo a disfrutar a continuación del permiso de maternidad y convenios que recogen la flexibilización de jornada para varones por paternidad.

b) **Buenas prácticas fuera de convenio.**

- Cursos de gestión del tiempo y prevención de estrés.

- Políticas de luces apagadas (consiste en apagar literalmente las luces en un horario específico o hacer un seguimiento de las personas más de lo estipulado para analizar la causa).

- Departamento de diversidad e igualdad.

- Comité de seguimiento de las medidas de conciliación.
- Estudios de impactos de las medidas implementadas.

Ámbito de la intervención/sensibilización socioeducativas:

a) Campañas de sensibilización en medios de comunicación.

b) Programas y proyectos de intervención social (talleres, charlas, encuentros) dirigidas a varones y a población mixta, tanto infantil como juvenil y adulta, que trabajan directamente sobre los roles de género aprendidos.

c) Grupos de reflexión de varones en torno a la masculinidad, al rol tradicionalmente atribuido a los varones dentro de la estructura de género.[47]

Habida cuenta de que más del 50 % del absentismo laboral tiene origen en problemas familiares muchas organizaciones han decidido invertir recursos en paquetes asistenciales para los empleados(as) y sus familias. Destacan, por ejemplo, ayuda a domicilio ante convalecencias del empleado o su cónyuge, hijos menores, padres o suegros; tratamientos especializados en domicilio; teleasistencia; telefarmacia; asistencia profesional telefónica (médicos, abogados, psicólogos, informáticos, etc.); gestiones administrativas; cuidado de niños en domicilio; profesores particulares para niños enfermos, etc. Se sabe que "cuanto más completo es el programa de conciliación que implanta la empresa y más se adapta a la diversidad de la plantilla, mayor es la reducción del absentismo laboral", disminución cifrada en un 40 % dentro de una muestra de organizaciones con

---

[47] INSTITUTO DE LA MUJER. *De la conciliación a la corresponsabilidad: buenas prácticas y recomendaciones* [en línea]. Madrid: Instituto de la Mujer (Ministerio de Igualdad), 2008 [citado septiembre 2019]. Serie Observatorio n° 10. URL: <bit.ly/1GpiyRq> Pp. 90 y ss.

planes en marcha.[48]

En el diseño de los planes de igualdad y la consecuente adopción de medidas conciliatorias interviene algo más que un genuino interés por el bienestar de los miembros que componen una entidad, así lo reflejan algunas hipótesis en torno a la verdadera motivación y articulación de aquellas: se ha sugerido que en la gestión de recursos humanos, condicionada tanto por los intereses y la propia lógica de la organización como por marcos legales o guías de actuación extraterritoriales, operan diferencias basadas en la cualificación o nivel jerárquico al que se pertenezca. Tales diferencias propiciarían una política selectiva de beneficios disímiles o más propiamente la "dualización" de plantilla:

Los grupos cualificados, y por ello mejor posicionados en la escala, tendrían capacidades ampliadas de decisión en lo que respecta al manejo de su tiempo de trabajo, prestaciones familiares o discrecionalidad para el uso de espacios temporales extraordinarios; su privilegio es que "la conciliación estaría inscrita en acuerdos individuales, a veces informales, basados en relaciones de confianza entre los niveles de decisión". En el extremo opuesto, los niveles más bajos o con menos influencia quedan sujetos a acuerdos generales que aplican para el conjunto de trabajadores (contratos colectivos), por tanto, sus medidas de conciliación se tornan mucho más limitadas ciñéndose por ejemplo a "cláusulas relativas a la jornada laboral continua, posibilidades de combinar el trabajo a turnos o a permisos regulados".[49] En todo caso, la lectura es sencilla e indica que los empleados cualificados interesan más y deben ser fidelizados a través de ciertos incentivos; el resto obtendrían sólo aquello que

---

[48] FUNDACIÓN ALARES. *Medidas para la conciliación más implantadas en las empresas españolas. Evolución 2007-2013* [en línea]. Madrid: Fundación Alares, mayo de 2014 [citado septiembre 2019]. URL: <bit.ly/2mdUZJ2> Pág. 7 y 10
[49] CARRASQUER OTO, Pilar y MARTÍN ARTILES, Antonio. *Op* cit. Pp. 133-134

la ley prevé y para ambos casos es factible echar mano de las iniciativas que concilian trabajo/familia.

¿Para qué conciliar?

Individuos y empresa: dos visiones antagónicas

Presos de crisis económicas cíclicas, mutaciones en los valores sociales y una cultura que enaltece la individualidad, hace tiempo que la organización humana se ordena e interpreta bajo lentes instrumentales. Es ya un tópico ser "un número más" o "parte de la estadística". La conciliación de la vida laboral, familiar y personal apelaría al rescate de otro ser humano, uno multidimensional: el individuo (esfera personal); el ciudadano (esfera social); el miembro de una familia (esfera familiar) y el trabajador (esfera profesional).

Dimensiones todas vitales y casi siempre en conflicto que, para no ser atropelladas o ignoradas, precisan de pactos entre el mercado, los Estados e individuos/familias, sin excluir al resto de actores sociales.

CONFLICTOS TRABAJO/FAMILIA. CONSECUENCIAS

Ámbito social	• Bajos índices de natalidad • Falta de medidas que faciliten la armonización trabajo-familia • Condiciones de trabajo inestables para las generaciones más jóvenes • Altos índices de divorcio • Exceso de horas de televisión y videojuegos en la vida de los niños Incremento del fracaso escolar de los alumnos
Ámbito empresarial	• Dificultades para incorporar empleados claves • Rotación de personal • Falta de movilidad • Absentismo • Problemas de expatriación en las trayectorias multinacionales • Mal ambiente laboral • Menor rendimiento laboral
Ámbito personal	• Necesidad de optar por trabajo o familia • Interrupciones de carreras profesionales • Burn-out • Estrés • Depresiones

Fuente: IESE Business School/Centro Internacional Trabajo y Familia. Noviembre 2014.

A. Cirujano, refiere parte de los desequilibrios sociales y económicos que enfrentan familias e individuos actualmente al no disponer de tiempo material para hacer frente a sus necesidades y la de sus seres queridos, entre ellas el cuidado y educación de calidad para los hijos:

Acaba el día y aparece un claro sentimiento de pérdida, de anhelo; la madre y el padre, no han podido disfrutar de los suyos. Esta es la vida diaria de una familia común en España, y la reiteración de estos acontecimientos es lo que potencia el crecimiento de conflictos entre sus miembros.

Esta situación, que es generalizada en nuestro país confluye en una dificultad tanto económica como social a nivel global. Que las familias estén sobrecargadas, converge en una baja rentabilidad en su trabajo.[50]

Si desde el punto de vista de familias e individuos las razones para conciliar trabajo/familia son casi obvias, no lo son tanto las de la empresa. ¿Por qué se interesan en los programas de conciliación?

En el plano de la sociedad e instituciones este empeño se generaliza como resultado natural de sus propias transformaciones, materializadas en una serie de factores como la creciente preocupación por la igualdad de género y la educación infantil; evolución en modelos familiares; demandas para elevar calidad de vida; avances tecnológicos en la sociedad de la información tendentes a abrir nuevos espacios de trabajo; mayor cuidado en la gestión del capital humano y estímulo de las tasas de natalidad. Para las empresas, como parte central de estos cambios, no queda otra opción sino adherirse a la tendencia imperante, en especial aquella de economías desarrolladas donde cobra especial importancia la calidad de vida de los ciudadanos. Así pues, aunque no existe evidencia empírica clara respecto a la

---

[50] CIRUJANO, Ana Eva. "Ranking de las empresas que concilian". *Estudios de Política Social y Laboral* [en línea]. Instituto Internacional de Ciencias Políticas. 23 de diciembre 2013 [citado septiembre 2019]. N° 1. URL: <bit.ly/2kdCmEm> Pág. 2

rentabilidad que aporta a un negocio, parece que sí hay una percepción generalizada sobre los beneficios derivados de ser una empresa familiarmente responsable.[51]

El perfil de los corporativos españoles se caracteriza por modelos de gestión poco flexibles donde se valora el compromiso de los trabajadores en función del cumplimiento de jornadas laborales y/o su presencia física. En torno a 33 empresas de cada 100 manifiestan algún nivel de acuerdo con la idea de que estar comprometido implica trabajar muchas horas y tener plena disponibilidad horaria.[52] Dicho esto, el espontáneo interés del empresariado por el bienestar de sus colaboradores debe ponerse en entredicho a la hora de adoptar medidas para facilitar la conciliación. Se sabe que al menos para los Estados Unidos y España hay otros argumentos de peso que inciden en la integración de estas políticas tales como el tamaño de la empresa, porcentaje de mujeres trabajadoras, competitividad del mercado laboral y grado de preocupación por reclutar y retener talento.[53]

Concilia Madrid (ahora Programa CO-RESPONDE) comenzó como una iniciativa del Ayuntamiento de la ciudad para brindar servicios de consultoría y apoyo a empresas, de menos de 250 empleados, en temas de igualdad (implementación de políticas) y adopción de acciones que favorezcan la conciliación trabajo-familia. En sus programas de formación y sensibilización para agentes de igualdad en empresa se identificaban al menos

---

[51] ALBERT, Rocío; ESCOT, Lorenzo; FERNÁNDEZ, José A. y PALOMO, Mª. Teresa. "Las políticas de conciliación de la vida familiar y laboral desde la perspectiva del empleador. Problemas y ventajas para la empresa". *Cuadernos de Trabajo Escuela Universitaria de Estadística* [en línea]. Universidad Complutense de Madrid, marzo de 2010 [citado septiembre 2019]. N° 2/2010. URL: <bit.ly/1DZWlcf> Pág. 2, 3 y 4

[52] ESCUELA DE ORGANIZACIÓN INDUSTRIAL (EOI). *La Responsabilidad Social Corporativa: Las Políticas Familiarmente Responsables de las Empresas en España* [en línea]. EOI, 2006 [citado septiembre 2019]. URL: <bit.ly/1H4HvAb> Pág. 107

[53] CHINCHILLA, Nuria y LEÓN, Consuelo. *Diez años de conciliación en España (1999-2009)*. Madrid: Grupo 5, 2011. Pág. 31

tres razones para sumarse a una política de equidad en la organización: motivos legales, imagen y oportunidad:

Las empresas con planes de igualdad gestionan mejor los riesgos derivados de faltas legislativas o de normatividad. Por otro lado, siempre que se aborda una cuestión socialmente sensible, como es el caso, es posible rentabilizarla comunicando, haciendo campañas y publicitando las medidas adoptadas. En el caso de la oportunidad, se refieren a los beneficios económicos que podría reportar un plan de igualdad, por ejemplo, calificación positiva desde las administraciones públicas para considerarles en la cesión de contratos públicos o subvenciones del gobierno.

Advierten, asimismo, que por experiencia han encontrado menos rotación, talento fidelizado a la compañía, compromiso de los trabajadores y mejoras a la imagen. No obstante, concluyen que aun habiendo un marco jurídico que sostenga todo esfuerzo encaminado al objetivo de conciliar, sin la implicación empresarial se pierde toda eficacia.

Entre los beneficios que señalan como evidentes se hallan:

- Protección a la infancia (proveer de cuidados y prevenir el fracaso escolar).
- Sectores económicos beneficiados (ocio y hostelería).
- Grupos vulnerables mejor atendidos (enfermos, mayores y dependientes).
- Empleados/as con menos estrés, más comprometidos y mejor formados.
- Trayectorias profesionales continuadas.
- Mejor funcionamiento de dinámicas sociales (al no hacer todos siempre lo mismo en las mismas franjas horarias hay impactos positivos en transporte, por ejemplo).[54]

---

[54] *Curso Políticas de Igualdad entre Mujeres y Hombres en la Práctica Empresarial.* Concilia Madrid/UGT/CC.OO. Madrid: Cámara de Comercio de Madrid, 21,

Datos del *IESE Family Responsible Employer Index* (IFREI)[55] para España confirman lo antes expuesto: el cien por cien de empleados con hijos muestra compromiso a su empresa si hay políticas de conciliación, frente a un 22 % en el caso de individuos empleados en lugares donde se dificulta conciliar. Se expone la influencia decisiva del entorno laboral sobre los empleados de modo que mientras en un medio "enriquecedor" - en términos de conciliación- el 93 % de la gente está comprometida con su empresa, apenas 30 % lo está en un ambiente "contaminante"; esto significa que los primeros multiplican por cuatro el compromiso de sus empleados y los segundos multiplican por once la intención de abandonar la empresa.

El salario emocional, entendido como escucha activa y apoyo que ofrecen las empresas a sus miembros, tiene una relación directamente proporcional con el nivel de implantación de políticas conciliatorias: la diferencia porcentual es significativa y va desde el 31-38 % en organizaciones poco o nada implicadas con programas de conciliación hasta un 96-100 % para las más destacadas por sus esfuerzos en este terreno. En lo tocante a satisfacción 95 % de los colaboradores en empresa manifiestan estar satisfechos cuando realiza sus tareas en entornos conciliadores; 57 % expresa satisfacción en otros ambientes mucho menos estimulantes para conciliar. La insatisfacción es nueve veces superior en estos últimos.[56]

La OIT también ha identificado diferentes beneficios

---

23 y 26 de mayo 2014.

[55] Instrumento de diagnóstico creado por el Centro Internacional Trabajo y Familia de la Escuela de Negocios IESE (Universidad de Navarra). El modelo de investigación se utiliza en más de 20 países y evalúa aspectos como la implantación de políticas de conciliación, cultura y liderazgo en las organizaciones así como los efectos sobre las personas y la empresa.

[56] EDENRED e IESE Business School. *Efectos de la conciliación en el compromiso, la satisfacción y el salario emocional* [en línea]. Febrero de 2012 [citado septiembre 2019]. Estudio. URL: <bit.ly/19T2mZu> Pp. 14, 15, 19 y 24

individuales y para las empresas cuando se aplican políticas de conciliación:

Beneficios para el personal.

- Menor estrés por reducción de conflictos entre trabajo y responsabilidades familiares.
- Mejor ambiente laboral. Trabajadores que se sienten apoyados, valorados y necesarios. Trabajo en equipo más fluido y eficiente.
- Mejora en la moral y satisfacción con el empleo que da como resultado un aumento de compromiso, lealtad, productividad e innovación desde el personal.

Beneficios para las empresas.

- Mejora en la capacidad de la empresa para retener a los mejores trabajadores(as) en mercados competitivos.
- Reducción de rotación de personal y, por tanto, de costes en reclutamiento y capacitación.
- Baja de ausentismo y retrasos.
- Mejor desempeño y productividad por incremento de motivación del personal.
- Creación y mantenimiento de posición vanguardista e innovadora, lo cual mejora la competitividad.[57]

---

[57] OIT. *Lugares de trabajo que apoyan la conciliación: mejores empresas* [en línea]. Oficina Internacional del Trabajo. OIT, 2009 [citado septiembre 2019]. Notas OIT: Trabajo y Familia, n° 3. URL: <bit.ly/1hR6VHS> Pág. 2

Derechos del niño y parentalidad positiva

La protección a la familia ha sido tema central en la Unión Europea, especialmente en las últimas tres décadas. Su importancia rebasa argumentos tradicionales que ensalzan la función socializadora o de transmisión de valores éticos, culturales y sociales. Con la crisis y consecuente precarización de entornos económicos, sociales y demográficos se ha revalorizado su potencial para prevenir y amortiguar las consecuencias de problemas como el paro, enfermedades, vivienda, marginalidad o drogodependencias.[58]

Los ordenamientos encaminados a promover/regular la conciliación de la vida laboral, familiar y personal han sido diseñados en torno al eje de la igualdad de oportunidades y la no discriminación laboral femenina; en cambio, las políticas concretas intentan responder, al menos parcialmente, a problemas acuciantes como el envejecimiento poblacional, baja natalidad o riesgo de exclusión social. Por otro lado, las iniciativas conciliatorias que derivan de la transposición de recomendaciones europeas sobre el uso del tiempo, "tienden a centrarse en el momento del nacimiento del hijo y regulan fundamentalmente la ausencia temporal del trabajador de su puesto, olvidando las necesidades propias del ejercicio de la parentalidad positiva y del bienestar de la infancia".[59]

La agenda de la infancia y su derecho al cuidado ha sido un tema que, según expertos[60], se ha descuidado a límites

---

[58] INSTITUTO DE POLÍTICA FAMILIAR (IPF). Evolución de la Familia en Europa 2014 [en línea]. Madrid: IPF, noviembre 2014 [citado septiembre 2019]. URL. <bit.ly/2ktC9ND> Pág. 3

[59] SAVE THE CHILDREN. *La conciliación de la vida laboral y familiar en España: Una oportunidad para promover y proteger los derechos de la infancia* [en línea]. Madrid: STC, abril de 2013 [citado septiembre 2019]. URL: <bit.ly/1zKbKKq> Pp. 6-7

[60] *Cfr.* Gonzalo Franjul. Reporte *Los niños de la recesión: el impacto de la crisis económica en el bienestar infantil en los países ricos.* UNICEF/Innocenti Research Centre.

insospechados dando lugar a futuras consecuencias irreversibles y desastrosas para, por ejemplo, el sistema económico, sanitario, penitenciario y en general la productividad y competitividad incluso de países desarrollados como España.

El Comité de los Derechos del Niño (ONU) ha reconocido el creciente impacto sobre el disfrute de los derechos humanos en general y los de la infancia en particular, causado por la empresa globalizada en el desarrollo de sus operaciones que tienden a la descentralización, externalización y "privatización de las funciones del Estado".

El documento oficial de su 62° periodo de sesiones hace hincapié sobre el rol de los gobiernos como garantes de todos los derechos asentados en la Convención sobre los Derechos del Niño, sobre todo frente a vulneraciones empresariales. Por ejemplo, los del artículo 6, sobre su derecho a la vida, la supervivencia y el desarrollo sostiene que

Cuando las prácticas de empleo de las empresas requieren que los adultos realicen largas jornadas de trabajo, los niños de más edad, especialmente las niñas, pueden tener que asumir las obligaciones domésticas y de cuidado de los niños que corresponden a sus padres, lo que puede afectar negativamente a su derecho a la educación y al juego; además, dejar a los niños solos o al cuidado de hermanos mayores puede tener repercusiones en la calidad de la atención y en la salud de los niños más pequeños.

Ante esta situación, asegura que el cumplimiento del artículo 6 implica introducir en el sector empresarial políticas favorables a la familia como licencias parentales "suficientemente remuneradas" y otras disposiciones que consideren la relación horas de trabajo-desarrollo infantil.[61]

El llamado para que las políticas públicas ofrezcan apoyo a la familia e infancia no es nuevo, pero desde el comienzo de la

---

[61] ONU. *Observación general N° 16 (2013) sobre las obligaciones del Estado en relación con el impacto del sector empresarial en los derechos del niño* [en línea]. Comité de los Derechos del Niño, 62° periodo de sesiones (14 de enero a 1 de febrero de 2013). CRC/C/GC/16. 17 de abril 2013 [citado septiembre 2019]. URL: <bit.ly/18ikixz> Pág. 3 y Parte III C, números 19 y 20. Pág. 7

crisis los indicadores sociales que refieren la situación de los niños y niñas han empeorado: incremento de pobreza, recortes en presupuestos públicos destinados a servicios básicos, tasas de desempleo elevadas de adultos a cargo, privación material, etc. Pese a que la inversión de recursos destinados al bienestar de la gente -en el más amplio sentido de la palabra-, tiene una influencia decisiva sobre el modelo de sociedad de una nación "no es descabellado afirmar que en España, en términos generales, las inversiones en los niños son todavía una responsabilidad predominante de los padres y madres, mientras que los beneficios […] se comparten entre todos".[62]

Las familias donde nacen y crecen estos niños y niñas no siempre tienen las condiciones económicas, sociales y laborales necesarias para responder a las exigencias de su rol social, entre ellas, procurar bienestar material y emocional; este último dependiente no sólo de relaciones afectivas sanas sino de cuidados de calidad mantenidos en el tiempo. En virtud de la importancia que ello tiene para el desarrollo óptimo de la infancia se hace urgente el impulso de medidas (legislativas, administrativas, políticas y financieras) para ejercer una parentalidad positiva. Este último término, definido por el Consejo de Europa como "el comportamiento de los padres enfocado hacia el interés superior del menor", implica entre otras cosas "ofrecer a los hijos cuidados y atenciones adecuados".

Otros argumentos a favor del equilibrio trabajo/familia destacan la "influencia que tienen las interacciones tempranas en la maduración del sistema nervioso y el desarrollo psicológico del niño o la niña"; hay pruebas -aseguran- de la

Relación directa entre las experiencias positivas de apego seguro (las que ofrece un cuidador estable, que brinda las respuestas adecuadas a las necesidades del bebé) y el desarrollo óptimo de las estructuras cerebrales que intervienen en la regulación de las emociones. En sentido contrario […] la

---

[62] UNICEF. *La infancia en España…Op cit.* Pág. 8

influencia que tienen las experiencias derivadas de un vínculo traumático (resultantes de un apego inseguro o ambivalente) sobre el desarrollo inadecuado de algunas funciones cerebrales. Este es el caso de los niños criados en ambientes de negligencia física, afectiva (como los niños que crecen en instituciones, sin una figura de apego estable de referencia) o víctimas de maltrato. [63]

Organizaciones internacionales que defienden los derechos de la infancia advierten sobre la oportunidad que se tiene para prevenir la violencia hacia este colectivo mediante la mejora de las políticas de conciliación y corresponsabilidad, especialmente necesarias para las familias monoparentales o aquellas más expuestas a la vulnerabilidad (familias numerosas, migrantes, con miembros discapacitados, etc.) que no cuentan con una red de apoyo para hacer frente a la crianza de los hijos.

91.9 % de los españoles y españolas considera que ser testigo del desarrollo de los hijos/as es el mayor placer de la vida. Creen que la jornada completa de trabajo para las mujeres hace que se resienta la vida familiar (58.8 %) o que la ausencia de la madre de un menor en edad preescolar, por trabajo, les perjudica (50.4 %). Afirman mayoritariamente (61.8 %) que la familia debe ser el principal proveedor de cuidados de un menor.[64]

Save the Children, concluye en un reporte que "la conciliación debe concebirse como una herramienta de protección de las familias, especialmente de los niños y las niñas, y como una inversión de futuro beneficiosa para el conjunto de la sociedad". UNICEF, por su parte, apuesta por un pacto de Estado capaz de reparar en el hecho de que "los niños importan, de que su valor social va mucho más allá del ámbito doméstico, de que no son sólo un asunto de sus familias (que lo son) sino de todos, de que el coste de desatenderlos es enorme y de que la apuesta política y social por ellos es posible y necesaria".[65]

---

[63] SAVE THE CHILDREN. *Op cit.* Pág. 4,5,6

[64] CIS. *Familia y Género II. Op cit.* Preguntas 1, 7 y 11.

[65] SAVE THE CHILDREN. *Op cit.* Pág. 9 y UNICEF. *La infancia en España...Op cit.* Pág. 9

Desafíos para la igualdad y conciliación

Liderazgo y cultura corporativa

La interconexión y globalización conectiva han producido complejidades añadidas a los cambios más "habituales" de toda sociedad. Se espera en todos los niveles del quehacer social una inmersión en lo complejo que derive en la aplicación de altas dosis de creatividad.

Esta idea extrapolada a los modelos de gestión empresarial cuestiona las formas tradicionales, basadas en cuotas de poder o jerarquías y control, en un momento donde se requieren procesos de transformación cultural:

El trabajo complejo (y, por lo tanto, creativo) es el que ofrece a las empresas ventajas competitivas únicas y duraderas, [...] es difícil de replicar, cambia constantemente y requiere de un mayor conocimiento tácito, el cual se basa en el aprendizaje que la organización esté abierta a encarar. El conocimiento tácito que fructifica con el aprendizaje, es aquel que se desarrolla a través de conversaciones y relaciones sociales no necesariamente formalizadas en un organigrama.[66]

Ese conocimiento "tácito" se configura en las relaciones con el otro: desde la dimensión individual hasta la corporativa es la capacidad de tejer redes e integrarse en ellas para retroalimentarse y sobrevivir a los cambios en la dinámica de la complejidad. Una inteligencia colectiva que da cabida a lo diverso, es decir, a la multiplicidad de visiones y disciplinas. Entonces, se entendería que toda organización que se plantee gestionar su propia complejidad debe, necesariamente, conciliar en forma congruente los valores supuestos y declarados con los valores puestos en acción, pero también empoderar a los actores de este escenario.[67]

---

[66] SCHUSCHNY, Andrés. "Complejidad y gestión: 25+1 sentencias". *Blog Humanismo y Conectividad* [en línea]. 28 de febrero 2012 [citado septiembre 2019]. Sección Cambio de paradigma. URL: <bit.ly/yyJreC>
[67] *Ibid*

En septiembre de 2014 un par de decesos en las cúpulas empresariales más emblemáticas de España (Emilio Botín presidente de Banco Santander e Isidoro Álvarez de El Corte Inglés) dejaron sobre la mesa interrogantes en torno a la continuidad de un modelo de gestión basado en crecimiento económico, expansión del negocio y, sobre todo, un modo de trabajar que exigía dedicación casi exclusiva al empleo; o, por el contrario, la necesidad de instaurar nuevos timoneles que hagan virajes importantes en materia de capital humano, diversidad, igualdad y conciliación.

Las voces de líderes políticos y del mundo de los negocios coinciden en señalar que en las compañías de este siglo hay retos ineludibles:

[...] Sus líderes necesitan abordar un acercamiento holístico que frecuentemente conduce a reformas fundamentales en el cómo reclutar y retener empleados; cómo asesorar y financiar a las mujeres con elevado potencial; cómo sensibilizar a los directivos en diferentes estilos de liderazgo; cómo manejar las políticas de equilibrio trabajo-vida para que no perjudiquen a las mujeres; cómo empoderar a las mujeres en toda la cadena de suministro; y cómo llevar iniciativas eficientes de responsabilidad corporativa para que apoyen a las mujeres y niñas. [...] El adecuado contexto del liderazgo es crítico, y debe ser acompañado de un conjunto holístico de prioridades, compromiso de largo plazo y una profunda comprensión del corporativo, industria, contexto cultural y entorno de políticas locales.[68]

A pesar de la evidencia sobre los beneficios de aplicar políticas de conciliación en la empresa hay indicios de que una de las barreras más importantes a vencer es el viejo liderazgo masculinizado que impera en el mundo de los negocios. No son sólo estereotipos de uso público sino cualidades observables que algunos autores han subrayado como esenciales a la hora de gestionar una empresa.

---

[68] FORO ECONÓMICO MUNDIAL. *The Global Gender Gap Report 2014*. Pág. 45

La sombra del "eterno masculino" ha sido tema de reflexión para algunos intelectuales que analizan la modernidad donde "el espíritu empresarial no puede desligarse por completo del espíritu de audacia y de aventura, del gusto por el desafío, de una voluntad de ganador y de 'jugador'.[69] El precio del éxito pasa por mostrarse más osado y dispuesto a asumir riesgos, lo cual, ciertamente obliga a las mujeres a fundirse en el espacio competitivo que ignora o desprecia las capacidades de "otro" estilo de liderar y, por supuesto, sus logros individuales en un sistema supuestamente meritocrático.

Imposible despreciar la ocasión de ilustrar este escenario a través de las posturas defendidas desde el Círculo de Empresarios (España) el 02 de octubre de 2014.

La asociación de ámbito nacional aglutina a personas físicas, propietarios y altos directivos de las empresas más influyentes en España y, algunas, del mundo. Su entonces presidenta, Mónica de Oriol y de Icaza, participaba en la XXV Asamblea Plenaria del Consejo Empresarial de América Latina (CEAL) donde dejó escapar algunas ideas políticamente incorrectas, según sus propias palabras, frente a más de doscientos presidentes de empresas iberoamericanas:

¿Quién llega a director en una compañía? Desde luego no el que se va a las tres de la tarde y quiere conciliar. Y no es que las mujeres se vayan a las tres de la tarde... ¡es que quieren conciliar! No es que están obligadas a conciliar, es que cuando le preguntas a una mujer a esos treinta y cinco cuando tienen su primer hijo [...] es que no quiere seguir en la carrera profesional, no quiere volver a casa a las nueve de la noche, coger un avión el sábado pa'llegar a Miami, el lunes a París y el viernes estar en Frankfurt. Entonces la realidad es que llegar a los puestos directivos no se puede conseguir con cuotas, no se puede conseguir con una realidad regulatoria y sólo se puede conseguir si la mujer sabe que el sacrificio para llegar a un puesto

---

[69] LIPOVETSKY, Gilles. *La tercera mujer*. 3ª edición. Barcelona: Anagrama, 1999. Pág. 275

directivo tiene un precio y es: o te casas con un funcionario o tienes un marido que le encantan los niños.[70]

Pese a que la señora Oriol admite haber llegado a cargos de responsabilidad gracias a las cuotas femeninas, trasluce para que una mujer tenga acceso a la cumbre de su carrera profesional no hace falta una red legislativa que garantice oportunidades, sino un alto sentido del sacrificio, entendido este como renuncia absoluta a una vida fuera del trabajo o a la posibilidad de ser madre frente a la amenaza inminente de ser una indeseable si se transita en la franja etaria de la fertilidad.

Tras explicar que en el ámbito privado una mujer vuelve de su baja maternal al mundo del trabajo "blindada" durante años (protegida contra despido) "lo haga bien, mal o regular", se quejaba de que "esta protección a la mujer desvincula la permanencia en el puesto de trabajo a su alineamiento con los intereses de la empresa", dando como resultado una productividad "enormemente" reducida. Una consecuencia más -añade- es que "el director de recursos humanos elige a un hombre antes que a una mujer". Sin duda las frases más polémicas y reproducidas fueron las siguientes:

[…] *estamos generando tal cantidad de regulación en este país o en Europa para favorecer a la mujer que lo que la estamos es aislando de una carrera profesional. […] yo lo único que os digo es que prefiero a una mujer de más de 45 o de menos de 25 porque como se quede embarazada nos encontramos con el problema.*

Los medios de comunicación esparcieron las declaraciones que minutos más tarde desatarían una avalancha de reacciones: calificativos como "bochornoso", "insultante", "atrasada", "rebosante de machismo" o "bruta" y "troglodita" se acompañaron de peticiones formales para dimitir. La Federación Española de Mujeres Directivas, Ejecutivas, Profesionales y

---

[70] CONSEJO EMPRESARIAL DE AMÉRICA LATINA. *Mujeres en empresas latinoamericanas, clave del éxito.* XXV Asamblea Plenaria. Madrid: 02 de octubre 2014. Intervención de Dña. Mónica de Oriol minuto 33:54" a 35:05".

Empresarias (Fedepe) advertía de una invitación a la ilegalidad al discriminar este perfil de trabajadoras; más contundente aún la opinión de Carmen Sanz Chacón, presidenta de Mujer y Empresa: "[…] si no podemos tener hijos, no sé quién nos va a pagar las pensiones mañana". "Producir -dijo- no es una cuestión de horarios sino de organización y es perfectamente factible poder trabajar y desarrollar una jornada intensa y tener hijos".[71]

En todo caso ha sido una escena *sui géneris* por dos razones: la primera es que sea precisamente una mujer, madre de seis hijos y empresaria, quien de voz a tales planteamientos; la segunda es que representa plausiblemente a un empresariado (mayoritario) que sigue considerando la maternidad como lastre para su progreso económico.

Fuente: www.lavanguardia.com. 03 de octubre 2014.

Tras el aluvión de críticas no faltaron las reflexiones con

---

[71] [s.d] "Mujeres directivas: 'Si no tenemos hijos, ¿quién paga las pensiones?'". *El País* [en línea]. 03 de octubre 2014 [citado septiembre 2019]. URL: <bit.ly/YZCgzc>

respecto a la pertinencia de la legislación que protege a las mujeres, su trabajo y maternidad; hubo quien justificó el dilema empresarial frente a dos candidatos (hombre y mujer) que, en efecto, tienen un coste de oportunidad distinto para quien les contrata y se cuestiona la predilección femenina hacia puestos de trabajo menos comprometidos que les concedan libertad para atender la carga del trabajo reproductivo.

En el reporte *Análisis de la brecha salarial de género en España* (marzo 2019), la Confederación Española de Organizaciones Empresariales (CEOE) anota como un factor que incide en las diferencias salariales las "diferencias en los rasgos psicológicos y habilidades no cognitivas de hombres y mujeres". Si bien advierte que estos supuestos son autoría de "distintos estudios", no cita las fuentes y explica:

"…Mientras que las mujeres presentan ventajas en áreas como las relaciones interpersonales, los hombres parecen contar con una mayor propensión a asumir riesgos y a negociar y competir".[72]

Dichas consideraciones, en un reporte público que da voz al sector privado y pretende encontrar soluciones, fue ampliamente criticado por sesgos y falta de seriedad a la hora de evaluar un desajuste crítico como la discriminación salarial. "¿Deberíamos las mujeres, según la CEOE, mejorar nuestras habilidades de negociación o formarnos en habilidades que conlleven riesgo para cobrar lo mismo que cobran los hombres?", preguntaba en una columna periodística[73] la magistrada Mar Serna.

---

[72] CEOE. *Análisis de la brecha salarial de género en España. Identificando las causas para encontrar las soluciones* [en línea]. Comisión de Igualdad y Diversidad. PricewaterhouseCoopers Asesores de Negocios, S.L. Marzo 2019 [citado marzo 2019]. URL: <bit.ly/2WAaOq8>

[73] SERNA, Mar. "La brecha salarial: excusas de mal pagador". *Eldiario.es* [en línea]. 09 de marzo 2019 [citado 02/04/19]. Sección Tribuna Abierta. URL:<bit.ly/2uEu6ib>

Coherencia legislativa y diálogo social

Se espera del trabajo legislativo protección, equilibrio de derechos y libertades y garantías de entornos justos que den paso al pleno desarrollo de capacidades en el ejercicio de ciudadanía. No obstante respecto a los avances que han traído las leyes para la igualdad y conciliación trabajo/familia, en general, puede decirse que aún ningún ordenamiento jurídico ha favorecido la renovación del sistema tradicional de roles de género y división social del trabajo. Alentar el respeto por el cuidado o elevar a la categoría de necesidad todo trabajo no remunerado son tareas inconclusas en la agenda legislativa nacional.

Ciertas estrategias proyectadas desde la Unión Europea en el ámbito de la igualdad y conciliación han dado pasos atrás en España por las políticas de austeridad que se sucedieron tras la crisis económica de 2008. Los recortes sociales que impactaron negativamente a las ayudas para la dependencia, reducción de empleos públicos (donde hay altas tasas femeninas) y otras medidas en curso tienen evidentes costes de género, por ejemplo, el Real Decreto Ley 3/2012, de 10 de febrero, de medidas urgentes para la reforma del mercado laboral.

El Impacto de la reforma fue origen de desacuerdos en la propia subcomisión para la racionalización de los horarios, la conciliación y la corresponsabilidad en el Congreso español. Distintos portavoces criticaron su influencia negativa refiriéndose a aquella como "un ataque frontal a la conciliación, porque da libertad al empresario para organizar parte del horario" (Susana Ros-PSOE). En otro sentido, también se le cuestionó por precarizar el trabajo a la sombra de argumentos como la racionalización horaria (Almudena Fontecha- Igualdad UGT).[74]

---

[74] CARBAJOSA, Ana. "Salir antes del trabajo es posible… si los políticos quieren". *El País* [en línea]. 27 de julio 2015 [citado 27/07/15]. URL:

Con la entrada en vigor de la citada ley se advirtieron claras amenazas al derecho de los y las trabajadoras para hacer ajustes temporales en su jornada de trabajo por razón de cuidado familiar. Para la catedrática de derecho del trabajo y de la seguridad social, María A. Ballester Pastor, el ordenamiento jurídico laboral no sólo desprotege a los más débiles sino que los hace más vulnerables:

[…] la reforma de 2012 ha establecido, por alteración del art. 37 ET, una reducción en los derechos que facilitan la compatibilidad y el derecho a la presencia, provocando un claro efecto de expulsión laboral de aquellos trabajadores/as incapaces de asumir las responsabilidades familiares en un contexto de generalizada abstención, social y empresarial, en la gestión del cuidado. Las consecuencias pueden ser devastadoras [...] puede terminar siendo un instrumento empresarial de despido a coste cero.[75]

Si bien el trabajo de la UE en materia de conciliación se ha desarrollado exponencialmente de un desde los años 70, la discrecionalidad de cada Estado miembro bien puede diluir el potencial de las acciones propuestas como resultado de incongruencias a la hora de actuar sobre la realidad nacional.

Un ejemplo más de ello es la noticia publicada el 15 de febrero de 2013 sobre un caso que sentaría precedentes para la igualdad de género en el trabajo:

Respaldado por la Secretaría de Igualdad de la Central Sindical independiente y de Funcionarios (CSI-F), un trabajador de prisiones en Ciudad Real cuya pareja no tiene actividad retribuida, padres ambos de mellizos, gana el permiso de lactancia hasta ese momento otorgado por ley sólo a las mujeres

---

<bit.ly/1gfkRw1>

[75] BALLESTER PASTOR, Mª Amparo. "De cómo la reforma operada por el RD Ley 3/2012 ha degradado el derecho fundamental a la conciliación de responsabilidades". *Revista de Derecho Social*. Bomarzo. Año 2012, n° 57. Pp. 99-100

con empleo, salvo aquellos casos en que ellas mismas solicitaran por escrito que fuese cedido al otro progenitor.

La petición había sido desestimada por la subdelegación de gobierno provincial en enero del mismo año. A su vez CSI-F calificó el acto como medida "sexista y discriminatoria" procediendo a recurrirla hasta que, poco menos de un mes más tarde, se diera la razón a los alegatos presentados. Uno de ellos, quizá el más ejemplarizante, fue la necesaria desvinculación entre permiso de lactancia y el acto de dar pecho dado que "la lactancia natural se puede sustituir por un biberón de leche artificial o un sacaleches"; dicho de otro modo, se equiparaba la lactancia al acercamiento, cuidado y/o tiempo compartido con los hijos (derecho y obligación de ambos progenitores) en vez de utilizar el término como sinónimo del hecho biológico de amamantar.

El Estado español está desde entonces, a consecuencia de este fallo legal, obligado a extender este permiso a todo funcionario, ayudando a la conciliación y corresponsabilidad entre padres y madres: "[…] aunque la mujer no trabaje, no tiene por qué dedicarse de manera exclusiva al cuidado del recién nacido -también puede buscar trabajo, formarse y, por supuesto, disfrutar de su tiempo libre- si el varón, de manera paralela, puede ejercer su condición de padre corresponsable", sostenía en un comunicado CSI-F.[76]

El ideal comunitario de la igualdad no siempre encuentra eco en la legislación de acogida. En este sentido se ha criticado[77] la transposición española de la Directiva 2010/18/UE que aplica el acuerdo marco -revisado- sobre permisos parentales, cuyo objetivo es fomentar el reparto equilibrado en las tareas de cuidado/crianza de los hijos. El documento comunitario sugiere,

---

[76] [s.d] "Los funcionarios disfrutarán del permiso de lactancia aunque la madre no trabaje". *El País* [en línea]. 15 de febrero 2013 [citado 21/02/13]. Sección Sociedad. URL: <bit.ly/Tnsioq>

[77] *Cfr.* LOMBARDO, Emanuela. "La política de género de la Unión Europea: ¿Atrapada en el 'Dilema de Wollstonecraft'?". *Op cit.*

entre otras medidas, que el permiso sea un derecho intransferible y periodos más extensos de disfrute (hasta cuatro meses), obligación que España no cumple cabalmente:

Con la Ley para la Igualdad Efectiva de Mujeres y Hombres (2007) se crea, como una de las medidas más innovadoras, la figura del "permiso de paternidad" reconociendo un plazo mayor a dos días sin suspensión de contrato como era norma hasta entonces. Si bien se marca un punto de inflexión, los permisos entre progenitores tuvieron hasta hace poco márgenes de duración tan disímiles que resultaba complicado sostener el argumento de legislar para promover la corresponsabilidad:

Para las madres 112 días ininterrumpidos; ampliables en caso de parto, adopción o acogimiento múltiple, discapacidad y/u hospitalización del recién nacido. Tras el periodo de descanso obligatorio de seis semanas, inmediatas al parto, se inicia el espacio que comprende las diez semanas restantes (o más en supuestos de ampliación) susceptible de ser compartido con el otro progenitor, de forma simultánea o sucesiva con el de la madre.

La prestación por paternidad, mucho más limitada, de carácter optativo y no transferible, tenía las siguientes características:

- 13 días ininterrumpidos, ampliables en 2 días más por cada hijo a partir del segundo, en los supuestos de parto, adopción, acogimiento múltiples.

- 20 días, cuando el nuevo nacimiento, adopción o acogimiento se produzca en una familia numerosa o que adquiera, por este hecho, dicha condición, o cuando en la familia existiera una persona con discapacidad en grado igual o superior al 33 por ciento. Se ampliará en 2 días más por cada hijo a partir del segundo, en el supuesto de parto, adopción o acogimiento múltiples.

- 20 días, cuando el hijo nacido, adoptado o acogido tenga una discapacidad de al menos un 33 por ciento.

La disposición transitoria novena de la Ley de Igualdad, sobre ampliación de la suspensión del contrato de trabajo, afirmaba lo siguiente: "el gobierno ampliará de forma progresiva y gradual, la duración de la suspensión del contrato de trabajo por paternidad [...] hasta alcanzar el objetivo de cuatro semanas de este permiso de paternidad a los 6 años de la entrada en vigor de la presente Ley", es decir, durante el año 2013.

En junio de 2009 la Comisión de Igualdad del Congreso de los Diputados aprobó las cuatro semanas en votación y unos meses después se publica la ley 9/2009, de 6 de octubre, de ampliación de la duración del permiso de paternidad en los casos de nacimiento, adopción o acogida, misma que originalmente establecía como fecha de entrada en vigor el 1° de enero de 2011. Tras una modificación[78] esta fecha se pospuso para el 1° de enero de 2016 y tampoco en ese momento fue posible echar a andar la medida.

Los últimos años de la XII legislatura en España han sido calificados de excepcionales y no sin razón: el independentismo catalán ha provocado graves fisuras socio-políticas y prosperó la primera moción de censura en democracia, lo cual daría un giro completo al rumbo del país. Se echaba al presidente en funciones, Mariano Rajoy, cuyo partido (PP) quedaba marcado por vínculos a tramas corruptas (vid. Caso Gürtel/sentencia Audiencia Nacional). En paralelo, se investía al Secretario

---

[78] *Cfr.* Ley 36/2014 de 26 de diciembre, de Presupuestos Generales del Estado para el año 2015.

General del PSOE, Pedro Sánchez, como nuevo presidente para este periodo transitorio que aspiraba, según sus discursos de los días posteriores, a recuperar la "normalidad democrática" y convocar elecciones anticipadas cuanto antes.

En este contexto convulso, las decisiones en torno al permiso de paternidad -largamente aplazadas- no podrían sino tener el mismo sello:

El breve y frágil gobierno del presidente Sánchez (junio 2018-marzo 2019), con apenas 84 diputados, recurrió a coaliciones con otras formaciones políticas que, en última instancia, no fueron útiles a la hora de salvar los Presupuestos Generales del Estado en febrero. 191 diputados votaron a favor de las enmiendas a la totalidad, devolviendo el proyecto de cuentas públicas a los socialistas, ahora sí, forzados a anunciar la convocatoria de elecciones generales para el 28 de abril 2019.

El golpe político era reflejo de una evidente incapacidad de acción y falta de apoyos. Finalmente, el ejecutivo de gobierno y su gabinete echan mano de los Decretos Ley para sacar adelante (y a toda prisa) una serie de medidas sociales entre las que se incluye la equiparación gradual de los permisos de paternidad:

Es en el último Consejo de Ministros antes de disolver las Cortes (viernes 1º de febrero de 2019) donde se aprueba la disposición que contempla un aumento de las cinco semanas del permiso en vigor a ocho; doce semanas en el año 2020 y, finalmente, para hacer plenamente equiparables las licencias entre hombres y mujeres, a 16 semanas para ambos en el 2021. La publicación en el B.O.E. sufrió dos retrasos y se produce hasta el 7 de marzo bajo el título Real Decreto-ley 6/2019, de 1 de marzo, de medidas urgentes para garantía de la igualdad de trato y de oportunidades entre mujeres y hombres en el empleo y la ocupación.

Los apoyos necesarios para convalidar en el Congreso este decreto se consiguen en la sesión de la Diputación Permanente del 03 de abril con el único voto en contra del Partido Popular.

Pese a que la medida podría leerse como una buena noticia para la corresponsabilidad, no ha gustado del todo a diferentes organizaciones civiles y feministas que esperaban total libertad de los progenitores en la gestión de ese tiempo de baja en función de sus necesidades; esto debido a que la organización de los permisos obliga a ambos progenitores a tomar, simultáneamente, un tramo de las primeras semanas sin opciones para alternar o procurar que los varones se hagan cargo de los cuidados en solitario. De igual modo, la discusión en torno al coste económico que tendrá este cambio no deja de alimentar cuestionamientos, controversia y malestar: las estimaciones de esta fase inicial rondan los 250 millones de dinero público que, con el tiempo, ascenderían a más de 1,100.

Llegada la fecha en que este Decreto-ley tiene plenos efectos se inaugura una nueva etapa para facilitar la corresponsabilidad de los hombres en los cuidados del menor: a partir del 1 de abril de 2019 los progenitores distintos de la madre disfrutan de ocho semanas.

Queda por ver si la amenaza de Pablo Casado, líder en funciones del Partido Popular, en el sentido de recurrir estas medidas ante el Tribunal Constitucional, finalmente se cumple pese a que los expertos señalan la votación en el Congreso como respaldo decisivo para invalidar toda sospecha de inconstitucionalidad.

En los gráficos que siguen se expone claramente condiciones, plazos y prestaciones acordadas a partir del Decreto-ley.

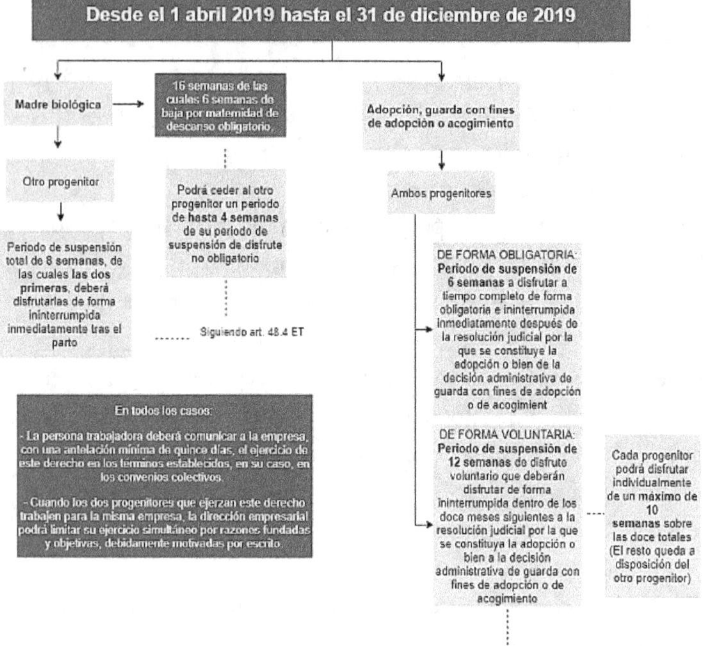

Fuente: JCandamio web de información jurídica <www.iberley.es>, [marzo 2019].

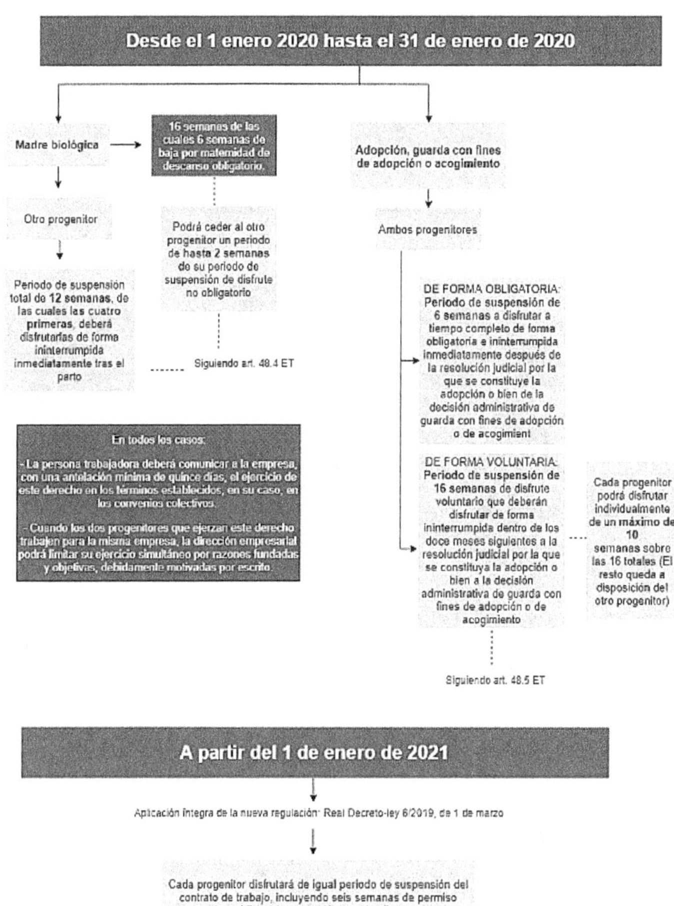

Fuente: JCandamio web de información jurídica <www.iberley.es>, [marzo 2019].

Los permisos de paternidad y actuaciones europeas en el marco del Pilar Europeo de Derechos Sociales se han analizado brevemente en un memorándum[79] publicado por la Comisión Europea en agosto de 2018.

Cita evidencias sobre los beneficios potenciales que tienen estos permisos para trabajadores, hijos, padres, madres y familias, por ejemplo, su influencia en el reparto de trabajo doméstico o la relación positiva entre cuotas de empleo femenino y participación masculina en el trabajo no remunerado.

En líneas generales, 17 países de los 28 miembros de la Unión han alcanzado en sus ordenamientos el mínimo de dos semanas de permiso por nacimiento de un hijo, no obstante sólo 13 ofrecen esa baja con remuneración adecuada o well-paid paternity leave, definida como "al menos el 66% de las remuneraciones previas" dado que cualquier otro porcentaje por debajo de este umbral daría lugar a la "trampa del salario bajo".

Si bien los padres suelen tomar unos cuantos días posteriores al nacimiento de un hijo, raramente extienden ese periodo de cuidado y el dato más llamativo es que el 90% de padres europeos no hacen uso de su derecho a la baja. Más aún, sólo 10 estados de la UE cuentan con periodos de excedencia exclusivos para padres y, sin embargo, estos usualmente son transferidos a las madres.

---

[79] COMISIÓN EUROPEA. *Paternity and parental leave policies across the European Union. Assessment of current provision.* [en línea]. Directorate-General for Employment, Social Affairs and Inclusion. Luxemburgo: Publications Office of the European Union, 2018 [citado abril 2019]. URL: <bit.ly/2tt6DQN>

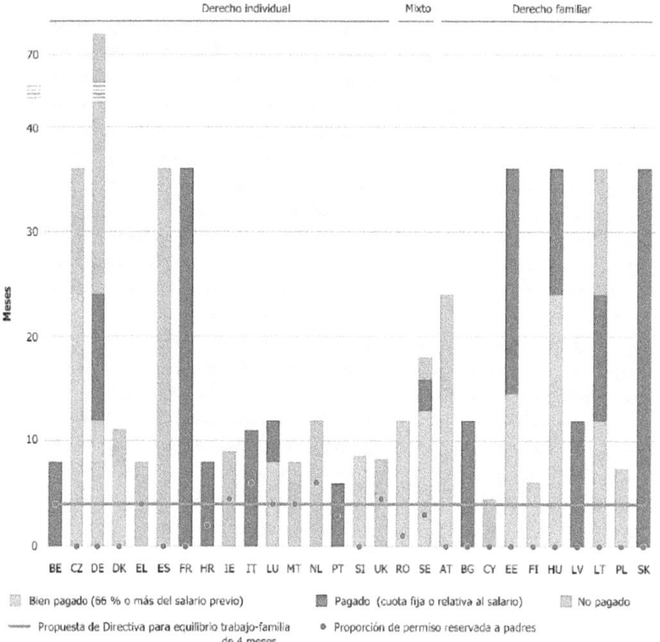

Fuente: Comisión Europea. Paternity and parental leave policies across the European Union. Assessment of current provision, 2018.

** Nota- El gráfico no recoge las medidas recientes del gobierno español para equiparar progresivamente los permisos parentales. De mantenerse, España estará entre los países con mejores políticas para igualar y remunerar este derecho.

IV CONCILIAR: LA ESTRATEGIA "RESPONSABLE" EN EMPRESA

[…] la dimensión ética tiene en adelante su lugar en la construcción de la comunicación, en la evaluación de costes y ventajas:
El respeto riguroso de las normas morales es más un imperativo de relación pública, de acuerdo con el interés bien entendido de las firmas, que un deber categórico.[…] La ética ya no se identifica con la entrega generosa de uno mismo, en la era posmoralista esta es una 'inversión' estratégica y comunicacional al servicio de la imagen de marca y del crecimiento a largo plazo.

Gilles Lipovetsky. *El crepúsculo del deber.*

Responsabilidad Social y conciliación

Las sociedades contemporáneas no pudieron prever su transformación como resultado de la participación femenina en el mercado de trabajo. Los retos de este tiempo claramente han rebasado las capacidades y soluciones dibujando escenarios inimaginables.

Hombres y mujeres viven bajo una constante y es que la desigualdad impera privilegiando a unos y explotando a otras; esto es innegable sobre todo en lo tocante al trabajo remunerado y no remunerado. Siendo históricamente el rostro institucionalizado del cuidado, las mujeres son obligadas a armonizar las esferas laboral, familiar y personal aunque hacerlo sea una necesidad de todos. Sin embargo, poco se repara sobre los altos costes que, en el futuro y de manera colectiva, tendremos que sufragar si continúa esta inercia: descenso en tasas de natalidad; cambios en franjas etarias para contraer matrimonio y tener el primer hijo; reorganización de trayectorias laborales; menor participación femenina en la fuerza de trabajo; aumento de familias monoparentales; fracaso escolar en menores dependientes; inviabilidad de sistemas de protección social; niveles elevados de desafección y/o falta de compromiso en el trabajo, etc.

El sector privado tiene, sin duda, un papel crucial en el fomento de entornos igualitarios tanto como en el empoderamiento de las mujeres que aún no participan plenamente en/de la vida económica. Desde este punto de vista, el mundo corporativo estaría moralmente obligado a perseguir la observancia y defensa de principios constitucionales tanto como valores de igualdad y no discriminación para convertirse en instrumento de progreso social.

Así se advierte en la Ley Orgánica 3/2007, de 22 de marzo, para la igualdad efectiva de hombres y mujeres donde tienen espacio las acciones de responsabilidad social de las empresas en materia de igualdad. Dichas medidas, de carácter voluntario, podrán ser "económicas, comerciales, laborales, asistenciales o de otra naturaleza, destinadas a promover condiciones de igualdad entre las mujeres y los hombres en el seno de la empresa o en su entorno social".

ONU Mujeres y el Pacto Global de Naciones Unidas sostienen que "La igualdad es un buen negocio". Este fue también el subtítulo de un documento que en coautoría se hizo público en 2011: *Principios para el empoderamiento de las mujeres*. El contenido se propone ofrecer una serie de orientaciones para que desde el sector privado se impulse la igualdad en el lugar de trabajo, el mercado y la comunidad, admitiendo que

[...] a pesar de los éxitos alcanzados mediante la integración de principios y acciones a favor de la responsabilidad empresarial, la diversidad y la inclusión, la participación plena de las mujeres en el sector privado -desde el puesto de Director Ejecutivo a la plantilla industrial y la cadena de suministros- sigue siendo una utopía. Los estudios recientes indican que la diversidad de género puede ayudar a las empresas a demostrar que la conciliación entre los intereses individuales y colectivos es posible.[1]

Más que un buen negocio la igualdad debiera ser defendida como un imperativo democrático y el único camino posible a la justicia social, no obstante, en el mundo de los negocios es cuando menos curiosa la tendencia para "convencer" y presentar elaborados argumentos con matiz utilitario.

Esto podría explicar que ya bien avanzado el siglo XXI, la empresa dispuesta a integrar principios éticos y comportamientos más sensibles ante las demandas de la sociedad, comprende que la entidad llamada *cliente* no se encuentra fuera de la organización: también lo está dentro y tiene un lugar preponderante para el desarrollo de esta. Los colaboradores y sus familias son

---

[1] ONU MUJERES Y PACTO GLOBAL DE NACIONES UNIDAS. *Principios para el Empoderamiento de las Mujeres. La igualdad es buen negocio.* 2ª edición. 2011 [citado agosto 2019]. URL: <bit.ly/1M8taCd> Pp. 4-5

incubadora de afectaciones internas que deben atenderse.

El cuidado de ese "cliente interno" es hilo conductor entre la Responsabilidad Social Corporativa y las políticas de conciliación en la empresa. Cualquier programa orientado en este sentido se enmarca en un objetivo más amplio y ambicioso que legitima a la empresa como *ciudadano corporativo*, es decir, un miembro más con derechos y obligaciones, sin obviar, desde luego, los aportes en términos competitivos que genera una estrategia "responsable" de recursos humanos:

> *Las empresas comienzan a tener en cuenta que su imagen, sus decisiones y comportamientos generan una marca o un estilo a seguir a nivel social, y esto implica no sólo cumplir la legislación, sino que además deben tratar de mejorar la calidad de vida de sus empleados, de la sociedad y de sus clientes.*[2]

La alianza de la RSC y la igualdad de género en el quehacer empresarial, es una práctica cada vez más habitual y hasta rentable: adoptar iniciativas de igualdad crea un halo positivo en términos de imagen corporativa y reputación. No obstante, en buena medida ha sido la presión ejercida desde fuerzas ajenas a la empresa lo que ha contribuido a replantear estructuras tradicionales -casi obsoletas- de organización e incentivos: la propia dinámica de mercados globalizados donde el talento es un bien accesible pero escaso; procesos marcados por la inmediatez y competencia; crisis económicas, particularmente esta última cuyo génesis se vincula a mala praxis corporativa al más alto nivel; vindicaciones feministas y de representantes de los trabajadores; movimientos sociales y otras fuerzas sociales coordinadas han sido motor de cambio.

---

[2] INSTITUTO INTERNACIONAL DE CIENCIAS POLÍTICAS. *Segundo Estudio sobre la Situación de la Conciliación en España 2014*. Madrid: Instituto Internacional de Ciencias Políticas, 2014. Pág. 3

Bien por razones cosméticas o porque exista un auténtico compromiso transformador, las organizaciones comprenden, cada vez más, el valor de respetar las diferentes dimensiones vitales de sus trabajadores y trabajadoras. Esta conciencia, por desgracia, no se traduce en mayor flexibilidad o apoyos concretos a la familia, la maternidad, la conciliación y el cambio cultural (creencias, valores, hábitos, estereotipos, prejuicios, prácticas, etc.) dentro y fuera del trabajo.

Si desarrollo social y comportamiento empresarial tienen una relación estrecha e ineludible, la RSC con enfoque de género es la oportunidad para materializar modelos productivos, sostenibles y más humanos. Un paso de gran calado para las organizaciones si comprenden que ninguna toma de decisiones es neutral al género y, por tanto, que esta requiere un análisis de impactos diferenciados para orientar políticas efectivas.

La constancia de un verdadero ejercicio de responsabilidad se manifiesta -sólo en parte pero significativamente- mediante la integración de la perspectiva de género en operaciones, procesos internos y sistemas de gestión en la empresa. Más aún, la responsabilidad social de las empresas no es siquiera concebible a menos que proponga un programa de acción hacia la igualdad entre hombres y mujeres, ello implica, para empezar, la asunción de compromisos como agente social de primer orden y ofrecer condiciones de justicia y equidad en todos sus procesos y operaciones.

De momento los progresos son desalentadores y la prioridad es, qué duda cabe, ganar dinero, a veces a cualquier coste. Ser ético es caro y, sin embargo, absolutamente imprescindible si de ello depende el futuro de todos. Que las empresas cumplan escrupulosamente con las leyes y colaboren con las fuerzas sociales dedicadas a mejorar la calidad de vida de sus miembros en temas estratégicos (léase salud, educación, bienestar económico, protección ambiental e igualdad, entre otros) son mínimos exigibles e innegociables donde los gobiernos tienen enorme peso.

Para las empresas responsables, gobiernos comprometidos y ciudadanos conscientes queda aún larga andadura…

Áreas de actuación destacables en Responsabilidad Social Corporativa

La RSC refiere invariablemente a la GESTIÓN.

Los capitales que administra una organización no se limitan al financiero o de manufactura. Algunas propuestas en el marco del reporte en RSC identifican cuando menos seis capitales que, además de los dos ya mencionados, incluyen al social/relacional; humano; intelectual y natural.[3]

Conciliación como práctica de RSC

CAMBIO SOCIAL

ADAPTACIÓN DE LA EMPRESA

- Nacimiento del gran corporativo (mitad del siglo XIX).
- Activismos y sensibilización social (mov. feminista, medioambiental, etc. 70-80´s)
- Globalización (80´s en adelante).
- Consolidación del discurso ético en los negocios (fin década de los 90 y hasta hoy).

RESPONSABILIDAD SOCIAL CORPORATIVA (RSC):

"La responsabilidad de las empresas por su impacto en la sociedad". Definición de la UE (2011).

---

[3] *Cfr.* INTERNATIONAL INTEGRATED REPORTING COUNCIL (IIRC). *Consultation Draft of the International Framework* [en línea]. Abril de 2013 [citado septiembre 2019]. URL: <bit.ly/2jWf9Xf> Pág. 11

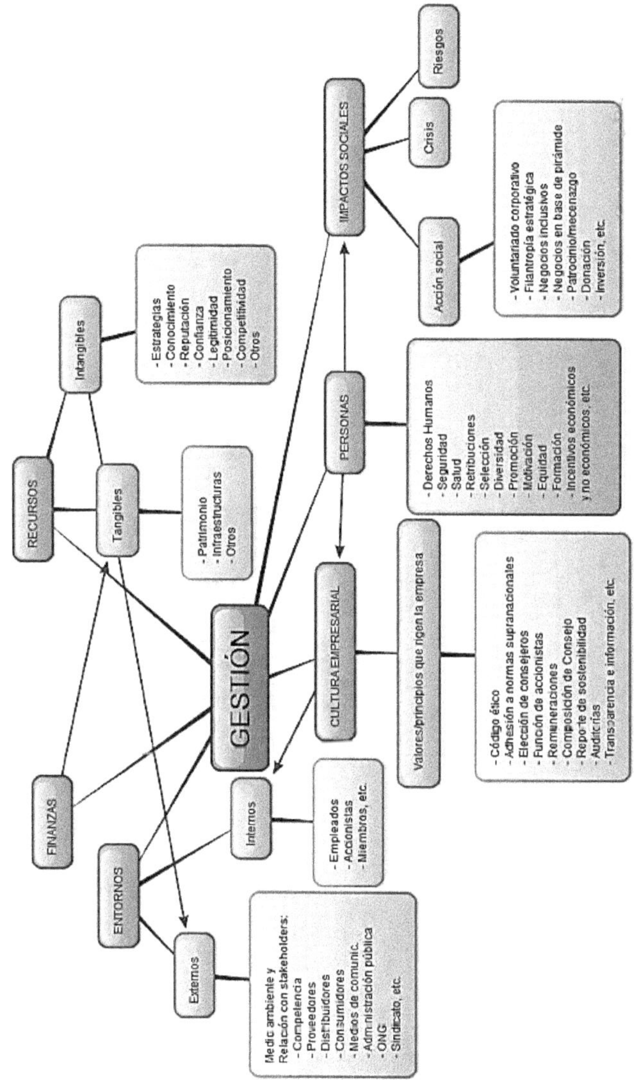

Fuente: Elabración propia

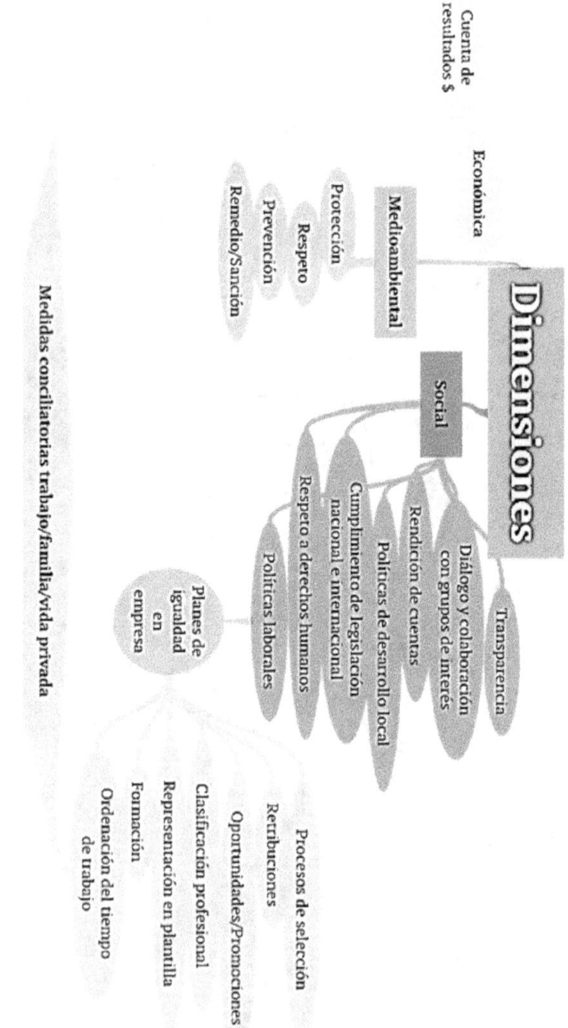

Fuente: Elabración propia

Responsabilidad Corporativa sin igualdad

El 9 de octubre de 2013 se celebró en Madrid el primer Encuentro Mujer y Responsabilidad Social Corporativa organizado por el Área de Responsabilidad Social Corporativa del Instituto Complutense de Estudios Internacionales. Entre los temas abordados destacan las barreras que experimenta la trayectoria laboral de las mujeres; la situación de estas en la empresa; el talento femenino, la diversidad en el trabajo y, desde luego, la imprescindible alianza que hoy supone la RSC como herramienta de gestión para una economía más justa.

Se apelaba a la fuerza de las iniciativas que tomen, en este caso las mujeres de manera individual, para ganar espacios en un entorno de crisis que no ha facilitado ni el acceso ni la permanencia o la equidad en el trabajo. Helena Ancos, directora del área que llevó adelante este encuentro señalaba:

Cuando comenzó la crisis, muchos vaticinaban un mundo de oportunidades para la RSE. Seis años después, sin embargo, mientras que los datos económicos no dejan margen para una pronta recuperación, y la realidad social muestra signos de grave fractura, es necesario recurrir a la inteligencia colectiva como motor de cambio, y en especial, al papel de la mujer para liderar una nueva economía.

La crisis ha tenido consecuencias distintas para hombres y mujeres. Quizás el aspecto más letal ha sido el recorte del gasto público, que se deja sentir en el empleo público —el mejor empleador de las mujeres- pero también en los servicios sociales, tanto en la dimensión de la empleabilidad como en las políticas sociales que nos alivian en el cuidado de nuestros hijos y mayores, y lo tendrán también en nuestras pensiones.[4]

La diversidad, según evidencias, sí es rentable:

Más de la mitad de directivos encuestados por Grant Thornton respecto de las motivaciones empresariales para

---

[4] ANCOS, Helena. "Liderazgo femenino y Responsabilidad Social". *Expok* [en línea]. 16 de octubre 2013 [citado agosto 2019]. URL: <bit.ly/30MWXj7>

adoptar medidas de igualdad coinciden en que uno de los pilares fundamentales es "impulsar los resultados de la compañía" y, en un informe de 2015, establecían que "los beneficios no materializados por las empresas que contaban únicamente con varones en sus consejos de administración en la India, Reino Unido y Estados Unidos ascendían a 655.000 millones de dólares".[5]

Credit Suisse (2012) indaga en cerca de 2,400 compañías internacionales para revelar que el precio de las acciones en empresas que tenían al menos una mujer en sus Consejos se comportaba 26 % mejor que en aquellas donde prescindieron de ellas.[6] El Fondo Monetario Internacional señala que hay "evidencias de que la presencia de mujeres en las juntas directivas y en los altos cargos de gestión redunda en mejores resultados empresariales", y que las organizaciones con mujeres en cargos gerenciales estarían en situación ventajosa para atender mercados de consumo dominados por mujeres. Asimismo incide en que una diversidad de género extendida redunda en mejoras al gobierno corporativo teniendo en cuenta "una gama más amplia de perspectivas".[7]

La postura del Foro Económico Mundial conviene que

La innovación requiere ideas nuevas, únicas y las mejores ideas florecen en un ambiente diverso. Hay evidencia que prueba que las empresas se benefician integrando la mitad de la reserva de talento femenino en toda su estructura interna de liderazgo, que las mujeres pueden tener una propensión a la toma de decisiones más inclusivas e informadas, a involucrarse en comportamientos menos arriesgados y que los equipos en igualdad de género pueden ser más exitosos. Adicionalmente, en muchos países las mujeres constituyen más de la mitad de los graduados en educación superior y

---

[5]GRANT THORNTON. *Women in business: ¿cumplir o liderar?* [en línea]. Grant Thornton International, 2018 [citado agosto 2019]. URL:<bit.ly/2NCQfrS≥> . Pág. 15

[6] BANCO MUNDIAL (BM). *Op cit.* Pág. 6

[7] ELBORGH-WOYTEK, Katrin, *et al. Op cit.* Pág. 6

universitaria. Dado que comienzan a hacerse con la mitad de los puestos de trabajo inicial en diversas industrias, como evidencian los datos de varios países de la OCDE, es una pérdida para las compañías si estas mujeres altamente cualificadas son obligadas a elegir entre trabajo y familia en estadios posteriores de sus carreras. [8]

Si bien el liderazgo femenino trae aparejados innovación y progreso en la empresa, aún existen resistencias importantes que impiden vitorear logros concretos. Es precisamente por la crisis y en función de ella que esas resistencias se sobredimensionan hasta el punto de la parálisis para exigir mejores condiciones o el simple ejercicio de derechos elementales como la conciliación.

Pese a las suspicacias que genera, la Responsabilidad Social Corporativa podría ser palanca e inspiración de nuevos modelos de gestión empresarial más desarrollados y sensibles a las transformaciones sociales que se reflejan principalmente en sus miembros.

A la creación de empleo, una de las obligaciones arrogadas a la empresa, se le añaden recientemente calificativos como "digno", "de calidad" o "productivo" señalando así no sólo la inminente precariedad de aquel sino la urgencia de cambiar el estado de las cosas. Al respecto la Estrategia Española de Responsabilidad Social de las Empresas (aprobada en Consejo de Ministros en octubre de 2014) hace pronunciamientos:

Las organizaciones socialmente responsables, incluidas las administraciones públicas, deben prestar atención especial a la creación de empleo de mayor calidad para contribuir a un desarrollo sostenible de la sociedad.

Igualmente, deben resaltarse aquellas actuaciones que mejoran las condiciones de igualdad, conciliación, no discriminación y la inserción laboral de colectivos con mayores dificultades para acceder o mantenerse en el mercado

---

[8] FORO ECONÓMICO MUNDIAL (FEM). *The Global Gender Gap Report 2013*. Pág. 31

laboral y aquellos en riesgo de exclusión social, así como de mujeres víctimas de violencia de género.

La creación de empleo de calidad es la prioridad principal de nuestro país, y deben valorarse muy positivamente las acciones de las empresas que busquen y favorezcan la creación y el mantenimiento de empleo basado en la estabilidad, así como la formación y el desarrollo profesional de los trabajadores.

Además, deben poner en marcha prácticas que impulsen la diversidad en las plantillas para que estas sean un reflejo real de la sociedad en la que se desarrollan, así como garantizar, en todo caso, el cumplimiento de los derechos humanos y laborales.[9]

El plan 2014-2020 esboza, como puede leerse en su título, la estrategia a seguir en España para "favorecer el desarrollo de las prácticas responsables en las Administraciones Públicas y en las organizaciones públicas y privadas con el fin de que constituyan el motor que guíe la transformación del país hacia una sociedad y una economía más competitiva, productiva, sostenible e integradora". Fue un producto largamente esperado por distintos sectores interesados en la RSC española que advertían el retraso del país con respecto a sus homólogos europeos en la materia. Será el marco de referencia a nivel nacional.

Entre 10 líneas de actuación, es destacable la número cuatro: *Gestión responsable de los recursos humanos y fomento del empleo* donde además de pedir que las organizaciones contribuyan a la creación de puestos de trabajo de calidad y estables, se ocupen de la formación y diversidad en sus plantillas

El abordaje de este último asunto tanto como el de la igualdad de género se equipara en el documento a otras situaciones como discapacidad o exclusión social. Las mujeres (y

---

[9] MINISTERIO DE TRABAJO, MIGRACIONES Y SEGURIDAD SOCIAL. *Estrategia Española de Responsabilidad Social de las Empresas* [en línea]. Dirección General del Trabajo Autónomo, de la Economía Social y de la Responsabilidad Social de las Empresas. 29 de abril 2014 [citado agosto 2019]. URL: <bit.ly/32cfOo1>. Pág. 39

su derecho al trabajo en condiciones idénticas a la de los hombres) forman parte de otro "colectivo" más que ha sido desfavorecido socialmente, mismo que debe ser rescatado en aras de un "mercado laboral cada vez más global y enriquecedor". Así puede leerse en la medida número 22:

22.- Impulsar actuaciones para favorecer la diversidad en las plantillas, mediante una política de igualdad de oportunidades.

Tanto las Administraciones públicas como las empresas deben de fomentar la diversidad en cuanto al género, edad, discapacidad, origen cultural o étnico, entre otros criterios, más allá de los mínimos legales establecidos.

Estas políticas permiten a las organizaciones aprovechar los beneficios de la diversidad social y la integración de colectivos en riesgo de exclusión con el fin de promover un mercado laboral cada vez más global y enriquecedor y capaz de abrir oportunidades de empleo a todos los colectivos que, además, contribuya a garantizar la igualdad retributiva.

La número 23 se aboca a la conciliación aportando pocos detalles sobre el cómo, quién y qué se hará para alcanzar las metas propuestas, en especial lo relativo a corresponsabilidad:

23.- Impulsar actuaciones dirigidas a facilitar la conciliación de la vida personal, familiar y laboral de los trabajadores y la corresponsabilidad en la asunción de responsabilidades familiares y de cuidado.

El objetivo es favorecer la aplicación de fórmulas como el teletrabajo, de mecanismos que permitan la organización flexible del trabajo, y otras que faciliten la racionalización de los horarios y la conciliación de la vida personal, familiar y profesional.

Asimismo se promoverán prácticas empresariales "familiarmente responsables", a través del apoyo a iniciativas en este ámbito.

El trabajo de seguimiento y evaluación del Plan Nacional de RSC será coordinado por la Dirección General del Trabajo Autónomo, de la Economía Social y de la Responsabilidad Social de las Empresas quien deberá presentar anualmente un reporte ante el Consejo Estatal de la Responsabilidad Social de las Empresas (CERSE) y la Conferencia Sectorial de Empleo y Asuntos Laborales a fin de medir el grado de ejecución y desarrollo de la RSC en España.

Diversidad y Consejos de Administración

La igualdad de género es un asunto espinoso incluso para los grandes preceptores como la Unión Europea, señalada por no predicar con el ejemplo:

En la terna de 28 comisarios que se renovaron con el triunfo como presidente de la Comisión Europea del conservador Jean-Claude Juncker (2014), no figuraba formalmente sino una mujer. Entre rumores y declaraciones fugaces, se hizo presente el bochorno de los recién llegados a la cabeza de la organización europea, al punto de obligarles a negociar sobre futuras asignaciones de cartera: "quienes presenten una mujer, tienen más posibilidades de lograr una dirección general de peso", afirmaron fuentes diplomáticas. En paralelo, las nueve féminas salientes de la administración anterior dieron visibilidad al asunto enviando una carta a Juncker para solicitarle que incorporara al menos 10 mujeres al nuevo ejecutivo comunitario, es decir, un tercio del total.[10] La primera semana de septiembre las presiones de la Eurocámara dieron frutos y se adjudicaron nueve lugares en el ejecutivo comunitario a mujeres.

En España la Ley Orgánica 3/2007, de 22 de marzo, para la igualdad efectiva de mujeres y hombres (LOIEMH) pretendía

---

[10] [s.d] "Se buscan mujeres para la Comisión Europea". *CompromisoRSE* [en línea]. 21 de julio 2014 [citado agosto 2019]. URL: <bit.ly/1pbkVcN>

con su artículo 75 impulsar la participación de las mujeres en los Consejos de Administración de las empresas.

El texto íntegro del citado artículo dice así:

Las sociedades obligadas a presentar cuenta de pérdidas y ganancias no abreviada procurarán incluir en su Consejo de Administración un número de mujeres que permita alcanzar una presencia equilibrada de mujeres y hombres en un plazo de ocho años a partir de la entrada en vigor de esta Ley.

Lo previsto en el párrafo anterior se tendrá en cuenta para los nombramientos que se realicen a medida que venza el mandato de los consejeros designados antes de la entrada en vigor de esta Ley.

Ya vencido el límite para alcanzar los objetivos propuestos desde su aprobación, el panorama indica que se fracasa estrepitosamente:

El análisis de Informa D&B en 2018 revela que entre los corporativos españoles obligados por esta ley a tener más de 40 puntos porcentuales de presencia femenina en sus Consejos sólo 12.89 % cumple. En las sociedades mercantiles de más de 250 empleados (forzadas bajo el artículo 45 de la misma ley a elaborar un Plan de Igualdad) apenas el 11.73 %. El resto de empresas, no sujetas a reglamentación sobre el particular, escalan esa cifra al 25 %. Y aunque se podría asumir una ejemplar representación de mujeres en las empresas con participación estatal, de hecho, tienen en promedio 27.09 % de féminas en los Consejos de Administración.

Es obvio que el tamaño de las empresas se relaciona negativamente con la integración femenina a cargos de mayor responsabilidad. Las organizaciones más grandes y/o cotizadas en mercado bursátil presentan mayores resistencias para hacerlo. El porcentaje específico de mujeres en los consejos del IBEX ha evolucionado favorablemente llegando al 22.80 %, según datos de 2017.[11] Cifras todas muy lejanas a lo recomendado por la

---

[11] INFORMA D&B. *Presencia de las mujeres en la empresa española* [en línea].

LOIEMH.

	Sociedades Estudiadas	Sociedades con más de 40 % de mujeres en su CA	% Sociedades con más de 40 % de mujeres en su CA
Sociedades sujetas a art. 45 (Plan Igualdad)	2.908	341	11,73%
Sociedades sujetas a art. 75	16.018	2.064	12,89%
Resto Sociedades	1.014.810	257.240	25,35%

Fuente: INFORMA D&B. *Presencia de las mujeres en la empresa española.* 2019

El incumplimiento de leyes no es asunto menor, pero en este caso la explicación a la aparente parsimonia corporativa en el país tiene que ver con algunos "detalles" invisibles a ojos de todos los que no entendemos sobre legislación.

La Ley Orgánica para la Igualdad Efectiva de Mujeres y Hombres enfatiza desde su aparición ese carácter orgánico lo que significa elevarla al rango más alto en la jerarquía normativa española, justo por debajo de la Constitución. Era evidente deducir que todos sus preceptos también lo son, pero la realidad es que sólo tres de ellos tienen esa cualidad: las disposiciones adicionales primera, segunda y tercera. Dicho de otro modo, de los 129 artículos que configuran esta ley, 126 (incluyendo por supuesto el artículo 75) son normas ordinarias lo cual incide no sólo en su naturaleza sino especialmente en la fuerza de la instrucción.[12]

Madrid: marzo 2019 [citado agosto 2019]. Serie anual. Sección Estudios. URL: <bit.ly/2ZmCKnu>

[12] HUERTA, Mª Isabel y RODRGÍGUEZ, Daniel. "Mujeres en los Consejos de Administración (Art. 75 L.O. 3/2007): Un precepto ordinario en una Ley Orgánica". *Legaltoday.com* [en línea]. 01 de octubre 2009 [citado agosto 2019].

Al tiempo que algunos juristas se preguntaron cómo era posible que un mismo proyecto de ley permitiese que convivieran dos textos de naturaleza distinta, otros más reprocharon contradicciones evidentes:

Es difícil justificar que sí tenga carácter orgánico el concepto de "presencia o composición equilibrada" que incluye (de forma confusa e imprecisa en su redacción) la Disposición Adicional primera de la Ley Orgánica de igualdad, y que en cambio, el artículo 75 de la citada Ley Orgánica, que desarrolla ese mismo concepto en el ámbito concreto de los Consejos de Administración de las grandes sociedades mercantiles de capital pase a tener naturaleza de Ley ordinaria.

Y también es cuestionable que el artículo 75 de la Ley Orgánica de igualdad no tenga carácter orgánico en cuanto lo que hace es **desarrollar***, precisamente, el artículo 14 de la Constitución española* (donde se proclama el derecho fundamental a la igualdad y no discriminación por razón de sexo) *en un campo social en que es necesario introducir alguna medida de acción positiva para llegar a una "igualdad de resultados" y para evitar la perpetuación de una situación de discriminación por razón de género que el artículo 14 de la Constitución española, y su importante desarrollo jurisprudencial, son incapaces de erradicar desde una perspectiva de simple "igualdad formal".*[13]

Un vistazo a la evolución de los Consejos en el IBEX, en el periodo de 2005 a 2017, permite distinguir un ratio de incorporación femenina del 1.6 % anual. De continuar el ritmo se necesitarán 20 años más para llegar al equilibrio del 40-60 entre sexos al interior de los órganos de gobierno en las empresas cotizadas.

URL: <bit.ly/1rHQNbZ>
[13] *Ibid.*

	Nº de Mujeres Consejeras	% sobre el total
2005	17	3,30 %
2006	26	5,10 %
2007	30	6,00 %
2008	44	8,70 %
2009	50	10,20 %
2010	53	10,60 %
2011	61	12,10 %
2012	66	13,50 %
2013	75	15,60 %
2014	78	16,70 %
2015	90	19,60 %
2016	90	19,70 %
2017	103	22,80%

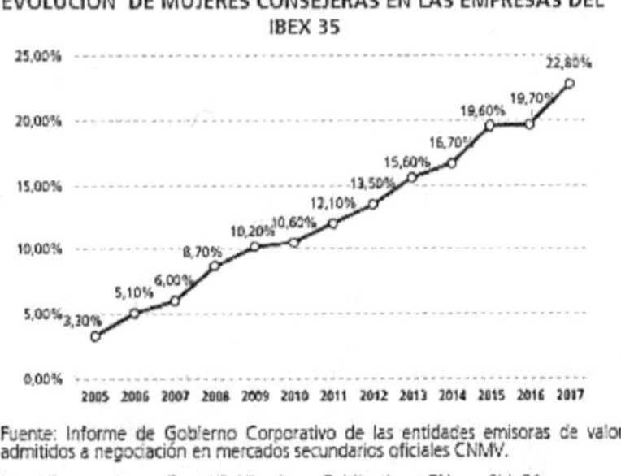

Fuente: INFORMA D&B. *Presencia de las mujeres en la empresa española.* 2019

Teniendo en cuenta el comportamiento, en términos de diversidad y equidad de género en las empresas, no hay indicios claros de que la legislación por sí misma sea incentivo suficiente para cambiar las cosas.

Así lo cree también Ana María Llopis, considerada por muchos como una de las mejores directivas que ha tenido España. La Dra. Llopis Rivas, ingeniera de materiales, trae consigo un currículum difícil de superar, pero sobre todo la experiencia en carne propia de las vicisitudes femeninas en el trayecto a la cima laboral:

Las leyes solas no consiguen resultados, se necesita que los que controlan circuitos informales y las redes de poder [...] actúen como agentes de cambio. Es necesario que se extienda a todas las empresas. Es fundamental que se instrumenten incentivos o penalizaciones fiscales para acelerar los procesos de cambio.

Parece que las redes de interconexión de los consejeros es un fenómeno sociológico de pequeños mundos con comportamientos no lineales.[...]Resistencias a consejeros independientes y a mujeres que no sean del club, "familia", proveedoras, amigas. Esto hace que muchos consejeros del IBEX repitan Consejos y estén en más de uno compartiendo con co-consejeros. Los que menos comparten lo hacen con 10; los que más comparten, con 72, en el IBEX-35; pero considerando todo el IBEX y algunas empresas no cotizadas, los hay que podrían estar compartiendo con más de 150 consejeros.

No queremos reconocer ni admitir que existen sesgos en los procesos de selección, de ascenso, de remuneración, pero existen. El proceso de selección de consejeros en un 94 por ciento de los casos se hace a propuesta o por designación del presidente. Y ese nombramiento a veces se hace sobre la base de estereotipos y "de los candidatos que conozco y me recomiendan", y en esos círculos, por lo general exclusivamente masculinos, hay una falta de conocimiento de posibles mujeres candidatas que yo diría es casi total.[14]

Difícil encontrar información que ayude a contrastar lo que, de hecho, convence por su coherencia. A pesar del secretismo, en mayo de 2014 una nota de prensa hacía públicos los cuestionamientos de la gestora de fondos Calvert al corporativo Coca Cola, entre ellos la falta de independencia de sus consejeros (algunos con más de 15 años en el cargo); remuneraciones no sostenibles o el doble papel como presidente y primer ejecutivo del Señor Muhtar Kent.[15]

Elena Gil, consejera española del holding empresarial del sector de las telecomunicaciones Jazztel opina que "esto es una cadena. En la base hay muchas mujeres, gran parte de las nuevas contrataciones, que se escogen por currículo, sin embargo, por el camino van pasando cosas que hacen que a lo alto de la pirámide lleguen muy pocas". Como Llopis, entiende que los nombramientos entre círculos de amistades o gente de confianza obstaculiza para las mujeres el acceso: "Las mujeres lo tienen más difícil por su escasa participación en estas redes sociales; no vale con el trabajo de hormiguita, por muy bueno que sea; hay que hacer networking".[16]

---

[14] LLOPIS, Ana María. "Orquestando la imparcialidad en las empresas españolas, sus consejos de administración y la alta dirección". En: OCKRENT, Christine (Dir). *Op cit.* Pp. 953, 961, 966 y 967

[15] MEDINA, Ana. "Los fondos de inversión obligan a las empresas a impulsar el buen gobierno". *Expansión.com* [en línea]. 19 de mayo 2014 [citado agosto 2019]. URL: <bit.ly/1lCQ2MC>

[16] GOSÁLVES, Patricia. "Más mujeres, señores consejeros". *El País* [en línea].

Datos del estudio *The 2013 Chief Executive Study* prueban que los Consejos de Administración promueven generalmente al puesto de CEO a directivos de la propia organización (llamados "insiders"). De hecho, el 78 % de los hombres que se convirtieron en consejeros delegados entre 2004 y 2013 fueron promovidos internamente (frente al 22 % de fuera de la empresa). Sin embargo, sólo el 65 % de las mujeres en ese mando, durante el mismo periodo, lo fueron desde dentro de las empresas (frente al 35 % reclutado fuera de estas).[17]

Globalmente una de cada cuatro empresas prescinde de participación femenina en cargos de alta dirección. La tasa de puestos directivos que ocupan las mujeres es de 24%.

La paradoja de las españolas, que ya son más de la mitad de los titulados superiores, es que ostentan sólo 20 % de los mandos en áreas estratégicas. Pese a que España está entre los 23 primeros países a la vanguardia en liderazgo femenino (ranking de Grant Thornton), el nivel de mujeres directivas en 2018 se ha congelado desde hace tres años.[18]

Evolución de la mujer en puestos directivos en España

ESPAÑA	2014	2015	2016	2017	2018
Número de mujeres en puestos directivos	22%	26%	26%	27%	27%
Empresas sin niguna mujer al mando	33%	31%	25%	22%	20%

Fuente: GRANT THORNTON. *Women in business: ¿cumplir o liderar? (2018).*

---

08 de junio 2014 [citado agosto 2019]. Sección Sociedad. URL: <bit.ly/1nssVYZ>

[17] [s.d] "Un tercio de los nuevos CEOs en grandes compañías internacionales serán mujeres en 2040, según un estudio". *Europapress* [en línea]. 20 de mayo 2014 [citado agosto 2019]. URL: <bit.ly/1nv8uh6>

[18] GRANT THORNTON. *Women in business… Op cit.* Pág. 20.

Los cargos funcionales que, es obvio, son antesala para ocupar asientos en el máximo órgano de gobierno siguen estando "secuestrados" por hombres: investigaciones sugieren que la mayoría de empresas en España (64.19%) no tiene mujeres directivas. Sólo un 9.45 % se permite no tener hombres en esa jerarquía. Para las empresas obligadas a elaborar planes de igualdad por el artículo 45 de la Ley Orgánica 3/2007 o Ley de Igualdad, la cifra de corporativos sin mujeres en dirección cae al 44.40%. Es destacable la inequidad proporcional en el número de directivos y directivas:

Numero de cargos Funcionales	Total Sociedades				Sociedades sujetas a art. 45			
	Sociedades con cargos Mujeres	% Sociedades con mujer directiva	Sociedades con cargos Hombres	% Sociedades con hombre directivo	Sociedades con cargos Mujeres	% Sociedades con mujer directiva	Sociedades con cargos Hombres	% Sociedades con hombre directivo
Ningún cargo directivo	99.531	64,19%	14.657	9,45%	1.142	44,40%	94	3,65%
Con 1 directivo	22.547	14,54%	24.867	16,04%	770	29,94%	405	15,75%
Con 2 directivos	15.435	9,95%	25.098	16,19%	398	15,47%	421	16,37%
Con 3 directivos	8.511	5,49%	27.492	17,73%	182	7,08%	534	20,76%
Con 4 directivos	5.099	3,29%	26.720	17,23%	54	2,10%	426	16,56%
Con 5 directivos	2.352	1,52%	17.165	11,07%	21	0,82%	285	11,08%
Con 6 directivos	1.053	0,68%	10.429	6,73%	3	0,12%	192	7,47%
Con 7 directivos	355	0,23%	4.838	3,12%	1	0,04%	120	4,67%
Con 8 directivos o más	185	0,12%	3.802	2,45%	1	0,04%	95	3,69%
Total	155.068	100,00%	155.068	100,00%	2.572	100,00%	2.572	100,00%

Fuente: INFORMA D&B. *Presencia de las mujeres en la empresa española.* 2019. "Sociedades sujetas al art. 45" refiere a sociedades mercantiles obligadas a elaborar un Plan de Igualdad o a cumplir con el art. 75 de la LOIEMH.

Las directivas del país se concentran en ciertas áreas como recursos humanos o administración y finanzas que perpetúan los roles tradicionales, incluso en estos mandos superiores:

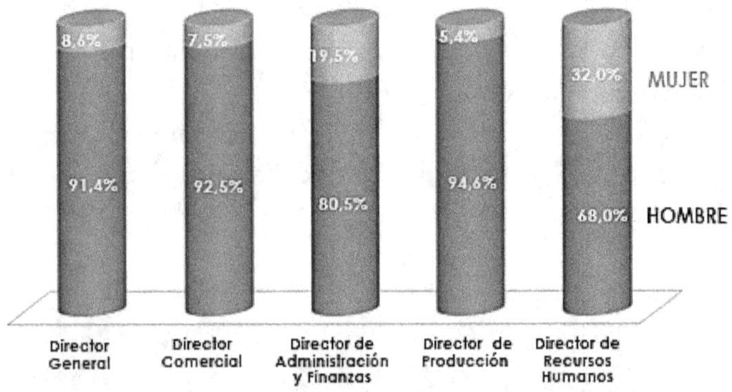

Fuente: ICSA GRUPO y EADA *Business School. Diferencias salariales y cuota de presencia femenina 2019*

El desarrollo en el tiempo de las retribuciones para mujeres directivas muestra un periodo de relativa estabilidad desde el año 2012, lo cual no puede leerse como un avance toda vez que las brechas superan porcentajes de años anteriores. En cambio, la presencia femenina en esos cargos cae 4.1% en el mismo periodo de diez años entre 2008 y 2018. Este último año se observa un modesto repunte que, sin embargo, no iguala los niveles alcanzados en 2008:

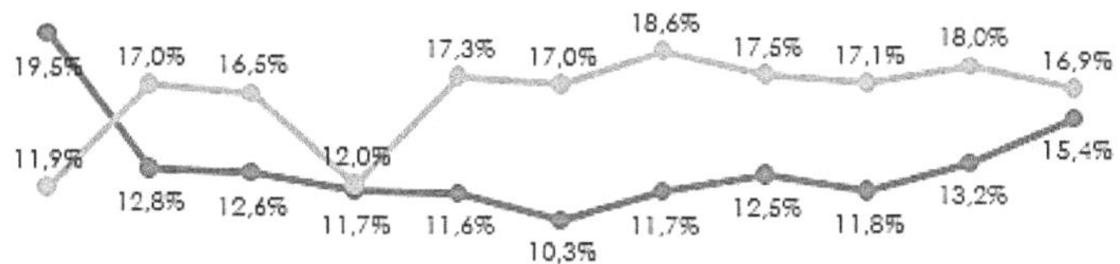

Fuente: ICSA GRUPO y EADA *Business School. Diferencias salariales y cuota de presencia femenina 2019*

Y, no puede obviarse que ellas siguen estando más cualificadas que ellos:

Nivel de formación en las posiciones directivas españolas

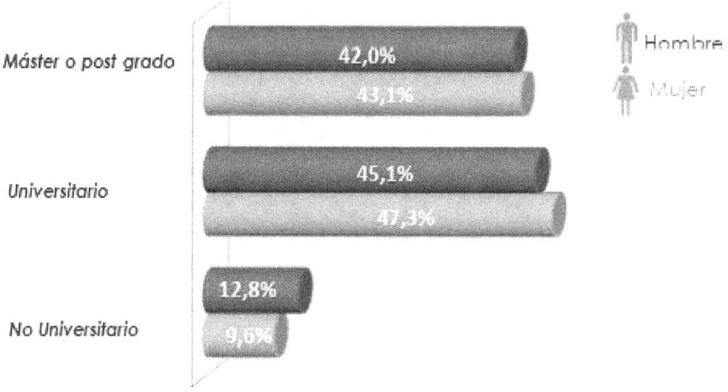

Fuente: ICSA GRUPO y EADA *Business School. Diferencias salariales y cuota de presencia femenina 2019*

Cuota femenina en Europa

El 14 de noviembre de 2012 se aprueba en la Comisión Europea una normativa vinculante que pretende cambiar la gestión y toma de decisiones en los corporativos que cotizan en bolsa en el mediano y largo plazo:

Viviane Reding, vicepresidenta de justicia, derechos fundamentales y ciudadanía en turno fue la cara visible en un "día histórico para el equilibrio entre géneros y para la igualdad" según sus propias palabras. La directiva que lideró "impondría" el 40 % de presencia femenina entre los cargos no ejecutivos de los Consejos de Administración de las empresas, meta que debería lograrse en plazos definidos: año 2020 para las entidades cotizadas y 2018 para las organizaciones públicas.

En su momento, los argumentos de Reding para explicar la urgencia de esta medida fueron, por una parte, beneficios económicos para el negocio y, por otra, el fracaso evidente de la autorregulación corporativa.

Se cuenta que en Bruselas, ciudad de los lobbies, este proyecto le robó el podio a los asuntos comunitarios que más pasiones arrancaron en el pasado, como la ley antitabaco. Entre dudas y reiteradas oposiciones (nueve países miembros de la UE y varios comisarios) finalmente se dio el visto bueno tras detallar el mecanismo de selección y posibles sanciones por incumplimiento, ambas precisiones usadas como excusas por algunos detractores para no tomar en serio el proyecto en sus comienzos.[19] Un año más tarde, en noviembre de 2013, vino el respaldo del Parlamento Europeo con 459 votos a favor, 148 en contra y 81 abstenciones. No obstante, el Consejo Europeo mantiene aún en fase de discusión el proceso.

---

[19] [s.d] "Bruselas impone una cuota femenina para empresas". *Ethic* [en línea]. 21 de noviembre 2012 [citado 21/11/12]. Sección Diversidad. URL: <bit.ly/TQhjg1>

Los puntos neurálgicos de la Directiva se resumen[20] a continuación:

- Se establece un objetivo del 40 % de presencia del género menos representado entre administradores no ejecutivos de empresas cotizadas en bolsa.

- La Directiva incluye como medida complementaria una "cuota flexible", la obligación de que las empresas cotizadas establezcan objetivos de autorregulación en cuanto a la representación de ambos sexos en los puestos ejecutivos en los consejos, que deberán alcanzarse a más tardar en 2020 (2018 en el caso de las empresas públicas). Las empresas deberán informar anualmente de los progresos realizados.

- Los principales criterios para ocupar un puesto en los Consejos serán méritos y cualificaciones. Se establece una armonización mínima de los requisitos de gobernanza de las empresas donde se incorporen garantías para asegurarse de que no se produzcan ascensos automáticos e incondicionales del género menos representado. Se dará preferencia al sexo menos representado, a menos que una evaluación objetiva que tenga en cuenta todos los criterios específicos de los candidatos individuales incline la balanza a favor del candidato del otro género.

- Los Estados miembros deberán establecer sanciones apropiadas y disuasorias para las empresas que incumplan la Directiva.

- Se espera que la propuesta afecte a 5,000 empresas en la

---

[20] COMISIÓN EUROPEA. *La Comisión propone un objetivo del 40 % de presencia de mujeres en los consejos de administración de las empresas* [en línea]. Bruselas: 14 de noviembre 2012 [citado 16/12/13]. Comunicado de prensa. URL: <bit.ly/18RNRm7>

UE y no se aplicará a las PyME (empresas con menos de 250 empleados y un volumen de negocios anual a nivel mundial no superior a 50 millones de euros). Asimismo se aclara que es una iniciativa de carácter temporal que expira en el 2028.

Algunas naciones europeas ya han tomado cartas en el asunto llevando a sus legislaciones el impulso a la inclusión femenina propuesta por la directiva de cuotas, es el caso de países como Noruega, Bélgica, Italia, Francia (con una cuota obligatoria desde enero de 2011), Austria y Holanda. Lo cierto es que, en general, la eurozona se opone en una media de 55 % a estas medidas, en Alemania el rechazo sube al 66 % y España no es mejor: 63 % de empresariado español discrepa, en tanto que sólo 5 % proyecta aumentar a sus directivas en plantilla. Los analistas internacionales opinan que "tanto en España como en otros países europeos que ha apostado por la autorregulación y las recomendaciones no vinculantes, estas se están demostrando claramente insuficientes".[21] El rotativo español *El País* dedicó varios artículos de investigación al tema en mayo de 2013. Se analizaron los datos enviados por 114 compañías cotizadas a la Comisión Nacional del Mercado de Valores. Los hallazgos cuantitativos están bastante alineados con las cifras que se presentaban antes en este mismo capítulo, esto es, que las mujeres son ya casi el 40 % de las plantillas, no obstante en puestos de mando siguen infrarrepresentadas: las directivas alcanzan un 22.4 %; la alta dirección 11% y en consejos de administración únicamente 10.5% con el siguiente matiz: la mayoría de estas consejeras "no forma parte del núcleo duro que toma las decisiones del día a día de las empresas, ya que son independientes o dominicales (representan a los accionistas

---

[21] GRANT THORNTON y FORBES INSIGHTS. *International Business Report 2013. Presencia de mujeres en puestos directivos: retroceso en España* [en línea]. Grant Thornton International, 2013 [citado agosto 2019]. URL: <bit.ly/2ML5xLw> Pág. 2 y 6

significativos). Sólo 3 empresas del conjunto estudiado cumplían con la Ley de Igualdad que propugna al menos 40 % de puestos de decisión para las mujeres: Jazztel, Realia y Corporación Dermoestética.[22]

La opinión de Luis Conde, presidente de una firma cazatalentos sobre la ausencia de mujeres en órganos de administración es que "se ve con buenos ojos que en la terna de candidatos a la contratación en puestos directivos haya presencia femenina, pero el perfil del candidato encaja mejor con el hombre". Para el consultor Carlos Alemany (Alemany & Partners) "a veces las que más se resisten a facilitar el acceso de las mujeres a la dirección de las compañías son las propias mujeres que ocupan puestos de mando, ya que creen que a ellas nadie las ha ayudado y están por sus propios méritos". [23]

La hora de las explicaciones corporativas respecto al desequilibrio de sexos en sus propias entidades es, sin duda, un pasaje de terror-ficción también recogido en este trabajo periodístico:

→ Vertice 360: "por razones ajenas a la compañía, el número de consejeras se ha visto reducido, de manera que a 31 de diciembre de 2012 no hay ninguna mujer que ocupe un cargo en el consejo".

→ Fersa: "dada la estructura y necesidades actuales de la compañía, no se ha encontrado ninguna candidata idónea. [...] A pesar de no haberse establecido ningún procedimiento particular al respecto, se están realizando acciones sistemáticas para incorporar una consejera".

→ Campofrío: explica la nula participación femenina en los

---

[22] SÁNCHEZ-SILVA, Carmen y FERNÁNDEZ, David. "Testosterona SA". *El País Negocios*. 12 de mayo 2013. Pp. 4-5. Los datos abarcan al 31 de diciembre de 2012

[23] SÁNCHEZ-SILVA, Carmen y FERNÁNDEZ, David. "Testosterona SA". *El País Negocios*. 12 de mayo 2013. Pp. 4-5. Los datos abarcan al 31 de diciembre de 2012

consejos debido al "escaso número de mujeres ejecutivas o con experiencia en el sector, adecuadas para el cargo".

→ Amadeus: "si la proporción de mujeres en el consejo es escasa (1 de 11) no es debido a ninguna otra razón distinta de que el perfil de los actuales consejeros es el idóneo para la sociedad".

→ Indo: "desde que en 2007 dimitiera por motivos personales la última consejera, el consejo ha estudiado la candidatura de mujeres sin haber encontrado las que cumplan con el perfil deseado".[24]

Otro artículo cuando menos curioso ilustró, también, las resistencias a favor de la imposición de las cuotas. Antonio Vives y Helena Ancos, referentes españoles en RSC, cuestionan en un mano a mano la conveniencia de que las empresas se vean obligadas a cumplir con porcentajes de puestos asignados a mujeres.

Vives desacredita la medida como estrategia positiva de largo plazo: "Las cuotas femeninas llevarían a que se promuevan algunas mujeres, no necesariamente competentes, que luego serán usadas para demostrar lo equivocado de las medidas y para denigrar a las demás mujeres competentes" decía. Pero ¿no sucede esto ya en cualquier empresa con aquellos varones "no necesariamente competentes" ocupando cargos de alto nivel? ¿Ello ha evidenciado lo "equivocado de las medidas" que operan desde hace siglos? ¿Se denigra así a otros hombres con talento? Quizá es más factible que la inercia sea precisamente la negación de oportunidades de ascenso en igualdad de condiciones a hombres y mujeres.

En otro párrafo sugiere que en vez de considerar "presiones numéricas externas" ha de desarrollarse un ecosistema de apoyo que permita a las mujeres en cargos directivos "desarrollar la

---

[24] FERNÁNDEZ, David. "Malabares para tapar la desigualdad". *El País Negocios*. 12 de mayo 2013. Pág. 7

experiencia y cualificaciones necesarias, con medidas de educación y promoción de tal manera de agrandar el pool sobre el cual se pueda contratar mujeres preparadas". Asumía que no existe un importante número de "mujeres preparadas" y capaces a las que no se ha valorado u ofrecido las condiciones para tomar esos retos. Terminaba su argumentación al rechazo de esta iniciativa anotando que incluir mujeres en los Consejos tiene beneficios, pero es preciso "mostrar esos beneficios para justificar la inclusión". Resaltemos el verbo justificar cuando se habla de inclusión.

En la esquina de las féminas, Ancos se refiere a los múltiples obstáculos que debe sortear una mujer y "no sólo los hay legales, y más o menos explícitos, sino hábitos, creencias, procedimientos y relaciones de poder. Y probablemente, estos últimos sean los más difíciles de combatir". Defiende las políticas de cuotas y sus razones se engloban en las siguientes aseveraciones:

1. Las políticas voluntarias y de incentivos positivos se han mostrado ineficaces.

2. La desigualdad crónica que vienen padeciendo las mujeres en el ámbito laboral requiere de una intervención activa y contundente porque su corrección no depende de "la aplicación de las normas existentes ni de incentivos" o "la buena voluntad de los empresarios".

3. Argumentos empresariales erróneos: incompatibilidad entre género y las actividades de algunos sectores (o lo que es lo mismo que las mujeres no valen para todo); resistencia a "cambios drásticos" en tiempos de crisis o quejas por vulneración de la libertad empresarial.[25]

Volviendo a la directiva europea cabe resaltar la dificultad para encontrar pasos contundentes hacia el objetivo de

---

[25] ANCOS, Helena y VIVES, Antonio. "Cuotas para las mujeres en los Consejos de Administración: ¿Qué opinas?". *Blog Cumpetere* [en línea]. 06 de septiembre 2012 [citado agosto 2019]. URL: <bit.ly/30Kg6St>

empoderar a las mujeres: si bien por un lado se ocupa de aumentar significativamente su número en los Consejos, por otra, organiza las condiciones de esa presencia femenina de modo que no tenga poder decisorio. En nombre del respeto a los intereses de la mayoría da la impresión de que han pesado más las demandas de los poderosos:

Se explica, por ejemplo, que el hecho de exigir un 40 % como porcentaje de equilibrio se daba a resultas de consensuar la posición de esa cifra ubicada entre la masa crítica mínima (30%) y la plena paridad (50%). La reserva de esta disposición a los puestos no ejecutivos respondió a "la necesidad de minimizar las injerencias en la gestión diaria de las empresas". La justificación fue más lejos cuando aseguraban que estos mandos de menor relevancia tienen influencia en los nombramientos y la política de recursos humanos lo cual, tendría un "efecto dominó positivo para la diversidad de género en toda la escala profesional". Asumiendo implícitamente que no hay suficientes mujeres preparadas ni con la trayectoria necesaria para optar a los cargos ejecutivos afirma que "la propuesta se abstiene de establecer un objetivo vinculante fijo para los administradores ejecutivos, debido a la mayor necesidad de tener conocimientos específicos y experiencia en la gestión diaria de la empresa".[26]

De igual forma, la delicadeza frente a la libertad de empresa y la de propiedad fue cuidada al máximo cuando el Tribunal de Justicia de la Unión Europea contempla que se incluya una "cláusula de salvaguardia": esta concede la posibilidad de "aplicar excepciones en casos justificados, teniendo en cuenta la situación individual, en particular, la situación personal de cada candidato" en aquellos casos donde concurran dos con las mismas

---

[26] COMISIÓN EUROPEA. *Propuesta de DIRECTIVA DEL PARLAMENTO EUROPEO Y DEL CONSEJO destinada a mejorar el equilibrio de género entre los administradores no ejecutivos de las empresas cotizadas y por la que se establecen medidas afines* [en línea]. COM(212) 614 final. Bruselas: 14 de noviembre 2012 [citado agosto 2019]. URL: <bit.ly/1kxZVPn> Pág. 9

cualificaciones.

Surgen interrogantes obligadas como ¿por qué no arriesgarse por una paridad absoluta del 50 % si se ha llegado tan lejos? ¿Por qué no desafiar la inercia empresarial en lo que respecta al nombramiento de altos cargos que, es sabido, responde al amiguismo más que a criterios objetivos? Y ¿cómo se asegurará la transparencia dejando abierta la puerta a la discrecionalidad que abriga una cláusula de salvaguardia tan generosa? La filosofía gatopardiana del cambiarlo todo para que no cambie nada trasluce en buena parte de la normativa:

Las medidas a tomar, asegura el texto, "no deben ir más allá de lo estrictamente necesario para lograr un avance duradero en la promoción de las mujeres en los consejos de administración de las empresas, sin injerirse en el funcionamiento de las empresas privadas y la economía de mercado".[27]

Este es sin duda un tema particularmente sensible: el gobierno corporativo de una empresa se entiende en muchos casos como la potestad de elegir qué reglas se han de seguir y cómo hacerlo sin justificaciones de por medio; sigue siendo terreno defendido a muerte por accionistas y directivos, sobre todo de las grandes empresas que se juegan muchos recursos, reputación o la supervivencia en ello.

Ya se ha dicho antes que la discrecionalidad para fijar lineamientos ha sido tema recurrente para los críticos de las organizaciones que pueden, por ejemplo, otorgar salarios escandalosos a sus gerentes o informar sobre algunos cuantos temas en los reportes obligatorios. Más aún, hasta ahora esa discrecionalidad ha otorgado cierta "impunidad" para excluir de los puestos de responsabilidad y Consejos de Administración a las mujeres.

España tiene una larga tradición de códigos y recomendaciones no sancionables en este terreno (Código

---

[27] *Ibid.* Pp. 7-11

Olivencia, Informe Aldama, Código Conthe y Código Unificado de Gobierno Corporativo). A consecuencia de la Directiva europea de cuotas femeninas, se ha pretendido cumplir con el mandato de llevar a la legislación nacional medidas de promoción a la igualdad y diversidad en las empresas:

El ejecutivo aprueba el proyecto de ley por el que se modifica la Ley de sociedades de Capital el 23 de mayo de 2014. Este paso era continuación de otras iniciativas previas e integraba las sugerencias normativas de la Comisión de Expertos en materia de Gobierno Corporativo presentadas en octubre de 2013. Si bien afecta especialmente a las sociedades cotizadas, se anunció con medidas "de calado en todas las sociedades".[28]

Entre las novedades más comentadas se halla la obligatoriedad de que el Consejo de Administración asuma responsabilidad en la estrategia de gestión de riesgos financieros o hacer públicas, mediante reporte anual, detalles sobre la remuneración de sus consejeros, procedimiento de selección, plazos de mandato, entre otros. Y, para las mujeres (casi invariablemente el sexo infrarrepresentado), establece que se expliciten objetivos de representación y acciones para alcanzar una mayor presencia femenina en Consejos de dirección y gobierno, tarea que deberá acoger una comisión de nombramientos y retribuciones, también de imperativa constitución.

¿Un paso importante? Quedan dudas dado que no hay obligación de llevar más mujeres a las cúpulas. De no cumplirse con los objetivos propuestos, sólo hay que dar algunas razones que lo justifiquen.

"Ha sido una decepción gigante, aunque no esperaba otra cosa" comenta Katharina Miller, abogada alemana que preside la

---

[28] [s.d] "Aprobado el proyecto de ley para la mejora del gobierno corporativo de las empresas". *La Moncloa* [en línea]. 23 de mayo 2014 [citado agosto 2019]. URL: <bit.ly/2ML9VKu>

Asociación de Juristas Alemanas en España y activista en la iniciativa Paridad en Acción que, desde el 2013, envía voceras a las juntas de accionistas del IBEX 35 para pedirles explicaciones sobre su lógica excluyente, de donde obtienen usualmente excusas, planes de futuro y buenas intenciones. "Para que el mensaje cale, es importante quedar bien con todo el mundo. [...] Nosotras al principio éramos abiertamente pro-cuota y hacíamos preguntas más agresivas, como en Alemania, pero hubo que suavizar el discurso: ahí nadie se ofende, pero en España no se critica abiertamente y está mal visto preguntar", asegura.[29]

Las consideraciones para reclutar y/o ascender a una mujer no sólo se fundan en sus capacidades o la objetiva evaluación de su trayectoria académico-profesional, pueden pasar por filtros variopintos como la valoración de posibles bajas maternales, reducciones de jornada y permisos especiales debido al tradicional rol de cuidadoras (hijos y otros dependientes) que se adjudica a las mujeres. Otro, más sofisticado si cabe, es que "en general [...] la idiosincrasia de las mujeres las hace más reacias a la asunción de riesgos" por lo cual algunos sectores pueden justificar la discriminación en los Consejos de Administración. Es el caso del sector bancario que, según investigaciones, tiene niveles relativamente bajos de participación femenina en la mayoría de países europeos y donde se ha comprobado:

- Una relación negativa entre riesgo bancario y diversidad de género (se cree que las mujeres no asumen tantos riesgos como los varones).
- Relación positiva entre el tamaño del Consejo del banco y proporción de mujeres directivas (se entiende que mientras más grande sea aquel, más oportunidades se ofrece a las mujeres).
- Relación positiva entre la estrategia de crecimiento del banco y la diversidad de género en el Consejo.[30]

---

[29] GOSÁLVES, Patricia. *Op cit.*
[30] ANCOS, Helena y VIVES, Antonio. "¿Por qué no aprovechan el potencial de las mujeres?. El caso del sector bancario". *Blog Cumpetere* [en línea]. 05 de

La trampa de la igualdad ante la ley

El trabajo de definir y acotar las dimensiones y alcance de la igualdad entre los sexos ha sido una tarea satisfactoriamente abordada por la Unión Europea, las constituciones de los países democráticos y entidades multilaterales:

La carta magna española indica en el artículo 14 que "los españoles son iguales ante la ley, sin que pueda prevalecer discriminación por razón de nacimiento, raza, sexo, religión, opinión o cualquier otra condición o circunstancia personal o social".

Igualdad -según la UE- es el "principio que concede idénticos derechos a todos los seres humanos, con independencia de su raza, sexo, religión, condición social, ideología o circunstancia personal…". Igualdad entre los sexos es definida como una "situación en que todos los seres humanos son libres de desarrollar sus capacidades personales y de tomar decisiones, sin las limitaciones impuestas por los roles tradicionales, y en la que se tienen en cuenta, valoran y potencian por igual las distintas conductas, aspiraciones y necesidades de hombres y mujeres". Sobre igualdad de oportunidades entre mujeres y hombres, la misma UE entiende que implicará la "ausencia de toda barrera sexista para la participación económica, política y social".[31]

Si bien declaraciones nominalistas abundan y la igualdad de derecho es garantizada en papel, es la igualdad de hecho la que sufre contradicciones dado que

se propone una igualdad reducida a oportunidades, en una sociedad estructuralmente desigual, admitiendo la existencia de un cierto determinismo socio-económico y afirmando también la primacía de la libertad y la

---

septiembre 2012 [citado agosto 2019]. URL: <bit.ly/2HyJzYf>

[31] *100 palabras para la igualdad. Glosario de términos relativos a la igualdad entre hombres y mujeres* [en línea]. Plataforma Internet de la Traducción Española en el Parlamento Europeo [citado agosto 2019]. Glosario disponible para descarga en PDF en URL: <bit.ly/2EXHJxD>

responsabilidad individual en el destino de los individuos. La noción de igualdad de oportunidades probablemente refleja el delicado equilibrio entre la lógica democrática de la igualdad de condiciones y la lógica de un sistema de producción que exige la desigualdad para sobrevivir.[32]

La investigación sugiere que el terreno de las palabras y conceptos es especialmente fértil para manipular la realidad, a veces suavizando, otras ocultando las causas estructurales de la desigualdad entre los sexos. La orientación del discurso cobra importancia a la hora de pensar y hablar sobre equidad, pero especialmente en el marco de las políticas públicas donde la igualdad de oportunidades participa en un doble juego ya que "insidiosamente, las políticas sociales en que el principio de igualdad de oportunidades es la norma, rechazan la responsabilidad de su fracaso y culpan al individuo que, a pesar de los mecanismos de compensación, no ha podido o no ha sabido aprovechar su oportunidad y reducir el riesgo". Esto supondría obviamente que "si todo el mundo puede tener una oportunidad, 'el hecho de fracasar en todos los ámbitos, no se considera como el resultado o signo visible de la opresión o la injusticia'".[33]

Para alcanzar la efectiva igualdad entre hombres y mujeres, la jurista Teresa Freixes, opina que la polémica desatada en torno a las diversas acciones positivas propuestas por entidades supranacionales envuelve "falsamente" dichas iniciativas, arguyendo que serían contrarias al principio que defienden (igualdad) reconocido en las constituciones y normativas estatales. Empero, se trata más bien de una excepción jurídica al principio de igualdad de trato que de ninguna manera se opone a este y sí resulta necesaria y deseable para el desarrollo pleno de

---

[32] DOMÍNGUEZ ALCÓN, Carmen; FOREST, Maxime y SÉNAC, Réjane. *Qué políticas para qué igualdad. Debates sobre el género en las políticas públicas en Europa.* Valencia: Tirant Humanidades, 2013. Pág. 46
[33] POIRMEUR, Yves y WALZER, Michael. *Apud* DOMÍNGUEZ ALCÓN, *et al. Op cit.* Pp. 45 y 46.

los derechos de la mujer, según explica.

Desconociendo criterios jurídicos, establecidos desde órganos judiciales comunitarios y otras regulaciones europeas, que detallan el establecimiento de acciones positivas en entornos laborales "se perpetúan los criterios discriminatorios que, desde el principio de la sociedad industrial y su división del trabajo[…] continúan obstaculizando que la igualdad[…] tenga la eficacia que corresponde a su formalización jurídica actual".[34]

Freixes llama a los poderes públicos a remover las diferentes discriminaciones que sufren las mujeres, casi siempre "indirectas o no evidentes", utilizando las herramientas jurídicas ya disponibles desde el ámbito internacional, europeo y estatal como el Convenio Europeo para la Protección de los Derechos Humanos y las Libertades Fundamentales; Pacto Internacional de Derechos Civiles y Políticos; Carta Social Europea; Convenio sobre los Derechos Políticos de la Mujer o la Convención sobre la Eliminación de Todas las Formas de Discriminación hacia las Mujeres, entre otras. Llama la atención sobre la agitación causada por la propuesta de cuotas femeninas cuando en el debate internacional, desde el Convenio sobre Derechos Políticos de la Mujer (ONU 1952) y más tarde la Convención sobre la Eliminación de Todas las Formas de Discriminación contra las Mujeres (ONU 1981) se establecen disposiciones específicas que las apoyan abiertamente con objeto de superar las discriminaciones sobre mujeres.[35]

Ya en la construcción de sus definiciones la Unión Europea contempla estas tensiones por la diferencia de trato. Cuando se refiere a la equidad entre hombres y mujeres advierte que esta es la "imparcialidad en el trato a hombres y mujeres. Puede tratarse de igualdad en el trato o de un trato diferente, pero que se considera equivalente en términos de derechos, beneficios,

---

[34] FREIXES, Teresa. "El techo de cristal". En: OCKRENT, Christine (Dir). *Op cit.* Pág. 912
[35] *Ibid* Pp. 928 a 930

obligaciones y oportunidades".[36]

El Derecho Originario comunitario (normas base que obligan a todos los miembros de la UE) se fundamenta en distintos tratados y actas donde se recogen artículos que, como se ha señalado antes, en materia de igualdad y no discriminación por razón de sexo defienden la necesidad de introducir acciones positivas. Aquí algunos ejemplos:

- **Tratado de Maastricht (1992)** - El protocolo 14 sobre política social comunitaria recoge el principio de igualdad de trato salarial sin discriminación por razón de sexo y legitima la adopción de "medidas que prevean ventajas concretas destinadas a facilitar a las mujeres el ejercicio de actividades profesionales o a evitar o compensar algún impedimento en sus carreras profesionales".

- **Tratado de Ámsterdam (1997)** - Su artículo 141.3 establece que el Consejo, con arreglo al procedimiento previsto en el Art. 251 y previa consulta al Comité Económico y Social, adoptará medidas para garantizar la aplicación del principio de igualdad de oportunidades e igualdad de trato para hombres y mujeres en asuntos de empleo y ocupación, incluido, el principio de igualdad de retribución para un mismo trabajo o para un trabajo de igual valor.

El artículo 141.4 dice que el principio de igualdad de trato no impedirá a ningún Estado miembro mantener o adoptar medidas que ofrezcan ventajas concretas destinadas a facilitar al sexo menos representado el ejercicio de actividades profesionales o a

---

[36] *100 palabras para la igualdad. Glosario de términos… Op cit.*

evitar o compensar desventajas en sus carreras profesionales.

- **Carta de los Derechos Fundamentales de la Unión Europea (2000 y 2007)** - En su artículo 23 aborda el tema de la igualdad entre mujeres y hombres y pide que se garantice "en todos los ámbitos, inclusive en materia de empleo, trabajo y retribución". Refrenda el hecho de que "el principio de igualdad no impide el mantenimiento o la adopción de medidas que supongan ventajas concretas a favor del sexo menos representado".

- **Tratado de funcionamiento de la Unión Europea (2009)** - El artículo 157 repite textualmente lo que estipula el Tratado de Ámsterdam en el art. 141.3 y 141.4 (*vid supra*).[37]

Ley Orgánica 3/2007, de 22 de marzo, para la igualdad efectiva de mujeres y hombres (España) - Con el título *Acciones positivas* el artículo 11 dice textualmente que *con el fin de hacer efectivo el derecho constitucional de la igualdad, los Poderes Públicos adoptarán medidas específicas en favor de las mujeres para corregir situaciones patentes de desigualdad de hecho respecto de los hombres. Tales medidas, que serán aplicables en tanto subsistan dichas situaciones, habrán de ser razonables y proporcionadas en relación con el objetivo perseguido en cada caso.* El apartado segundo extiende a las personas físicas y jurídicas esta prerrogativa.

---

[37] Información del Proyecto Artemisa del Sindicato español UGT. Sección Normativa Comunitaria. URL: <bit.ly/2HyLigb> [citado agosto 2019]

CONSIDERACIONES FINALES

No es exagerado afirmar que la situación de las mujeres en el mundo se caracteriza -en mayor o menor medida- por privación de libertades, oportunidades y un entorno hostil donde las normas sociales alimentan más limitaciones: exposición a la violencia, falta de movilidad, tiempo, formación o violación de los derechos humanos básicos son las más comunes.

El futuro del trabajo en general y de las mujeres en concreto no es esperanzador:

Según datos de la Organización Internacional del Trabajo el crecimiento del empleo en el mundo se muestra ralentizado desde el comienzo de la crisis económica mundial de 2008. No sólo aumenta el margen de desempleo sino la duración media de este, incluso en las economías más avanzadas como las de la eurozona: en Grecia o España, por ejemplo, un trabajador pasa de media nueve y ocho meses, respectivamente, en el paro. En los Estados Unidos el desempleo de larga duración alcanza un porcentaje superior al 40 % de personas que buscan trabajar.

La paridad salarial hombre-mujer es una utopía a la que podemos aspirar en 200 años si las condiciones actuales se replican.

Respecto del trabajo informal, otro terreno "feminizado", apenas se han hecho avances en virtud de su generalización: en algunos países aún representa hasta el 90 % del total de empleo, es el caso del Asia Meridional y Sudoriental. América Latina mantiene la tasa por debajo del 50 %, salvo Centroamérica y países andinos que la elevan al 70 %. Europa Oriental, la CEI y otras economías avanzadas tienen un 20 % de informalidad laboral.

La OIT alerta, también, sobre la situación de indefensión que se espera para el empleo vulnerable, definido como "el empleo por cuenta propia y el desempeñado por trabajadores familiares auxiliares" (casi siempre mujeres). Esta modalidad implica limitaciones para acceder a la seguridad social y, obviamente, a un ingreso seguro. En 2013 estos empleos registraban un aumento cinco veces superior al de los años previos a la crisis.

El Banco Mundial admite que en prácticamente todas las métricas internacionales las mujeres son las principales afectadas de la exclusión económica y que su participación en el trabajo se ha estancado -y reducido- del 57 % al 55 %.

Cierto es que la inequidad acapara la atención internacional en los últimos años y se ha dado por suficiente integrar el tema en las agendas políticas, pero a menos que los gobiernos decidan repetir en el futuro errores largamente cometidos -como acometer la inequidad de género mediante programas aislados- las políticas públicas incluyen intervenciones bien diseñadas y precisas a lo largo del ciclo de vida de las mujeres, tanto como esfuerzos multisectoriales que hagan tangible el equilibrio de oportunidades para ambos sexos.

En términos generales, los informes globales sugieren, de una u otra forma, que la ruta a seguir para que cualquier política de igualdad funcione -y dé resultados- en una sociedad pasa por las siguientes dimensiones:

a) Fiscalidad- Financiación de servicios públicos, diseño tributario con perspectiva de género e incentivos fiscales para que las mujeres accedan y se queden en el mercado de trabajo.

b) Legislación- Adecuar y/o promulgar nuevos marcos regulatorios que protejan los derechos de las mujeres y los ensanchen si fuese necesario. Especialmente en lo tocante a su sexualidad, derecho reproductivo, derecho al trabajo y en el trabajo, propiedad, movilidad y toma de decisiones en todos los niveles.

c) Programas de protección social- Mejoras en la cobertura de la maternidad, licencias retribuidas, bajas para padres y servicios de atención infantil accesibles.

d) Defensa y promoción de una cultura de igualdad- Hacer esfuerzos permanentes por desafiar aquellas creencias sociales que limiten el desarrollo femenino; combatir estereotipos, sancionar discriminaciones y promover una serie de cambios urgentes como la correcta distribución de la carga de trabajo no remunerado en los hogares.

Todos los análisis convergen en un hecho concluyente y es que el futuro de las mujeres depende de los recursos invertidos, el liderazgo que los gestione y destrezas técnicas para utilizarlos eficientemente, pero por encima de todo, voluntad política.

Somos testigos de una época gloriosa para el "discurso responsable": la ética y el surgimiento de una nueva conciencia en los negocios que propone revitalizar alianzas con la sociedad y el medio ambiente para hacer frente a los actos y omisiones de las empresas, siempre que tales compromisos respeten su derecho a la discrecionalidad y se realicen en el terreno de la buena fe.

Huyendo a las definiciones podríamos entender la responsabilidad de las empresas o Responsabilidad Social Corporativa (RSC) como la determinación de minimizar y evitar daños ocasionados por la actividad empresarial, más que por invertir recursos millonarios en repararlos; apostar por la transparencia como sinónimo de coherencia y apertura al escrutinio que guíe presente y futuro; afrontar nuevos modelos de negocio sostenibles; el deber irrenunciable de respetar los derechos humanos dentro y fuera de sus lindes; el abrazo a una visión global en donde es imprescindible el trabajo conjunto con todos los agentes sociales; rechazar el espectáculo y la filantropía en aras de proyectos serios con beneficios objetivos… y así un largo etcétera que deriva en la construcción de un relato empresarial más cercano, creíble y atento a las necesidades del conjunto social.

La carrera por la responsabilidad y actuaciones más íntegras siempre será bien recibida como hálito esperanzador. Visibiliza la importancia de tomar decisiones sobre la oxidada base del respeto en todas las esferas de la vida; obliga a cuestionar hábitos, actitudes, creencias y, sobre todo, abre espacios que antes estaban vedados a los ojos y bocas que hoy quieren observar, opinar e incidir sobre el desempeño empresarial.

La RSC tiene potencial como herramienta de transformación, lo que no es tan claro es si este proceso puede ser liderado desde un empresariado inmerso en estrategias de supervivencia y dinámicas casi inhumanas (y deshumanizantes) de competencia. En el intento de moralizar a las empresas es posible que encontremos, con el tiempo, que son sólo susceptibles de un acercamiento crítico -nunca ético- dado que los intercambios y relaciones sociales que gestan van plagados de viejos esquemas como dominación, alienación, acumulación e inequidad.

No olvidemos que en el siglo XXI, la empresa dispuesta a integrar principios éticos y comportamientos más sensibles ante las demandas sociales también considera las afectaciones de sus numerosos grupos de interés entre los que se distinguen los propios trabajadores. Estos colaboradores y sus familias tienen enorme repercusión y por ello deben atenderse. El cuidado de ese "cliente interno" es hilo conductor entre la RSC y las políticas de igualdad y conciliación en la empresa.

Ya en escena el verbo "conciliar" se antoja urgente para hombres y mujeres acotar significado y trascendencia:

Conciliar sí, como sinónimo del acuerdo entre viejos afanes y nuevos entornos; conciliar la multiplicidad de proyectos de vida; conciliar lo deseable con lo posible; conciliar(se) con nuevos roles que están desdibujados y cada vez ofrecen menos certezas y, desde luego, conciliar el derecho al trabajo remunerado con otras tareas igualmente legítimas como la familia, ocio, formación, salud y descanso.

Para la empresa, conciliar debiera suponer el abrazo de una cultura más comprometida y respetuosa de la multimensionalidad en los individuos a su servicio. Y, si bien toda medida que ayude a mejorar la calidad de vida/trabajo de un individuo es loable, hablar estrictamente de conciliación tiene sin duda un componente de género y conlleva reclamos de justicia y equidad. Una visión integradora que incluya en la praxis criterios de género resulta irrenunciable porque la conciliación de la vida laboral, familiar y personal afecta en modos e intensidades diferentes a hombres y a mujeres al punto de construir identidades, aspiraciones e itinerarios distintos… ¿Alguien puede negar que las mujeres somos el único sexo enfrentado a dos alternativas de vida hasta ahora incompatibles (familia y trabajo)?; más aún, el único sexo obligado a conservar algunos rasgos propios y, a veces, adoptar por conveniencia los del otro para hacer más fácil la adaptación a un mundo masculinizado.

De imaginar un escenario ideal este se despliega en un estadio de madurez social, económica y política donde el trabajo es sólo parte de la vida, pero de ninguna manera el fin último de esta. Bajo tal comprensión no es descabellado aspirar al equilibrio de todos los ámbitos vitales que, necesariamente, apunta al reacomodo temporal donde cada cual dispone de opciones para decidir en función de sus intereses y necesidades.

La piedra angular de la conciliación, parece obvio, es la gestión de los cuidados y el tiempo. No cualquier tiempo: esencialmente el tiempo de trabajo.

Reordenar el tiempo, en amplio sentido, es una lucha que se considera necesaria desde hace tiempo entre las organizaciones civiles y más recientemente también en la política; el gran pacto de Estado para alcanzar verdaderos cambios en la salud, la productividad en el trabajo y, cómo no, en la armonización de la vida laboral, familiar y personal cuya deriva es mayor igualdad para hombres y mujeres. Posibilidades -tachadas por algunos de utopía- que plantean racionalizar los horarios, es decir, adoptar una serie de medidas que organicen de otra manera la cotidianeidad con objeto de aprovechar eficazmente el tiempo disponible.

Conciliar se traduce en una auténtica reconciliación entre las diferentes parcelas vitales, pero es ante todo el reparto justo de derechos y obligaciones (familiares, laborales, económicas, jurídicas, políticas, cívicos, culturales, etc.) entre hombres y mujeres. El concepto, visto así, transita naturalmente a la corresponsabilidad, una noción mucho más integradora e incluso paso cualitativo en el progreso hacia esquemas de protección jurídica para el derecho al cuidado.

Políticas de igualdad de género y políticas de conciliación son, sin lugar a dudas, sinónimo de políticas de tiempo. Es el tiempo de trabajo eje vertebrador que organiza los demás espacios temporales y de no actuar sobre sus condicionamientos rígidos -casi subyugantes- se anuncia el fracaso de este intento por rescatar el balance vital para todos, afectando especialmente a las mujeres.

El futuro no se construye desde la individualidad exige colaboración, interacción, relación e intercambio: caldo de cultivo para una masa crítica propositiva y dispuesta a refundar valores, visiones, acciones. Uno de los mayores desafíos será alimentar ese espíritu de cambio social.

Los avances en equidad entre los sexos y, por supuesto, con las medidas conciliatorias será determinante para el estado, fortaleza y desarrollo de las sociedades en tanto que probará, eventualmente, su importancia como problema público global y no como asuntos accesorios en clave femenina.

BIBLIOGRAFÍA Y FUENTES DOCUMENTALES

ABELLÁN, Lucía. "El Tribunal de la UE sentencia que España discrimina con las pensiones". *El País* [en línea]. 22 de noviembre 2012 [citado agosto 2019]. Sección Economía. URL: <bit.ly/1gQEiXf>

ACEMOGLU, Daron y ROBINSON, James. *Por qué fracasan los países. Los orígenes del poder, la prosperidad y la pobreza.* 3ª edición. Barcelona: Deusto, 2012.

ADECCO. VII Encuesta Adecco de Bienestar Laboral [en línea]. 30 de octubre 2017. [citado julio 2019]. URL: <bit.ly/2Fpnrjo>

AHN, Namkee y MOCHÓN, Francisco. "La felicidad de los españoles: factores explicativos". *Revista de Economía Aplicada* [en línea]. Universidad de Zaragoza. Invierno de 2010 [citado julio 2019]. Vol XVIII, n° 54. URL: <bit.ly/2Z6iH8L>

ALBERT, Rocío; ESCOT, Lorenzo; FERNÁNDEZ, José A. y PALOMO, Mª. Teresa. "Las políticas de conciliación de la vida familiar y laboral desde la perspectiva del empleador. Problemas y ventajas para la empresa". *Cuadernos de Trabajo Escuela Universitaria de Estadística* [en línea]. Universidad Complutense de Madrid, marzo de 2010 [citado septiembre 2019]. N° 2/2010. URL: <bit.ly/1DZWlcf>

ÁLVAREZ CANTALAPIEDRA, Santiago. "El poder de las empresas sobre la vida social". *PAPELES de relaciones ecosociales y cambio global* [en línea]. FUHEM Ecosocial/Icaria Editorial. 2014 [citado abril 2019]. N° 127. URL: <bit.ly/1Enxf86>

AMORÓS, Celia. "Feminismo e ilustración". En: *Curso Historia de la teoría feminista*. Instituto de Investigaciones Feministas-UCM. Madrid, febrero 2013.

ANCOS, Helena. "Liderazgo femenino y Responsabilidad Social". *Expok* [en línea]. 16 de octubre 2013 [citado agosto 2019]. URL: <bit.ly/30MWXj7>

ANCOS, Helena y VIVES, Antonio. "Cuotas para las mujeres en los Consejos de Administración: ¿Qué opinas?". *Blog Cumpetere* [en línea]. 06 de septiembre 2012 [citado agosto 2019]. URL: <bit.ly/30Kg6St>

ANCOS, Helena y VIVES, Antonio. "¿Por qué no aprovechan el potencial de las mujeres?. El caso del sector bancario". *Blog Cumpetere* [en línea]. 05 de septiembre 2012 [citado agosto 2019]. URL: <bit.ly/2HyJzYf>

ARAGÓN MEDINA, Jorge, et al. La situación de las personas de 55 a 64 años en relación al mercado de trabajo y sus trayectorias laborales [en línea]. Área de Empleo y Relaciones Laborales. Fundación 1° de Mayo-CC.OO, 05 de mayo 2009. Estudios de la Fundación.

ARGANDOÑA, Antonio. "¿Hay un lugar para la espiritualidad en la empresa?". *Blog IESE Business School: Economía, ética y responsabilidad social de la empresa* [en línea]. 19 de diciembre 2013 [citado julio 2019]. URL: <bit.ly/1hTHCEF>

ATAL, Juan Pablo; ÑOPO, Hugo y WINDER, Natalia. *New Century, Old disparities. Gender and Ethnic Wage Gaps in Latin America* [en línea]. Department of Research and Chief Economist. Inter-American Development Bank (BID), 2009 [citado Agosto 2019]. URL: <bit.ly/1ngGPim>

BANCO MUNDIAL (BM). *Gender at Work. A Companion to the World Development Report on Jobs* [en línea]. World Bank Group Gender and Development. 20 de febrero 2014 [citado Agosto 2019]. URL: <bit.ly/1iyAwWs>

BANCO MUNDIAL. "En un informe se destaca la necesidad de medidas audaces para promover la igualdad de género en el trabajo". *El Banco Mundial* [en línea]. 20 de febrero 2014 [citado agosto 2019]. Comunicado de prensa. URL: <bit.ly/1fQKBNu>

BONETE FERNÁNDEZ, Beatriz. "La puntilla al tímido avance en igualdad". *Diagonal.* 11-24 de octubre 2012, n° 183. Pág. 3-4

BORRELLA, Inma. *La Huella Social de las Empresas. Operaciones empresariales y desarrollo humano en comunidades vulnerables* [en línea]. Madrid: ONGAWA, 2013 [citado julio 2019]. Cuaderno 1 serie Huella Social y Desarrollo Humano. ISBN: 978-84-616-6649-2. URL: <bit.ly/2Ss6FDS>

CAPGEMINI Y RBC WEALTH MANAGEMENT. *World Wealth Report 2019* [en línea]. Capgemini/RBC [citado julio 2019]. URL: <bit.ly/2Ocagrh>

CAPGEMINI Y RBC WEALTH MANAGEMENT. *World Wealth Report 2017* [en línea]. Capgemini/RBC [citado enero 2018]. URL: <bit.ly/2nObbhj>

CARPIZO BALSA, Carlos. "La seguridad laboral desbanca al salario a la hora de elegir una empresa para trabajar". Revista Capital Humano. Wolters Kluwer España. Abril de 2012, n° 264, año XXV.

CARRASQUER OTO, Pilar y MARTÍN ARTILES, Antonio. "La política de conciliación de la vida laboral y familiar en la negociación colectiva. Un aspecto de la estrategia europea de empleo". *Cuadernos de Relaciones Laborales* [en línea]. UCM. Julio de 2005 [citado septiembre 2019]. Vol. 23, n° 1. URL: <bit.ly/1umfJpG>

CASERO, José Luis. "¿A qué sociedad nos queremos parecer?". *Compromiso RSE* [en línea]. Marzo de 2015 [citado septiembre 2019]. Sección Opinión. URL: <bit.ly/1GCbr81>

CASTRO SOTO, Gustavo. "Proyecto Corporación-Nación vs Estado-Nación". *Eco Portal.net* [en línea]. 22 de junio 2005 [citado abril 2019]. URL: <bit.ly/1pWZnUS>

CENTRO DE INVESTIGACIONES SOCIOLÓGICAS (CIS). *Familia y Género II* [en línea]. International Social Survey Programme.

Estudio nº 2942. Abril-junio 2012 [citado septiembre 2019]. URL: <bit.ly/1wxOgWu>

CEOE. *Análisis de la brecha salarial de género en España. Identificando las causas para encontrar las soluciones* [en línea]. Comisión de Igualdad y Diversidad. PricewaterhouseCoopers Asesores de Negocios, S.L. Marzo 2019 [citado marzo 2019]. URL: <bit.ly/2WAaOq8>

CERVERA FONRÍA, Francisco. "Un futuro desigual como propuesta para salir de la crisis". *Eldiario.es* [en línea]. 01 de octubre 2013 [citado abril 2019]. Sección Zona Crítica. URL: <bit.ly/17oRr60>

CHEMILLIER-GENDREAU, Monique. "Los daños de guerra debe pagarlos el responsable". *Le Monde Diplomatique* [en línea]. Edición Cono Sur. Octubre de 2003 [citado julio 2019]. Número 52. URL: <bit.ly/1lwbcxO>

CHINCHILLA, Nuria y LEÓN, Consuelo. *Diez años de conciliación en España (1999-2009)*. Madrid: Grupo 5, 2011.

CIRUJANO, Ana Eva. "Ranking de las empresas que concilian". *Estudios de Política Social y Laboral* [en línea]. Instituto Internacional de Ciencias Políticas. 23 de diciembre 2013 [citado septiembre 2019]. Nº 1. URL: <bit.ly/2kdCmEm>

CIS. *Familia y Género II* [en línea]. International Social Survey Programme. Estudio nº 2942. Abril-junio 2012 [citado septiembre 2019]. URL: <bit.ly/1wxOgWu>

COMISIÓN EUROPEA. *Paternity and parental leave policies across the European Union. Assessment of current provision.* [en línea]. Directorate-General for Employment, Social Affairs and Inclusion. Luxemburgo: Publications Office of the European Union, 2018 [citado abril 2019]. URL: <bit.ly/2tt6DQN>

COMISIÓN EUROPEA. *Una iniciativa para promover la conciliación de la vida familiar y la vida profesional de los progenitores y los cuidadores* [en línea]. COM(2017) 252 final. Bruselas: 26 abril 2017 [citado abril 2019]. URL: <bit.ly/2UJBhnY>

COMISIÓN EUROPEA. *Propuesta de DIRECTIVA DEL PARLAMENTO EUROPEO Y DEL CONSEJO relativa a la conciliación de la vida familiar y la vida profesional de los progenitores y los cuidadores, y por la que se deroga la Directiva 2010/18/UE del Consejo* [en línea]. COM(2017) 253 final. Bruselas: 26 de abril 2017 [citado abril 2019]. URL: <bit.ly/2K6WQuw>

COMISIÓN EUROPEA. *How companies influence our society: citizen's view (Flash Eurobarometer 363)* [en línea]. Directorate-General Entreprise and Industry. Directorate-General for Communication. Abril 2013 [citado abril 2019]. URL: <bit.ly/11vg7GY>

COMISIÓN EUROPEA. *Propuesta de DIRECTIVA DEL PARLAMENTO EUROPEO Y DEL CONSEJO destinada a mejorar el equilibrio de género entre los administradores no ejecutivos de las empresas cotizadas y por la que se establecen medidas afines* [en línea]. COM(212) 614 final. Bruselas: 14 de noviembre 2012 [citado agosto 2019]. URL: <bit.ly/1kxZVPn>

COMISIÓN EUROPEA. *Agenda de nuevas cualificaciones y empleos: una contribución europea hacia el pleno empleo* [en línea]. COM(2010) 682 final. Estrasburgo: 23 de noviembre 2010 [citado septiembre 2019]. URL: <bit.ly/1yYkpE3>

COMISIÓN DE LAS COMUNIDADES EUROPEAS. *Un mejor equilibrio en la vida laboral: más apoyo a la conciliación de la vida profesional, privada y familiar* [en línea]. COM(2008) 635 final. Bruselas: 3 de octubre 2008 [citado septiembre 2019]. URL: <bit.ly/1ycGt0w>

CONSEJO DE LAS COMUNIDADES EUROPEAS. Recomendación del Consejo de 31 de marzo de 1992 sobre el cuidado de los niños y de las niñas (92/241/CEE). *Diario Oficial de las Comunidades Europeas* [en línea]. 8 de mayo 1992 [citado septiembre 2019]. URL: <bit.ly/1zSyt4e>

CONSEJO DE LAS COMUNIDADES EUROPEAS. Resolución del Consejo de 21 de enero de 1974 relativa a un programa de acción social (C 13). *Diario Oficial de las Comunidades Europeas* [en línea]. 12 de febrero de 1974 [citado septiembre 2019]. URL: <bit.ly/1xyIapb>

CONSEJO DE LA UNIÓN EUROPEA. Directiva 2010/18/UE del Consejo, de 8 de marzo de 2010 por la que se aplica el Acuerdo marco revisado sobre el permiso parental, celebrado por BUSINESSEUROPE, La UEAPME, el CEEP y la CES, y se deroga la

Directiva 96/34/CE. *Diario Oficial de la Unión Europea* [en línea]. 18 de marzo de 2010 [citado septiembre 2019]. URL: <bit.ly/1xhUcAP>

CONSEJO DE LA UNIÓN EUROPEA. Resolución del Consejo y de los Ministros de Trabajo y Asuntos Sociales, reunidos en el seno del Consejo de 29 de junio de 2000 relativa a la participación equilibrada de hombres y mujeres en la actividad profesional y en la vida familiar (2000/C 218/02). *Diario Oficial de las Comunidades Europeas* [en línea]. 31 de julio de 2000 [citado septiembre 2019]. URL: <bit.ly/1pjIkiw>

CREDIT SUISSE AG. *Global Wealth Report 2018* [en línea]. Zurich: Research Institute, octubre 2018 [citado julio 2019]. URL: <bit.ly/2NVdnDQ>

CUESTA, Maria. "La moda se vuelve a coser en España". *ABC.es* [en línea]. 01 de septiembre 2013 [citado julio 2019]. Sección Economía. URL: <bit.ly/32MnuhR>

DE LA VILLA, Paula. "Las tres 'Cartas' Europeas sobre Derechos Sociales". *Revista del Ministerio de Trabajo y Asuntos Sociales* [en línea]. Año 2001 [citado septiembre 2019]. N° 32. Dedicado a: Derecho social Internacional y Comunitario. URL: <bit.ly/1vwN5Ix>

DOMÍNGUEZ ALCÓN, Carmen; FOREST, Maxime y SÉNAC, Réjane. *Qué políticas para qué igualdad. Debates sobre el género en las políticas públicas en Europa*. Valencia: Tirant Humanidades, 2013.

D´SOUZA, Asha. *Camino del trabajo decente para el personal del servicio doméstico: panorama de la labor de la OIT* [en línea]. Oficina para la Igualdad de Género. Oficina Internacional del Trabajo. Ginebra: OIT, 2010 [citado agosto 2019]. Documento de trabajo 2/2010. URL: <bit.ly/1pNkA2M>

DURÁN HERAS, Almudena y GARCÍA SEGOVIA, Fernando. "El ciclo de vida laboral, a través de datos de la Seguridad Social". En: *X Jornadas de Economía Laboral*. Universidad Autónoma de Madrid. Madrid, 11 y 12 de julio 2013.

EASTERLIN, Richard A. "Does Economic Growth Improve the Human Lot? Some Empirical Evidence". En: DAVID, Paul A. y REDER, Melvin W. *Nations and households in economic growth: essays in honor of Moses Abramovitz*. New York: Academic Press, 1974. URL

<nyti.ms/OzdH7g> [citado julio 2019].

EDENRED e IPSOS. *Barómetro Edenred-Ipsos 2014. Bienestar y Motivación de los Empleados en Europa* . 9ª edición. Mayo de 2014 [citado septiembre 2019]. URL: <bit.ly/2m0E7Fr>

EDENRED e IPSOS. *Barómetro Edenred-IPSOS. Bienestar en el lugar de trabajo y motivación de empleados en Europa* [en línea]. 8ª edición. Junio de 2013 [citado septiembre 2019]. URL: <bit.ly/2kxOa4p>

EDENRED e IESE Business School. *Efectos de la conciliación en el compromiso, la satisfacción y el salario emocional* [en línea]. Febrero de 2012 [citado septiembre 2019]. Estudio. URL: <bit.ly/19T2mZu>

EIGE. *Gender Equality Index 2017- Measuring gender equality in the European Union 2005-2015* [en línea]. Octubre 2017 [citado julio 2019]. URL: <bit.ly/2Zh6MVG>

ELBORGH-WOYTEK, Katrin, *et al. Las mujeres, el trabajo y la economía: Beneficios macroeconómicos de la equidad de género* [en línea]. Departamento de Estrategias, Políticas y Evaluación y Departamento de Finanzas Públicas. Fondo Monetario Internacional, septiembre de 2013 [citado agosto 2019]. URL: <bit.ly/1b7yvIc>

ESCUELA DE ORGANIZACIÓN INDUSTRIAL (EOI). *La Responsabilidad Social Corporativa: Las Políticas Familiarmente Responsables de las Empresas en España* [en línea]. EOI, 2006 [citado septiembre 2019]. URL: <bit.ly/1H4HvAb>

EUROFOUND. *La brecha de género en el empleo: retos y soluciones* [en línea]. Resumen ejecutivo. Octubre 2016 [citado abril 2019]. URL: <bit.ly/2WaZQba>

FERNÁNDEZ, David. "Malabares para tapar la desigualdad". *El País Negocios*. 12 de mayo 2013.

FORÉTICA. *El rol empresarial en la brecha de género. Claves de la contribución empresarial a la igualdad* [en línea]. Clúster Impacto Social. Marzo 2019 [citado abril 2019]. URL: <bit.ly/2tRHz63>

FORO ECONÓMICO MUNDIAL. *The Global Gender Gap Report 2018* [en línea]. Geneva: WEF, 2018 [citado agosto 2019]. URL:

<bit.ly/2R53jZa>

FORO ECONÓMICO MUNDIAL. *The Global Gender Gap Report 2013* [en línea]. Geneva: WEF, 2013 [citado julio 2019]. URL: <bit.ly/1ejtYsQ>

FUNDACIÓN ALARES. *Medidas para la conciliación más implantadas en las empresas españolas. Evolución 2007-2013* [en línea]. Madrid: Fundación Alares, mayo de 2014 [citado septiembre 2019]. URL: <bit.ly/2mdUZJ2>

FUNDACIÓN MADRINA. *Dia de la Mujer Trabajadora. Anexo: Datos de interés* [en línea]. 08 de marzo 2013 [citado agosto 2019]. Publicado en HazteOir.org. URL: <bit.ly/1iQCG4z>

FRIEDAN, Betty. *La Segunda* Fase. Barcelona: Plaza & Janés, 1983.

FUNDACIÓN MUJERES. *Conciliación de la vida laboral, familiar y personal* [en línea]. Ministerio de Igualdad. Madrid: 2010 [citado septiembre 2019]. URL: <bit.ly/1JAasoG>

GALLUP. *State of the Global Workplace* [en línea]. New York, N.Y.: Gallup Press, 2017 [citado julio 2019]. URL: <bit.ly/2JWwmss>

GARCÍA, Carolina. "La presión hace que una consejera delegada cobre más que un varón". *El País* [en línea]. 17 de febrero 2014 [citado agosto 2019]. Blogs Sociedad/Mujeres. URL: <bit.ly/2GO3CS4>

GARCÍA INDA, Andrés y LOMBARDO, Emanuela (coords.). *Género y derechos humanos.* Zaragoza: Mira, 2002.

GIMÉNEZ AGRELA, Conrado. "La maternidad: ¿Un derecho o una comodidad del siglo XXI?" [en línea]. En: *VI Congreso Mundial de Familias.* World Congress of Families y The Howard Center for Family, Religion and Society. Madrid, 26 de mayo 2012 [citado agosto 2019]. URL: <bit.ly/2Zmm9jG>

GONZÁLEZ, Érika y RAMIRO, Pedro. "De las 'malas prácticas' de las multinacionales a los mecanismos de control". *Observatorio de Multinacionales en América Latina (OMAL)* [en línea]. 12 de enero 2015 [citado abril 2019]. URL: <bit.ly/1yI4UnP>

GOSÁLVES, Patricia. "Más mujeres, señores consejeros". *El País* [en línea]. 08 de junio 2014 [citado agosto 2019]. Sección Sociedad. URL: <bit.ly/1nssVYZ>

GRANT THORNTON. *Women in business: ¿cumplir o liderar?* [en línea]. Grant Thornton International, 2018 [citado agosto 2019]. URL: <bit.ly/2NCQfrS>

GRANT THORNTON y FORBES INSIGHTS. *International Business Report 2013. Presencia de mujeres en puestos directivos: retroceso en España* [en línea]. Grant Thornton International, 2013 [citado agosto 2019]. URL: <bit.ly/2ML5xLw>

HUERTA, Mª· Isabel y RODRGÍGUEZ, Daniel. "Mujeres en los Consejos de Administración (Art. 75 L.O. 3/2007): Un precepto ordinario en una Ley Orgánica". *Legaltoday.com* [en línea]. 01 de octubre 2009 [citado agosto 2019]. Sección práctica jurídica. URL: <bit.ly/1rHQNbZ>

ICSA GRUPO y EADA *Business School. Diferencias salariales y cuota de presencia femenina* [en línea]. 13ª edición. Mayo de 2018 [citado agosto 2019]. URL: <bit.ly/2Tjzbs5>

INFORMA D&B. *Presencia de las mujeres en la empresa española* [en línea]. Madrid: marzo 2019 [citado agosto 2019]. Serie anual. Sección Estudios. URL: <bit.ly/2ZmCKnu>

INSTITUTO DE LA MUJER. *De la conciliación a la corresponsabilidad: buenas prácticas y recomendaciones* [en línea]. Madrid: Instituto de la Mujer (Ministerio de Igualdad), 2008 [citado septiembre 2019]. Serie Observatorio n° 10. URL: <bit.ly/1GpiyRq>

INSTITUTO DE POLÍTICA FAMILIAR (IPF). *Evolución de la Familia en España 2019* [en línea]. Madrid: IPF, 2019 [citado septiembre 2019]. URL: <bit.ly/1t1WmS4>

INSTITUTO DE POLÍTICA FAMILIAR (IPF). Evolución de la Familia en Europa 2014 [en línea]. Madrid: IPF, noviembre 2014 [citado septiembre 2019]. URL: <bit.ly/2ktC9ND>

INSTITUTO INTERNACIONAL DE CIENCIAS POLÍTICAS. *Segundo Estudio sobre la Situación de la Conciliación en España 2014.* Madrid:

Instituto Internacional de Ciencias Políticas, 2014.

INSTITUTO NACIONAL DE ESTADÍSTICA (INE). *Encuesta de fecundidad 2018* [en línea]. Resultados definitivos. 09 abril 2019 [citado abril 2019]. URL: <bit.ly/2uWaarn>

INTERNATIONAL INTEGRATED REPORTING COUNCIL (IIRC). *Consultation Draft of the International Framework* [en línea]. Abril de 2013 [citado septiembre 2019]. URL: <bit.ly/2jWf9Xf>

KEYS, Tracey; MALNIGHT, Thomas y STOCKLUND, Christel. *Corporate Clout 2013: Time for responsible capitalism* [en línea]. Strategy Dynamics Global, S.A., 2013 [citado julio 2019]. URL: <bit.ly/2GS1Nlz>

KRUGMAN, Paul. "Los ricos indignos". *El País* [en línea]. 26 de enero 2014 [citado julio 2019]. Sección Economía. URL: <bit.ly/1dFNmt2>

LAYARD, Richard *apud* DE LA TORRE, Ignacio. "La economía de la felicidad". *El Confidencial* [en línea]. 10 de septiembre 2008 [citado julio 2019]. URL: <bit.ly/100xFHU>

LEÓN HERNÁNDEZ, Luz S. "La mirada fenomenológica de Poulain de la Barre". Investigaciones Fenomenológicas [en línea]. Sociedad Española de Fenomenología. Septiembre de 2011 [citado julio 2019]. Serie monográfica 3: Fenomenología y Política. URL: <bit.ly/1nXhFB7>

LIPOVETSKY, Gilles. *La tercera mujer.* 3ª edición. Barcelona: Anagrama, 1999

LOBERA, Pep y LLISTAR, David. *Deslocalizaciones. Ganar más, pagando menos.* Barcelona: Observatorio de la Deuda de la Globalización, 2006.

MARTIN, Justin. "Good morning, Vietnam II". *Fortune* [en línea]. 07 de marzo 1994 [citado julio 2019]. Lectura disponible bajo suscripción en URL: <bit.ly/30MzIVM>

MARTÍNEZ OSÉS, Pablo J. "Cuando la ayuda al desarrollo se convierte en comercio". *Eldiario.es* [en línea]. 23 de febrero 2014 [citado julio 2019]. Sección Desalambre. Periodismo y Derechos Humanos. URL: <bit.ly/1k2qIRj>

MARTÍNEZ, Roberto. "La conciliación y los horarios en España". *Revista Observatorio de Recursos Humanos y Relaciones Laborales*. ORH. Julio de 2012, n° 70.

MEDINA, Ana. "Los fondos de inversión obligan a las empresas a impulsar el buen gobierno". *Expansión.com* [en línea]. 19 de mayo 2014 [citado agosto 2019]. URL: <bit.ly/1lCQ2MC>

MILIBAND, Ed. "At Davos, Debating Capitalism´s Future". *The New York Times* [en línea]. 26 de enero 2012 [citado abril 2019]. Sección Opinión. URL: <nyti.ms/yaf37j>

MINISTERIO DE TRABAJO, MIGRACIONES Y SEGURIDAD SOCIAL. *Estrategia Española de Responsabilidad Social de las Empresas* [en línea]. Dirección General del Trabajo Autónomo, de la Economía Social y de la Responsabilidad Social de las Empresas. 29 de abril 2014 [citado agosto 2019]. URL: <bit.ly/32cfOo1>

MOCHÓN, Francisco. *Curso La felicidad, economía y práctica empresarial* [video]. UNED COMA, 01 de marzo a 28 de abril 2013 [citado 25/03/13]. Mod 2: La empresa socialmente responsable y la felicidad. URL: <bit.ly/1iKSHs7> Canal You Tube UNEDcursoscoma.

MOCHÓN, Francisco. "Economía y felicidad". *El Notario del Siglo XXI* [en línea]. Jul-Ago 2008 [citado julio 2019]. N°. 20. URL: <bit.ly/2LyXX6t>

MOLINA, Carlos. "La deslocalización elimina 340 empresas y 60.000 puestos de trabajo en cuatro años". *Cinco Días* [en línea]. 10 de junio 2008 [citado julio 2019]. URL: <bit.ly/1kPLaZb>

MORA, Luis (coord.)., *et al. Cohesión Social, Políticas Conciliatorias y Presupuesto Público. Una mirada desde el género. Reunión Internacional de Expertas/os*. Fondo de Población de Naciones Unidas (UNFPA) y Cooperación Técnica Alemana (GTZ). México, 24-26 de octubre 2005 [citado septiembre 2019]. URL: <bit.ly/1uuRGLs>

MORENO IZQUIERDO, José Ángel. "Desigualdad y grandes empresas". *Economistas Sin Fronteras* [en línea]. 15 de mayo 2013 [citado julio 2019]. URL: <bit.ly/2Bwc170>

NIETO, Joaquín. "La hora del trabajo decente". *El País* [en línea]. 07 de octubre 2013 [citado julio 2019]. Sección Opinión. URL: <bit.ly/1adQjRP>

OBSERVATORIO DE RESPONSABILIDAD SOCIAL CORPORATIVA. *La Responsabilidad Social Corporativa en las Memorias Anuales de las Empresas del IBEX 35. Análisis del Ejercicio 2012* [en línea]. Madrid: 29 de mayo 2014 [citado abril 2019]. URL: <bit.ly/1jRhIMz>

OCDE. *Panorama de la Sociedad 2014. La crisis y sus consecuencias* [en línea]. OCDE, marzo de 2014 [citado julio 2019]. Resultados clave: España. URL: <bit.ly/1efNbJO>

OCDE. "Lack of support for motherhood hurting women´s career prospects, despite gains in education and employment, says OECD" [en línea]. 17 de diciembre 2012 [citado agosto 2019]. URL: <bit.ly/Occfrm>

OCKRENT, Christine (Dir). *El libro negro de la condición de la mujer.* (Trad. Manuel Monge). Madrid: Santillana, 2007.

OIT. *Protección social del trabajo doméstico. Tendencias y estadísticas* [en línea]. Departamento de Protección Social. Ginebra: OIT, 2016 [citado agosto 2019]. URL: <bit.ly/2GPn40E>

OIT. *Informe mundial sobre la protección social, 2014-2015: hacia la recuperación económica, el desarrollo inclusivo y la justicia social* [en línea]. Departamento de Comunicación y de la Información Pública. Oficina Internacional del Trabajo. Ginebra: OIT, 2014 [citado agosto 2019]. URL: <bit.ly/1po8xeH>

OIT. *Tendencias Mundiales del Empleo 2014. ¿Hacia una recuperación sin creación de empleos? (Resumen Ejecutivo)* [en línea]. Oficina Internacional del Trabajo. Ginebra: OIT, 2014 [citado agosto 2019]. URL: <bit.ly/1aF8yzn>

OIT. *Informe Mundial sobre Salarios 2012/2013: Los salarios y el crecimiento equitativo* [en línea]. Oficina Internacional del Trabajo. Ginebra: OIT, 2013 [citado agosto 2019]. URL: <bit.ly/1fLi2dw>

OIT. *Lugares de trabajo que apoyan la conciliación: mejores empresas* [en línea]. Oficina Internacional del Trabajo. OIT, 2009 [citado septiembre 2019]. Notas OIT: Trabajo y Familia, n° 3. URL: <bit.ly/1hR6VHS>

OIT Y PNUD. *Trabajo y familia: Hacia nuevas formas de conciliación con corresponsabilidad social* [en línea]. Oficina Internacional del Trabajo y Programa de las Naciones Unidas para el Desarrollo. 2ª edición. Santiago: OIT, 22 de julio 2009 [citado septiembre 2019]. URL: <bit.ly/1vCZ8hX>

ONU. *Una Nueva Alianza Mundial: Erradicar la pobreza y transformar las economías a través del desarrollo sostenible* [en línea]. New York, N.Y.: United Nations Publications, 2013 [citado julio 2019]. Informe del Grupo de Alto Nivel de Personas Eminentes sobre la Agenda de Desarrollo Post-2015. URL: <bit.ly/1bvWXmy>

ONU. *Observación general N° 16 (2013) sobre las obligaciones del Estado en relación con el impacto del sector empresarial en los derechos del niño* [en línea]. Comité de los Derechos del Niño, 62° periodo de sesiones (14 de enero a 1 de febrero de 2013). CRC/C/GC/16. 17 de abril 2013 [citado septiembre 2019]. URL: <bit.ly/18ikixz>

ONU. *Guidelines for Harmonising Time Use Surveys* [en línea]. Economic Commission for Europe. Third meeting of the 2012/2013 Bureau. Luxembourg, 5-6 february 2013. ECE/CES/BUR/2013/FEB/12/Add.1. 22 de febrero 2013 [citado septiembre 2019]. URL: <bit.ly/1Ej95XO>

ONU MUJERES Y PACTO GLOBAL DE NACIONES UNIDAS. *Principios para el Empoderamiento de las Mujeres. La igualdad es buen negocio.* 2ª edición. 2011 [citado agosto 2019]. URL: <bit.ly/1M8taCd>

ORGANIZACIÓN DE CONSUMIDORES Y USUARIOS (OCU). "Recortes en la ley de Dependencia". *OCU.org* [en línea]. 01 de agosto 2012 [citado agosto 2019]. Sección Salud. URL: <bit.ly/TkgYJW>

ORTEGA GASPAR, Marta. "Evolución de las políticas sociales de conciliación en Europa". *Revista de Responsabilidad Social en la Empresa* [en línea]. Fundación Luis Vives. Mayo-agosto 2012 [citado septiembre 2019]. N° 11, (vol.4 n° 2). URL: <bit.ly/2kqmX3I>

OXFAM INTERMÓN. "Miles de millones de dinero 'privado' escondidos en paraísos fiscales podrían acabar dos veces con la pobreza extrema". *Oxfam Intermón.org* [en línea]. 22 de mayo 2013 [citado mayo 2019]. Nota en Sala de Prensa. URL: <bit.ly/1gQQWWe>

OXFAM INTERNACIONAL. *Voces contra la precariedad: Mujeres y pobreza laboral en Europa* [en línea]. Barcelona: Oxfam Intermón, septiembre 2018 [citado agosto 2019]. URL: <bit.ly/2xVEIdO>

OXFAM INTERNACIONAL. *El G20 y la igualdad de género. Cómo el G20 puede hacer avanzar los derechos de las mujeres en el ámbito laboral, la protección social y las políticas fiscales* [en línea]. Oxford (UK): Oxfam GB, julio de 2014 [citado agosto 2019]. URL: <bit.ly/1raT82j>

OXFAM INTERNACIONAL. *Gobernar para las élites. Secuestro democrático y desigualdad económica* [en línea]. Oxford (UK): Oxfam GB, enero de 2014 [citado julio 2019]. URL: <bit.ly/19HLMMi>

PAPÍ GÁLVEZ, Natalia. "La conciliación de la vida laboral y familiar como proyecto de calidad de vida desde la igualdad". *RES. Revista Española de Sociología* [en línea]. N° 5, 2005 [citado septiembre 2019]. URL: <bit.ly/2koQRFt>

PARLAMENTO EUROPEO. *Resolución del Parlamento Europeo, de 16 de junio de 2010, sobre la Estrategia UE 2020 (2011/C 236 E/08)*. Diario Oficial de la Unión Europea [en línea]. 12 de agosto 2011 [citado septiembre 2019]. URL: <bit.ly/1yd9vPq>

PARLAMENTO EUROPEO. *Informe sobre la conciliación de la vida profesional, familiar y privada (2003/2129 (INI))* [en línea]. Comisión de Derechos de la Mujer e Igualdad de Oportunidades, 23 de febrero 2004 [citado septiembre 2019]. URL: <bit.ly/1hMsLIA>

PEÑA GALLO, M° Luisa. *El mobbing maternal: una forma de discriminación laboral contra la mujer en Europa. El caso de mujeres gestantes y madres en España y Reino Unido* [en línea]. Barcelona: Institut de Drets Humans de Catalunya, 2016 [citado agosto 2019]. URL: <bit.ly/2Zn7AMP>

PÉREZ-BARCO, M.J. "Los deseos de las familias para 2015". *ABC.es* [en línea]. 02 de enero 2015 [citado septiembre 2019]. URL: <bit.ly/1tEq5a1>

PÉREZ-BARCO, M.J. "El Plan Familia no propone ninguna prestación económica nueva para los hogares". *ABC.es* [en línea]. 13 de diciembre 2014 [citado septiembre 2019]. URL: <bit.ly/1EzhCEl>

PRIETO, Carlos (ed.). *Trabajo, género y tiempo social*. Madrid: Editorial Complutense: Hacer, 2007.

RAMIRO, Pedro. "La Marca España y los relatos de la crisis". *Diagonal* [en línea]. Observatorio de Multinacionales en América Latina. Noviembre de 2013 [citado julio 2019]. Monográfico Empresas Trasnacionales. N° 29. URL: <bit.ly/OoPL6H>

REQUENA, A. "El Corte Inglés, condenado por discriminación salarial a sus trabajadoras". *ElDiario.es* [en línea]. 03 de junio 2013 [citado 08/11/13]. Sección Economía. URL: <bit.ly/X4yc0K>

SÁNCHEZ-SILVA, Carmen y FERNÁNDEZ, David. "Testosterona SA". *El País Negocios*. 12 de mayo 2013.

SANTIAGO, Martín. "Hombres de todo el mundo, uníos por el empoderamiento de las mujeres". *Blog del Programa de Naciones Unidas para el Desarrollo)* [en línea]. 05 noviembre 2012 [citado julio 2019]. URL: <bit.ly/2Zk09Sg>

SAVE THE CHILDREN. *La conciliación de la vida laboral y familiar en España: Una oportunidad para promover y proteger los derechos de la infancia* [en línea]. Madrid: STC, abril de 2013 [citado septiembre 2019]. URL: <bit.ly/1zKbKKq>

SERNA, Mar. "La brecha salarial: excusas de mal pagador". *Eldiario.es* [en línea]. 09 de marzo 2019 [citado abril 2019]. Sección Tribuna Abierta. URL: <bit.ly/2uEu6ib>

SCHUSCHNY, Andrés. "Complejidad y gestión: 25+1 sentencias". *Blog Humanismo y Conectividad* [en línea]. 28 de febrero 2012 [citado septiembre 2019]. Sección Cambio de paradigma. URL: <bit.ly/yyJreC>

UGT. *El fenómeno de la deslocalización industrial en España: pautas de actuación* [en línea]. Secretaría Confederal de Acción Sindical. Madrid: UGT, 08 de febrero 2004 [citado julio 2019]. URL: <bit.ly/2XV41wE>

UNICEF. *La infancia en España 2014. El valor social de los niños: hacia un Pacto de Estado por la infancia* [en línea]. Madrid: UNICEF Comité Español, junio de 2014 [citado septiembre 2019]. URL: <bit.ly/2FUWIsA>

UNIÓN EUROPEA. Carta de los de los Derechos Fundamentales de la Unión Europea (2000/C 364/01). *Diario Oficial de las Comunidades Europeas* [en línea]. 18 de diciembre 2000 [citado septiembre 2019]. URL: <bit.ly/1nQSRhc>

100 palabras para la igualdad. Glosario de términos relativos a la igualdad entre hombres y mujeres [en línea]. Plataforma Internet de la Traducción Española en el Parlamento Europeo [citado agosto 2019]. Glosario disponible para descarga en PDF en URL: <bit.ly/2EXHJxD>

[s.d] "Aprobado el proyecto de ley para la mejora del gobierno corporativo de las empresas". *La Moncloa* [en línea]. 23 de mayo 2014 [citado agosto 2019]. URL: <bit.ly/2ML9VKu>

[s.d] "Bruselas impone una cuota femenina para empresas". *Ethic* [en línea]. 21 de noviembre 2012 [citado agosto 2019]. Sección Diversidad. URL: <bit.ly/TQhjg1>

[s.d]. "Capitalismo: El 1 % más rico aumentó sus ingresos un 60 % en los últimos veinte años". *Voz Proletaria* [en línea]. Julio 2013 [citado julio 2019]. URL: <bit.ly/2Yh5PPF> Publicado originalmente en www.rebelion.org

[s.d] "Deustche Bank, acusado de discriminación sexual". *Blog Cultura RSC.com* [en línea]. 04 de abril 2013. Sin URL disponible para consulta.

[s.d] "La crisis convierte a más mujeres en sustentadoras principales de la familia" [en línea]. Observatorio Social de España, Universidad Pompeu Fabra y Obra Social "la Caixa". 20 de noviembre 2012 [citado agosto 2019]. Nota de prensa. URL: <bit.ly/1y8S9hS>

[s.d] "La participación femenina en los consejos de administración de empresas cotizadas crece hasta el 16 %". *Europapress* [en línea]. 02 de julio 2014 [citado agosto 2019]. Sección Economía. URL: <bit.ly/1j4pl8Y>

[s.d] "Las marcas que contribuyen al bienestar humano crean valor financiero". *CompromisoRSE* [en línea]. 12 de junio 2013 [citado julio 2019]. URL: <bit.ly/11JnsyO>

[s.d] "La mujer cobra un 60 % menos en los consejos de administración". *CompromisoRSE* [en línea]. 27 de agosto 2013 [citado agosto 2019]. URL: <bit.ly/1uMefKG>

[s.d] "Los españoles trabajan 280 horas más al año que los alemanes". *El País* [en línea]. 14 de octubre 2014 [citado septiembre 2019]. Sección Economía. URL: <bit.ly/1D93W3Z>

[s.d] "Mujeres ejecutivas ganan tanto como los hombres, pero…". *El Financiero* [en línea]. 15 de junio 2014 [citado agosto 2019]. Sección Economía. URL: <bit.ly/1ltpAEv>

[s.d] "Mujeres directivas: 'Si no tenemos hijos, ¿quién paga las pensiones?". *El País* [en línea]. 03 de octubre 2014 [citado septiembre 2019]. URL: <bit.ly/YZCgzc>

[s.d] "Nuevo 'tijeretazo' del 47 % a la ayuda a la Dependencia". *Diariocrítico* [en línea]. 30 de septiembre 2013 [citado agosto 2019]. URL: <bit.ly/TxQYep>

[s.d] "Se buscan mujeres para la Comisión Europea". *CompromisoRSE* [en línea]. 21 de julio 2014 [citado agosto 2019]. URL: <bit.ly/1pbkVcN>

[s.d] "Un tercio de los nuevos CEOs en grandes compañías internacionales serán mujeres en 2040, según un estudio". *Europapress* [en línea]. 20 de mayo 2014 [citado agosto 2019]. URL: <bit.ly/1nv8uh6>